「働き方改革」の達成と限界

■ 日本と韓国の軌跡をみつめて ■

編著

横田伸子

脇田　滋

和田　肇

関西学院大学出版会

「働き方改革」の達成と限界

── 日本と韓国の軌跡をみつめて

巻　頭　言

西谷　敏

　本書は、2019年12月14日に龍谷大学で開催された「日韓『働き方改革』フォーラム」の記録である。このフォーラムでは、韓国と日本から、社会政策、政治学、労働法など各分野の専門家や労働運動活動家が参加して、両国における「働き方改革」の実態と課題をさまざまな角度から議論した。こうした多様な分野の人たちによる韓国と日本の比較に関する議論は、いずれの側にとっても、他国を知り、自国を省みるうえできわめて有益であった。ここにフォーラムの内容が公刊されるのは、とても意義のあることだと思う。

　私自身は、労働法研究者として、2010年以来韓国の労働法研究者との交流を続けてきた。1年に1、2度開催されてきた日韓労働法フォーラムはすでに13回を記録している。フォーラムにおける比較法研究は、当然、両国の法制や法理論の共通点と相違点についての情報交換や確認から出発した。しかし、比較法的な検討をいっそう深めるためには、法制度・法理論の背景をなす社会、経済、政治、労働運動、歴史に視野を広げる必要があることを痛感するようになった。今回のこのフォーラムは、両国の「働き方改革」をまさに、その社会的、政治的背景とともに比較、検討するものであり、私にとって韓国の法制をいっそう深く認識し、同時に日本が抱える問題をいっそう鮮明に感じさせられるものとなった。

　韓国と日本の制度や実態がある程度共通しているのは、韓国の法制度が日本の侵略時代における日本法の強制にルーツをもつからである。だが同時に、グローバルな市場経済の進展のなかで、両国の国家と企業が共通の政策を展開し、労働者が共通の問題に直面しているという事実もある。

　しかし、こうした共通性にもかかわらず、両国の労働法の相違も目立っている。今回の「働き方改革」の比較は、そのことをいっそう強く感じさせた。こうした相違の要因については、問題ごとの立ち入った分析が必要であるが、労働運動や政治状況の違いが大きな役割を果たしていることは間違いない。

日本では、一時期50％を超えていた労働組合の組織率が16.7％にまで低下し（2019年）、しかも大半が企業別に分断され、労働組合が、労働者の利益擁護の役割を発揮できなくなっている。企業別組合の弱体化はまた、労働組合の全国的な連合体の弱体化をももたらしている。たしかに、個人加盟の地域ユニオンは、労働者個々人の権利救済の面で存在感を発揮しているが、労働条件への規制力に限界があるのも事実である。こうした労働組合の状況が、異常な長時間労働の蔓延や非正規労働者の差別的待遇という日本社会の病弊の大きな原因となっている。長時間労働は、労働組合も締結当事者となっている時間外・休日労働協定（三六協定）に基礎をもつものであるし、非正規労働者の差別的待遇も、正社員中心の企業別組合と使用者の交渉・協定のなかで形成されてきた場合が多いからである。

　2018年の一連の「働き方改革」は、ささやかな残業制限と正規・非正規労働者のわずかな均等・均衡処遇を法制化した。こうした「働き方改革」の背景に、少子化に対応して生産性向上を図る国の政策や規制緩和策があったことはたしかであるが、労働組合の機能低下との関係も見過ごすことができない。「上からの改革」が不可避になったのは、組合の無力化による「労使自治」の機能不全のゆえであり、また、「改革」が微温的なものにとどまったのも、労働運動の非力に原因がある。

　これに対して、韓国では、朴前大統領を糾弾する国民的大運動を背景に成立した文在寅政権が、前政権の労働市場柔軟化政策に対置する「雇用が整った大韓民国」をスローガンにして、労働改革を進めてきた。掲げられた課題は、公共部門の雇用創出、労働時間短縮、非正規職（公務部門を含む）の削減と待遇改善、最低賃金引き上げ、社会的対話機構の設立、ILO条約批准促進、など多岐にわたっており、またソウル市における独自の改革も注目される。改革の手法で顕著なのは、労働組合全国組織と政権与党が「政策連帯協約」を締結し、また政策の実施過程においても労働組合の参加が重要な役割を果たしていることである。いわば「下からの改革」の側面が強いのである。

　たしかに、韓国でも、改革にブレーキがかかった、政権が変質したといった批判があるようである。その批判の当否はともかく、グローバル化した現代

資本主義国家において、福祉国家的な改革がさまざまな困難にぶつかるのは必然的ともいえるのであり、日本側からみれば、文政権下での改革については、その限界よりも、むしろ労働組合や市民団体との協力によってここまで改革が進められてきたことこそが注目されるべきだと思われる。

いずれにしても、両国の「働き方改革」を社会的、政治的、経済的背景を含めて比較検討した本書は、少なくとも日本側にとって、韓国の先進的実践を知り、日本の現状を反省する格好の素材となっている。本書が広く読まれることを期待したい。

目　次

第Ⅰ部　日韓「働き方改革」の実態と課題

第Ⅱ部　公共部門の労働問題

「日韓『働き方改革』フォーラム」開催までの経緯

横田伸子

　本書『「働き方改革」の達成と限界——日本と韓国の軌跡をみつめて』は、巻頭言で「日韓『働き方改革』フォーラム」実行委員長の西谷敏が記しているように、2019年12月14日に龍谷大学で開催された「日韓『働き方改革』フォーラム」の記録である。このフォーラムには、現場の活動家や実務家、研究者をはじめとして150人以上が参加した。このフォーラムの意義については、西谷が巻頭言で明快に述べ、また、終章で同実行委員の一人の脇田滋が論点を正確に整理し、総括している。したがってここでは、とくに「日韓『働き方改革』フォーラム」(以降、日韓労働フォーラムとする) 開催にこぎつけるまでの経緯について、第1回日韓労働フォーラムにまで遡って述べておきたい。

　第1回日韓労働フォーラムは、「日韓非正規労働フォーラム2009」というタイトルで、今から11年前の2009年12月4～5日に韓国ソウルにある中央大学校で開催され、2日間で約100人余りの参加を得た。リーマンショックに見舞われて1年が経過し、日本も韓国も「非正規労働者の増大と差別拡大が民主主義と社会発展を脅かすほどに深刻である」という共通理解の下、日韓の労働研究者が一堂に会して問題解決の糸口を探ろうという共同の努力の第一歩であった。実行委員長に韓国を代表する労働経済学者である故 ユンジンホ 仁荷大学校教授が、事務局長にウンスミ博士 (当時韓国労働研究院先任研究員、現 城南市長) が就き、日本側実行委員は遠藤公嗣 明治大学教授、脇田滋 龍谷大学教授、横田伸子 山口大学教授であった。特筆すべきは、この日韓労働

フォーラム開催にあたり、当時政策面で何かと対立することも多かった労働組合の二大ナショナルセンターである韓国労働組合総連盟（韓国労総）と全国民主労働組合総連盟（民主労総）が財政的バックアップをしてくれたことである。正規労働者の企業別労働組合を中心とする二大ナショナルセンターが、非正規労働者問題解決のために対立を乗り越えて連帯し、フォーラム開催に尽力してくれたことに大きな感銘を受けたことを今でもよく覚えている。

　第1回日韓労働フォーラムでは、多様な側面から日本と韓国の非正規労働問題の現状と原因、対案について発表と活発な討論が行われたものの、論点が多岐にわたったため、共同宣言を出すには至らなかった。また、全体としてジェンダーの視点が弱いという問題も提起され、活動家や実務家、一般市民の参加が低調であったことも反省点として示された。そこで、これらの反省を踏まえたうえで、第2回日韓労働フォーラムを翌々年の2011年に東京で開催することを約して散会となった。ところが、財政上の困難に直面したり、2008年から韓国で2代続いた保守政権によって新自由主義的な政策が取られ、労働組合への抑圧も苛烈であったことから、日韓ともに目の前の難局への対処に追われ日韓フォーラムを開くことができないまま10年の月日が過ぎた。

　しかしながら、韓国では、2016年から2017年にかけて、朴槿恵大統領の職権乱用・機密文書漏洩・収賄疑惑などに抗議して、「ろうそく革命」と呼ばれる大統領の退陣を求める国民的な大規模デモが起こり、結局、同大統領は弾劾訴追を受け、2017年3月に失職した。これと併行して、労働組合や市民運動が主体的に自らの立場を主張し、労働者の基本権を守る運動やあらゆる就労者に対して労働者権を保障しようとする運動が展開されると同時に、保守政権の新自由主義的政策に抗して福祉国家構築を目指す動きが活発化していた。こうした流れのなかで、2017年5月、文在寅政権が「労働尊重」を中心公約に掲げて発足し、最低賃金大幅引き上げ、非正規職の「正規職転換」、長時間労働の是正など、画期的な労働政策を進めたのである。これに対し、日本では、安倍政権が「働き方改革」を推進するが、実際、現場で働く労働者にとっては、長時間労働の追認・悪化や雇用の不安定化を内容とするもので、労働者

保護より企業中心的なものであるとの批判が噴出した。こうした両者の対照的な性格は、西谷敏が巻頭言で前者を「下からの労働改革」、後者を「上からの労働改革」と喝破した所以である。

そこで、2019年12月14日に龍谷大学で、「日韓『働き方改革』フォーラム」というテーマで、じつに10年ぶりに第2回日韓労働フォーラムを開催することになった。第2回フォーラムでは、第1回の反省を踏まえ、研究者による学術フォーラムではなく、市民社会の構成員全体が問題解決の主体であるべきであるという認識の下に、日本側実行委員会に学会以外からも加わってもらい、労働の現場感覚を重視した。

日本側実行委員会のメンバーは次の通りである。

実行委員長に、西谷敏 大阪市立大学名誉教授を迎え、実行委員は、脇田滋 龍谷大学名誉教授、在間秀和 大阪労働者弁護団弁護士、笠井弘子 コミュニティユニオン執行委員長、伊藤大一 大阪経済大学教授、武井寛 龍谷大学教授、安周永 龍谷大学准教授、横田伸子 関西学院大学教授である。また、韓国側事務局として、イジョンヒ 韓国労働研究院国際協力室長が膨大かつ煩雑な仕事を一手に引き受けてくれた。

財政的な側面でも、特定団体に頼るのではなく、主体性をもってフォーラムを運営するためにも、韓国労働研究院(ペギュシク院長)から支援をいただいた以外は、それぞれの関係分野の科研費の一部を充てた。すなわち、科学研究費助成事業 基盤研究(C)「韓国における家事・介護労働者の労働実態と組織化に関する研究」(課題番号17K04182研究代表者：横田伸子)、科学研究費助成事業基盤研究(S)「雇用社会の持続可能性と労働法のパラダイムの転換」(課題番号15H05726研究代表者：和田肇)、科学研究費助成事業 若手研究(B)「同一労働同一賃金をめぐる労働政治に関する日韓比較」(課題番号17K13680研究代表者：安周永)である。

さらに、今回の日韓労働フォーラムでは、労働現場を良く知る活動家や実務家にも報告やコメントを引き受けてもらい、日韓の労働問題の実態を浮かび上がらせられるよう工夫した。社会的脆弱階層の青年層の視点から韓国青年ユニオン創設メンバーのチョソンジュ氏に、ジェンダーの視点からケア

ワーカーズユニオン書記長の但馬けいこ氏及び全国女性労働組合委員長のナジヒョン氏に報告をお願いし、一つの独立したセッションを構成した。また、長時間労働問題を労働法から論じる第4セッションでは、日弁連でも活動し、現場の状況をよく知る中村和雄 京都弁護士会弁護士に貴重なコメントをいただいた。

当日の報告者及び報告（報告順）、討論者は以下の通りである。詳細な論点については、本書終章の脇田滋による総括を参照されたい。

第1セッション「日韓『働き方改革』の実態と問題点」の報告者と報告タイトルは、熊沢誠「安倍『働き方改革』の虚実」、イビョンフン「文在寅政権の労働改革の内容とその評価」、上西充子「働き方改革の国会審議を振り返って——『多様な働き方』の言葉に隠された争点」、キムジョンジン「韓国の地方自治体の労働改革の内容とその評価」で、コメンテーターはチョソンジュである。

第2セッション「公共部門の労働問題」の報告者は、チョンフンジュン「公共部門の非正規職の正規職化の評価と今後の課題」、上林陽治「日本の公共サービスの非正規化・民営化の影響と解決に向けた道筋」で、コメンテーターは安周永である。

第3セッション「企業別労働組合を超えて」の報告者は、前述したように、但馬けい子「介護保険崩壊とケア労働運動」、ナジヒョン「全国女性労働組合による韓国の非正規女性労働者の組織化」、チョソンジュ「社会的脆弱階層の新しい労働運動の流れと可能性」で、コメンテーターはチョンヨンフン（韓国国会未来研究所研究委員）である。

第4セッション「労働法制から見た労働時間問題」の報告者は、キムクンジュ（韓国労働研究院先任研究委員）「韓国における労働時間短縮の法改正過程と評価」、和田肇「なぜ日本の労働時間は短くならないのか」で、コメンテーターは中村和雄である。

なお、このうち、第3セッションの但馬報告は、新刊書『コロナ禍と介護労働』に寄稿されることになっていることから、本書には掲載されていない。また、ナジヒョン報告は、テープ起こしをしたものをそのまま収録し、第8章に韓国の女性非正規労働者の組織化に関する研究論文である、横田伸子「韓国

における女性非正規労働者の組織化——韓国女性労働者会と全国女性労働組合、全国家庭管理士協会の連携を事例に」を収めた。さらに、第4セッションのキムクンジュ報告についても寄稿が叶わず、本書ではハンインサンが執筆分担をしている。

　次回第3回日韓労働フォーラムは、2021年にソウルで開催されることになっているが、日本では、コロナ禍のなか、国民の命や健康より「経済を回すこと」を優先する政策がとられており、感染者数及び死亡者数は日々増え続けていて、収束の見通しは一向に立たない。こうした状況下で、第3回日韓労働フォーラムは、ヒトの移動をなくしてonline技術を駆使するなどして、「コロナ禍でのエッセンシャルワーカーをはじめとする労働者、市民の暮らしと命を守る」ために、日韓両国の市民が広く賛同できる形で知恵を出し合っていきたい。加えて、コロナ禍のなか、現在世界的に急速に広がる「雇用なき労働者」、プラットフォーム労働者などの名ばかり個人事業主の「労働者権」についても重要なテーマとして議論していきたいと考えている。

　最後に、本書の出版にあたり、科学研究費助成事業 基盤研究(C)「韓国における家事・介護労働者の労働実態と組織化に関する研究」(課題番号17K04182 研究代表者：横田伸子)の助成を受けたことをここに謝して記しておきたい。

第Ⅰ部

日韓「働き方改革」の実態と課題

安倍内閣「働き方改革」の虚実

熊沢　誠

1　安倍内閣の「働き方改革」

(1) 提案の背景

　労働者の働き方や支払い方について法的規制を強化する方向で改善を図ることは、政権発足後まもない2013年冬の第183回国会で「日本を世界でいちばん企業が活躍しやすい国にする」と宣言した安倍晋三の内閣にとって、ある意味では軌道を修正する施策であった。財政・金融の大胆な緩和措置を主内容とするアベノミクスも、当然、経済界の意向を強く反映する諮問機構、規制改革会議や産業競争力会議の提言に沿う労働の規制緩和、つまり企業による労働処分の自由化の性格が濃厚であったからだ。では、なぜ一定の軌道修正が必要視されたのか。それはおそらく、2016年以降にもなると、政権担当者たちもさすがに、日本は実は「世界でいちばん」労働状況の改善が遅れている先進国になっていたことに否応なく気づかされたからであるかにみえる。

　端的に周知の事例を挙げよう。厚労省、総務省の調査から算出される2012年を100とする2018年の経済指数は、消費者物価で106.6、名目賃金で102.8、実質賃金で96.7、実質世帯消費動向で90.7である。政権の目指した経済成長とデフレ克服の割には、名目賃金は先進国のなかでは際立って伸びがわずかであり、実質賃金と消費動向は大きく下落している。それに雇用も、2015〜17年を除けば、景気回復に伴う増加の中心は非正規雇用であり、2018年に

は、雇用者全体の38％が労働条件が劣悪な非正規雇用者であった。正規・非正規の賃金格差の代理指標になる「短時間労働者のフルタイム労働者と比較した賃金比率」は、2017年で59.4％。欧州7か国の66〜86％という水準をはるかに下回っている（労働政策研究・研修機構編2018）。非正規労働者の低い賃金水準を主因として、2015年に年収200万円以下のワーキングプアは1131万人、2016年に貯蓄ゼロの世帯は48.1％にも上っていた。相対的貧困率は15〜16％水準にはりついている。このような格差社会化が深刻になるなか、一方では相も変らぬ長時間で過重な労働、他方では貧困層の累積、その両者の相互補強関係に閉じ込められた多くの国民の間では、当然のことながら安倍政権への批判が高まっていた。労働生活の改善がみえないことによって、首相が自画自賛するアベノミクスの効用がふつうの国民には空疎なものに感じられたのである。

　2016年5月、安倍内閣は、仰々しい「一億総活躍プラン」の「最重要課題」として「働き方改革」を提起する。①残業の罰則つき法的制限などを中心とする長時間労働の是正と、②「同一労働同一賃金」（以下、EPEW）の導入による非正規労働者の処遇改善が主な2領域である。「一億総活躍プラン」自体はむろん、少子高齢化を遠因とする予想される労働力不足に対処する女性、高齢者、外国人などの労働力化、療養・子育て・介護と就業の両立、誰もが「好きな時間に働ける」柔軟な就業選択（職業的キャリアーパスの多様化、テレワークの推進）などを列挙するけれども、それら多様な「日本の課題」に対処するためにも、結局、上記の2領域への鍬入れが不可避とみなされたといえよう。取り組みのそれなりの本気度は、安倍の「股肱の臣」ともいうべき加藤勝信を担当大臣とし、9月に「働き方改革実現会議」を設けたことにもうかがわれる。

(2) 働き方改革関連法の成立

　2018年6月29日、さまざまな政治的駆け引きの末、結局は国会での強行採決によって働き方改革関連法（以下、WRA）が成立する。本章では以下、この2領域の政策の決着について、それぞれの内容を端的に紹介し、その意義を大

きく減殺しその「成果」を空疎なものにした日本的な背景や理由を考察したいと思う。

　WRAに含まれる2領域のうち、非正規労働者の処遇改善については、厚労省の「ガイドライン」が提示されたあと、法改正としては、労働契約法20条（後述）を取り込み、適用対象も有期雇用者一般に拡大する方向で従来のパート労働法を改正する、略称「パート・有期法」が制定された。大企業での施行は2020年4月、中小企業ではその1年後である。また以下で検証する法の端緒としての「ガイドライン」は、ほぼ同じ内容の「短時間・有期雇用労働者および派遣労働者に対する不合理な待遇の禁止等に関する指針」となる。

　もうひとつの長時間労働の是正については、「残業の法的規制」が明記された。その際、特記すべきは、その規制水準の不十分さのみでなく、それとともに「高度プロフェッショナル労働制」（以下、高プロ）が導入されたことである。安倍政権は、本来の哲学である柔軟な働き方への規制緩和を、「長時間労働の克服」と「抱き合わせ」にのませたのだ。それが働きすぎの是正というWRAの意義を減殺する可能性をもつことはいうまでもない。

　あらかじめおことわりしたいが、本章はWRA成立に至るまでの労働政策審議会や議会での「論戦」とか「アクター」たちの妥協と承認のプロセスとかについては、詳細を省略している。アクターたちとは、一方では自民党や安倍内閣、他方では野党である。しかし首相や政権党には、産業界・経団連がきわめて強い発言力をもち、中心的な野党には、労組のナショナルセンターの日本労働組合総連合（連合）が一定程度は影響力を及ぼす。だが、経済界─自民党内閣と労働界─野党の間には、圧倒的な力のアンバランスがあり、前者の作用は後者の抵抗を、わずかに譲歩しながらも、基本的には斥けた。その背景にあるものは、そもそも正社員のみを組織する連合傘下の企業別労働組合が、労働現場では、日本企業の能力主義的管理や「人材活用方法」とさして対立するわけでなく、総じて労使協力的で安定的な労使関係への配慮をつねに手放すことがなかったことにほかならない。

2　働きすぎ「是正」の諸相

(1) 残業時間上限設定の控えめな内容

　はじめに、多くの労働者の主な関心の的であった残業時間の罰則つき上限規制について、2018年6月末成立の「働き方関連法」(WRA) に規定された内容を確認しておこう。

　三六協定の締結によって延長可能な残業時間は原則として、月45時間、年360時間である。しかし臨時的な業務繁忙など特別の事情あるとき、①年6回までは月45時間を超えて、②年720時間まで、③2〜6か月平均で月80時間まで、④1か月に限り100時間「未満」まで――という範囲では残業が許された。なお注意したいのは、高プロ論議に流されてあまり追及されなかったけれど、①の「月45時間」、②の「年720時間」規制には、休日労働が含まれていないという抜け穴があることだ。そのため命じられて頻繁に休日勤務を続ければ、ときに月に80時間を12か月重ねて年960時間の所定外労働をすることも可能なのである(朝日新聞2018年6月8日他)。そのほか関連法は、⑤中小企業の月60時間以上の残業代割増率を25％から50％へ引き上げる、⑥勤務間インターバル制度(the Inter-work innterval System　以下、IWIS) 導入企業の割合を2020年までに10％に引き上げる労使協議の努力を義務化する、⑦年10日以上の年休権をもつ労働者の5日以上の取得を企業に義務づける(現状では47％前後にすぎない有休取得率をせめて50％にする) ことなどを定めている(厚労省ホームページ／朝日新聞2018年6月30日)。

　日本は長時間労働者の比率の高い国であった。週49時間以上働く労働者比率の国際比較では、日本は21.3％(男性は30％) で、比較される15か国中の3位(2位は韓国の32.4％) であった(労働政策研究・研修機構2018)。3年ごとの『就業構造基本調査』によれば、週60時間働く男性正社員は16〜17％の水準で変わっていない。働き方改革が議論されていた2017年5月、離職直前の21〜33歳の若手社員たちは、高い比率の19.3％が週60時間を超えて働いていた(日本経済新聞2017年5月22日)。こうした働きすぎによる心身のきわまった疲弊がもたらす過労死・過労自殺も後を絶たない。2012〜17年の6年

間には「認定されたケース」だけでも年平均で過労死は112件、過労自殺は88件を数える。2015年12月に電通の高橋まつりさん（24歳）、2017年4月に新国立競技場建設工事の監督（23歳）のふたりの若者が無残にも過労自殺した事件は、「過労死遺族の会」の働きかけもあって、働き方改革の推進に少なからず影響を与えたという。周知のように「残業が3〜6か月で月80時間以上、1か月で100時間以上」というのが、過労死が労災認定される基準である。だが、2017年末、225社における三六協定の（繁忙時）残業上限の実態は、225社の56％で月80時間以上、18％で100時間以上であった（朝日新聞2017年12月4日）[1]。

　そんな現状からみれば、これまでは「青天井」であった三六協定による残業の上限が罰則を伴って法的に確定されたことにも一定の意義が認められるかもしれない。だが、働きすぎに悩んできた労働者にとって、それはなんという乏しい達成だったろう！　例外であるはずの繁忙時「特別の事情」があるときこそが問題なのだ。年720時間にまつわる「抜け穴」はさておいても、月80時間、100時間というのは過労死の労災認定の基準そのものである。財界はこれで満足であろう。審議の過程で野党や労働組合がどのような論陣を張ったのかはつまびらかにしないが、つねに産業界と対立したくない連合は、当初提案の「100時間」を「100時間未満」とさせたことをあえて「成果」とみなしたのである。嗤うべき自己満足というほかはない。もっとも、残業の上限設定は不十分に終わったけれど、勤務間インターバル制度（IWIS）導入が努力義務とされ、なお低い水準ながら年休取得率50％が「強制」とされたことには、WRAの一定のプラス側面を認めることができよう。

---

1)　最近の長時間労働、過労死の動向と実例、残業制限の「働き方改革」などについて、くわしくは、熊沢（2018）所収の「過労死・過労自殺の現時点　現代文庫版へのあとがきにかえて」参照。

(2) ねじこまれた高度プロフェッショナル労働制

　しかしながら、WRA案の内容のうち最大の論争点となり、アクターたちの対立と妥協が重ねられたのは、上述の残業制限と「抱き合わせ」に、いわばねじ込まれた「高度プロフェッショナル労働制度」(高プロ)であった。政府の提出案では、高プロとは、年収が高い(例えば1075万円以上)高度の専門職(例えば金融商品の開発・ディーリング業務、アナリスト、コンサルタント、研究開発など)に対しては、労働時間や残業や休日・深夜の割増賃金などすべての労働保護規制を撤廃する制度である。

　その源流は、財界と自民党政権の長年の悲願であったホワイトカラー・イグゼンプション(以下、WE)である。しかしこれまでのWE導入の試みは、これを「残業代ゼロ法案」とみなす野党や労働界によってくりかえし拒まれてきただけに、今回の抱き合わせ提案は慎重で、当面の適用労働者の範囲も限られているかにみえ、企業は導入の衝撃を和らげるいくつかの手続きや健康確保措置を用意しなければならなかった。すなわち高プロを導入しようとする企業は、①本人の同意、②(内容は不明ながら)「労使委員会」の決議、③年104日以上・4週4日以上の休日付与、④在社時間などの「健康管理時間」の把握、⑤過労のときの医師による面接指導という義務を負い、そのうえ、(a)勤務間インターバル制度、(b)健康管理時間の上限設定、(c)2週間の連続休日、(d)臨時の健康診断のうち、いずれかを選択する施策を迫られることになる。以上のうち③④を義務化させたのは野党・労働側の意向であるといわれるけれど、ハードルは高くない。例えば「義務」のうち③104日の休日は、年間の土曜と日曜は休むというにすぎない。「選択」の施策も、(d)健康診断などは企業にはなんの負担でもあるまい。

　しかし、かつては「年収400万円以上の労働者にWEを！」と主張したこともある財界にとって、新制度は使い勝手が悪く、当面は効果が疑わしいことも事実である。それなのに、安倍政権は高プロに反対して、WRAの内容を残業時間の法的規制だけにしぼる野党側の要求を断固として拒み続けた。連合は、はじめは反対であったが、残業規制が流産することを怖れてやがて譲歩

に転じた。けれども組織内外の労働者グループが連合本部に抗議デモをかける異例の事態に遭遇して、再び反対に転じている（以上2017年7月12日以降ほぼ連日の朝日新聞報道を参照）。しかし結局、最終段階の参院では、連合出身の野党議員らが、やはり残業規制の流産を怖れ、重要な「付帯決議」を添えさせたことに満足して、高プロの導入を承認するに至る。

　その付帯決議は、いまは不十分な労働基準監督行政の強化とともに、「使用者は、労働時間に関わる業務命令の指示、働き方の裁量を奪うような成果・業務量の要求、納期・期限の設定をしてはならないこと」を省令で明確化するという、きわめて重要な文言を含んでいる。高度専門職に限られるとはいえ、これはノルマ決定の経営専制を防ぎうるかもしれない画期的な文言であった。とはいえ、総じて働き方に関する経営権にもはや正面から抵抗できなくなっている自称「労働者代表」の連合に、例えばこれからの労働政策審議会（労政審）の場で、仕事量決定に関する経営権をチェックする強力なプッシュを期待することはできない。

　高プロは、上級ホワイトカラーを先達として、広く日本の労働者を労働時間の規制なき働き方に巻き込んでゆく「トロイの木馬」ということができる。高プロの適用者は当面ごくわずかであろう。危惧されるのは、ふつうの労働者に対する「ビジネスマンのように規制なく力いっぱい働け」という経営者の誘いであり、その誘いに、ともすれば強制された自発性をもって応じてゆく日本の従業員の心性である。政財界にとって高プロは、はじめは実効性が乏しくても、日本の労働の界隈にねじ込むに値するものであったかにみえる。

3　「同一労働同一賃金」の虚妄性

(1)「同一労働同一賃金」ガイドライン

　残業マキシマムの法的規制が、従来の超長時間労働の克服にほとんど無力な水準で、しかも高プロという毒をあわせもって終わったとすれば、働き方改革のもうひとつの柱であった「非正規労働者の処遇改善」は、法改正も含めて

いっそう虚妄の地点に帰着した。当初の安倍晋三の「日本から正規・非正規という言葉をなくしたい」という空疎な言辞もほどなく聞かれなくなり、はじめに謳われた「同一労働同一賃金」(以下、EPEW)論も見事に空洞化されている。

　法改正に先駆けて具体化されていたのは、2016年12月の段階で厚労省が作成し労政審の審議を経た「同一労働同一賃金のガイドライン」であった。この内容を検証しよう。

　このガイドラインでは、正社員と非正社員の待遇について「違いを認めない」事項として、通勤、出張、食事、皆勤、作業(環境)、深夜・休日労働、単身赴任などへの「手当」と、食堂、休憩室、更衣室の利用権と、慶弔休暇、病気休職などの「福利厚生」を例示する。しかしより重要なのは「違いを認める」事項だ。そこには、職業経験や能力、業績や成果、勤続年数などの差に「応じて支給される基本給」および、業績などへの貢献度に応じて支給される「賞与」が明記されている(厚労省2019年9月23日のインターネット情報、朝日新聞2018年6月30日)。これでは同一労働同一賃金(EPEW)論ではない。要するにガイドラインは、正社員と非正社員の均等待遇を手当と福利厚生に限定する一方、賃金と賞与については、「均衡」を唱えながら、仕事の直截な比較による「均等」化と、支払い方法の正規・非正規間を統合する支払い方法をはねつけたのである。これに伴う法改正の基本線は、このガイドラインを踏襲する。

　安倍内閣がEPEW原則を放棄または空洞化させた背景はほかでもない、経団連などの経済界が、「そのときの同じ仕事には同じ賃金を支払う」という欧米型EPEW原則の採用を断固として拒んだからだ。正社員と非正社員は、たとえそのとき同じ仕事をしていても、採用方針、能力評価、責任の程度、配転の範囲、そして「将来的な仕事、役割、貢献度に関わる能力発揮への期待」、要するに「人材活用の仕方」がはっきりと異なる、それゆえ賃金や処遇はそれらを綜合した従業員各層の、ひいては従業員個々人の多様な位置づけに応じて支払うべきだ——産業界は、企業の発展を保障してきたと自ら評価するこのような日本的労務管理の論理を、決して手放そうとはしなかった。安倍内閣は、この財界の確信の前に立ちすくみ、やがてEPEWの原則からじりじりと後退したのである。

　では、日本企業の論理に立ち向かうべき主流派の労働組合・連合の均等待遇論はどのようなものだったか。連合は 2003 年以来、部分的には欧米型の職務分析による EPEW 論を取り入れていたとはいえ、日本的状況への基本的肯定ゆえにその論理は混濁していた。連合は、同じ仕事内容であっても、職務能力、成果・業績の違いによる賃金格差は認め、休日・休暇取得の自由度、配転可能性、「雇用管理区分」の相違による格差は「かならずしも不合理とはいえない」としたのだ。経営者との労使協議での相互理解を重視する企業別組合、そのビヘイビアを尊重する連合が、財界に従う安倍晋三の欧米型 EPEW 原則の放棄に異議を申し立てることはなかったのである。[2]

(2) ある差別是正請求裁判から

　こうした事情をより具体的に把握するため、ここに大阪医科薬科大学の有期雇用アルバイト香山由佳（仮名）による処遇差別是正の提訴に対する、大阪地裁および大阪高裁の判決で展開された裁判官の論理を紹介してみよう。

　この大学で秘書・事務・雑用など研究・教育に不可欠の広汎な仕事に携わっていた香山由佳が、2015 年夏、労働契約法 20 条にもとづく処遇差別の是正を地裁に訴えたのは、同じ秘書の正職員とくらべて、賃金格差があまりに大きく、賞与はゼロであり、年休日数の加算、年末・年始休暇への賃金保障、休職規定による業務外疾病休暇など、正職員なら享受できるあらゆる休暇や便宜供与も認められていなかったことを不当と感じたからである。

　2018 年 1 月の大阪地裁判決（裁判長・内藤裕之）は酷薄きわまるものだった。地裁は、大阪医科薬科大学の香山への処遇のいっさいを労働契約法違反にあ

---

2)　経営側と連合の EPEW の理解について、くわしくは経団連（2016）、日本労働組合連合（連合）（2016）の文書を原資料とする分析、熊沢（2017）参照。なおここでは論じなかったが、同一職種内での経験年数による担当職務の上昇にもとづく昇給、いわゆる範囲職務給の実在と意義を、私は否定するものではない。欧米の職務給でも、ブルーカラーにはシングルレート、ホワイトカラーにはレインジレートがみられる。しかし両者とも「仕事に対する支払い」であることには変わりはない。

たらないとして、損害賠償請求をすべて棄却している。ここで私が問題としたいのはその論拠である。

　①地裁はまず、香山の労働条件と比較すべき対象者を、同じ秘書の正職員ではなく事務の正職員一般とした。すべてはここにはじまる。正職員はたとえそのときアルバイトと同じ仕事をしていたとしても、もともと前提として無期限の長期雇用であり、より複雑で責任の重い管理業務などに配置される可能性がある。つまり、さまざまの職務に柔軟につきうる「能力」をもった人材として選抜されて採用され、育成される職員であって、はじめから特定の業務に限定して募集・採用されたアルバイトとは比較にならないというのである。その点では香山の場合、運転手や看護師のように職種区分の明瞭な仕事でなく、秘書＋事務＋雑用を兼ねた一般労働であったことがいっそう不利に働いたかにみえるけれども、ともあれ、後に「パート・有期法」に取り込まれた労働契約法20条においても、労働条件格差の合理・不合理を判断する基準は、職務の内容（業務内容、それに伴う責任の程度）、配置変更の程度、「その他の事項」の「総合勘案」であった。地裁はこの基準の複数性を楯にしたのである。

　②こうした日本企業の正職員・非正職員の区分された位置づけを前提として、では地裁は、香山の仕事をどのように評価したのだろうか。被告側の主張を全面的に汲む地裁判決によれば、アルバイトとは、正職員や契約職員の指示の下、採用部署の「定型的で簡便な作業や雑務レベル（の作業）に従事する職員」であり、ノルマもそれを達成する責任もほとんどないという。この点は、後に原告の主張を一部認容した後の高裁判決も踏襲したところである。その高裁判決は、香山が仕事として「毎日する」こと（教授らの予定の把握・確認、ポットの水替え、朝夕2回の教授へのコーヒー淹れ、メールセンターの郵便物集配など）も、「1週間のうちにする」こと（ゴミ捨てや白衣のクリーニング依頼）も、「毎月5日までにする」こと（研究費の請求書の確認、購入伺の作成・提出、科研費書類の印鑑確認など）もすべて、なんらの判断も伴わない単純で定型的な事務作業ばかりだと断じている。

　地裁、高裁ともに判決ではまた、正職員とアルバイトの間には期待される「能力」に明らかに高低差がある、それに正職員への登用制度もある、「能力」

を発揮できる仕事を求めるならば、正職員になるように努めよという。しかし、正職員の秘書は同職のアルバイトと異なるどのような「能力」を具体的に発揮しているのかという言及はない。

　③日本企業での非正規労働者の位置づけと以上の「労働分析」のうえで、地裁判決は、「職能給」の正職員と時給・「職務給」のアルバイトとの間の賃金格差と、後者の賞与不支給を留保なく容認した。2013年新規採用の正職員と比較して、香山の賃金が約80%、賞与を含めた年収が約55%に留まることは不合理とはいえないとの判示であった。そればかりか地裁は、さしあたり労働の質とは無関係な各種の休暇賃金保障や便宜供与の請求についても、長期勤続や能力開発や労働の長期インセンティブを「期待」されていないアルバイトに認められないことは不合理ではないとして、ことごとく棄却したのである。原告側が控訴したのは当然であった。

　2019年2月の大阪高裁判決（裁判長・江口とし子）は、上記①〜③の認識を地裁と共有している。とはいえ、注目すべきことに高裁は、賞与については判断を異にした。賞与は長期雇用へのインセンティブの要素も含むけれど、年齢や在職年数にではなく基本給に連動する支給であり、賞与算定期間における就労それ自体への対価にほかならないゆえに、「功労」の程度の秤量はあるにせよ、アルバイトにも約60%を下回らない額が支給されなければ不合理だと、高裁は判示したのである。経営の人材活用方法と切り離し、賞与を賃金にではなくあえて手当てに引き寄せて理解するという賞与論であった。そのかぎり、この判決は非正規・有期雇用者の処遇改善に大きく寄与したものと評価されよう。また、夏季特別有給休暇、業務外疾病休暇への休職規定による賃金保障（およびそれによる厚生保険の資格喪失の防止）についても、高裁判決は生活者としてのニーズの同一性に配慮し、アルバイトにも賃金や就労期間に応じてこれらが認められなければ不合理だとしている。これは厚労省のガイドラインに即した認識であったが、大学側は上告している。[3]

---

3)　大阪医科歯科大学への裁判闘争について、詳しくは大阪地裁および大阪高裁の判決（正本）を主資料とする、熊沢（2019）を参照。

　このささやかな裁判の報告は、この節の総括にもなる。地裁および高裁が共有した①〜③の認識は、思えば正規雇用者と非正規雇用者を「日本的人材活用」と「期待」の点から峻別する経済界の論理の正確な反映であった。それは雇用形態を超える均等待遇、EPEW の戦略に立ちはだかる強固な堡塁である。この領域の安倍「働き方改革」が、労働のありかたと無関係な諸手当や福利施設のみを均等化の対象とするガイドラインに基づく法改正に留まったのも、この堡塁の崩し難さゆえにほかならない。

4　企業レベルの働き方改革

　安倍晋三が華々しく言挙げした働き方改革はどう評価されるべきか。長時間労働の規制は、それに逆行する高プロの導入も伴い、「働きすぎ」の克服は実効なき水準にとどまり、非正規労働者の処遇改善は、枢要の賃金決定方式の改革には触れないことにおいて基本的に虚妄に終わった。とはいえ、国政レベルでのこの欺瞞と挫折は、個別企業の労使が提案の背景にあった労働問題の深刻さに対応して、それなりの営みを始めたことと矛盾するわけではない。その背中を押したのはなによりも、有効求人倍率が2019年には1.60に達したことにうかがわれる労働力不足の進行であった。

　残された紙数で、WRA制定の前後に個別企業のレベルで着手された働き方改革の営みを「一筆書」で例示しておきたい。労働時間関係の改善は、およそWRA成立直前の2018年春闘での要求・労使合意（朝日新聞2018年4月23日）に現れたが、ここではWRA成立後の朝日新聞100社調査の結果（朝日新聞2019年6月29日）とあわせて示すことにしよう。

(1) 労働時間・残業上限の引き下げ

　例えば、味の素では、休日を2日増やして124日にすることで、労使が合意した。年間所定労働時間にして14時間30分の短縮であった。シャープは、年

間残業の上限を750時間から720時間に引き下げた。2018年末のクボタでの改善もまったく同じ内容である。富士通は、研究開発職の繁忙時残業時間の上限をこれまでの3か月300時間から240時間に変更している。KDDIでは、先駆的に2017年に年間残業時間の上限を720時間から540時間に引き下げていた。また日本ガイシでは、残業時間の上限を1か月70時間、6か月300時間とする労使協定締結が結ばれている。なお「100社調査」によれば、WRA成立以降、企業の3割があらたに残業マキシマムを引き下げ、それ以前からそれを実施していた企業とあわせると、6割がWRAの許容内に達しているという。

　こうした企業レベルでの取り組みに、安倍「働き方改革」における「虚」を越えるいくらかの「実」をみることができる。だが、さらに職場レベルに降りるならば、そこはなお、家への仕事の持ち帰り、休憩時間の返上、残業時間の過小申告などによるサービス残業が絶えない界隈である。仕事量は元のままであり、社員はノルマ達成と（皮肉にも！）「働き方改革」の結果としての記録される残業抑制の両面で、人事評価されるからだ。ひっきょう労働組合規制の弱さが、こうした実情をもたらしている。では、このグロテスクな状況をいくぶん改善できるかもしれない勤務間インターバル制度（IWIS）についてはどうか。

(2) 勤務間インターバル制度導入の漸進

　会長が経団連代表を務める日立製作所では、2018年10月より、一般社員を対象に終業と始業の間にEU水準と同じ11時間の休息を確保するIWISを発足させた。日本郵政グループでは、2018年に、やはり最低11時間のIWISが4.4万人に適用されるに至る。JTBで設定されたインターバル時間は10時間である。一方、ヤマト運輸は、2017年4月に宅配運賃の値上げや配達時間帯指定のサービスを見直すとともに、この業界では画期的な試みとして10時間のIWIS導入に踏み切っている。朝日新聞「100社調査」では、主要企業の33社がなんらかのIWISを導入している。休息時間は19社が7～11時間未満、14社が11時間以上であった。少なくとも大企業の労使は、IWISについては、

WRAでの「努力義務」をかなり忠実に果たそうとしているかにみえる（以上、朝日新聞2018年4月23日、2019年6月29日）。

　進行する労働力不足のもと、過重化する仕事を担う従業員の心身の疲労が深まっている。労働時間に関する働き方改革の少なくとも企業レベルでの実践は、この状況への大企業労使のそれなりの対応であろう。財務上の多少の負担はあっても、経営は今や、基本的には労使協調路線ではあれ、労働時間の短縮や休日増を求める企業別組合の要求をもう無下にはねつけることはできないのである。しかし財務の余裕が乏しく、ほとんどが未組織労働者の中小企業の世界では、2020年4月から適用される、強いられる時短や勧められるIWISの導入は必然的に遅れるだろう。経営を危うくするほどに極端な人手不足に悩む飲食業界や運輸業界に実現のわずかの例をみるにすぎない（朝日新聞2017年6月23日）。

(3) 停滞する非正規労働者の処遇改善

　働き方改革のもうひとつの領域、非正規労働者の処遇の均衡化・均等化については、2020年4月に法が施行される大企業でも、労使関係による実際の改善の営みがきわめて乏しい。2019年末の段階では、大企業の多くはなお「不合理な待遇差があるかどうかを調べる」などの準備中であった。対応が遅れる理由は明瞭である。すでに述べたように、企業側はもとより、正社員のみを組織する労働組合も、正規雇用者と非正規雇用者を峻別する日本的人材活用の論理とさして対抗的でなく、その雇用形態差別のうえに立って「安定した」労使関係の日々を過ごしてきたからだ。

　それゆえ、ガイドラインの不合理基準に沿う是正でさえ、個人加盟ユニオンの支援を受けた、労働契約法20条に基づく差別是正請求提訴の結果として獲得されている。ハマキョウレックス、長澤運輸、郵政西日本、メトロコマースなどでの裁判闘争がすぐに想起される。それらの裁判を通じて獲得されたものは、ごく一部の企業での一定比率で減額された退職金や賞与（前述の大阪医科薬科大学の場合）の獲得を例外とすれば、正社員と同等の手当（年末年

始勤務手当、住居手当、「祝日給」、早出残業手当など）と、休暇（夏期・冬期休暇、病気休暇など）であった。法廷闘争も、日本的人材活用、すなわち正規雇用・非正規雇用の峻別という堡塁をいまだ破砕できないままなのである。改正法の完全施行後も、状況がドラスティックに変わることはないだろう。

(4) むすびにかえて

　あるいは辛辣にすぎる評価かもしれないけれど、安倍内閣の「働き方改革」の政策内容が経済界の意向に牛耳られて変節してゆくプロセスと、総じて革新性のないその帰結を顧みるとき、安倍「働き方改革」は結局、日本の労働の宿痾を治療する門口にも到達しなかったということができる。結局は欺瞞に終わるいつもの大言壮語を振りまいた安倍晋三に、労働問題についてまともな認識があったとは思えない。しかし、その挫折の主要因が、安倍のビヘイビアを含む政治過程にあったということもできないだろう。根因は、どこまでも日本企業特有の労務に基本的に対抗性を発揮しえない労働組合の脆弱性に潜んでいる。それゆえ、あらためて痛感する生活者としての労働者のニーズは、過労死・過労自殺さえ招く正社員の働きすぎと非正規労働者からなるワーキングプアの累積との、相互補強関係の構造を撃つことにほかならない。それができるためには、経営の論理から自立したラディカルな労働者思想の復権と、企業別という形態を相対化できる新しい労働組合の組織と運動がひっきょう不可欠になる。

　※ 2019年10月執筆／同年12月日韓フォーラムで要旨報告／2020年5月修正・加筆

参考文献

熊沢誠（2017）「安倍〈労働改革〉における〈同一労働同一賃金〉の虚妄性」『職場の人権』
　　　100 号。

―――（2018）『過労死・過労自殺の現代史――働きすぎに斃れる人たち』岩波現代文庫。

―――（2019）「大阪医科薬科大学のアルバイト職員差別事件をめぐって」『民主法律』
　　　2019 年 8 月号。

厚生労働省 HP 働き方改革特設サイト　https://www.mhlw.go.jp/hatarakikata/overtime.html

日本経済団体連合会（経団連）（2016）『同一労働同一賃金の実現に向けて』。
　　　https://www.keidanren.or.jp/policy/2016/053.html

日本労働組合総連合会（連合）（2016）「雇用形態間の均等待遇原則（同一労働同一賃金）
　　　の法制化に関する連合の考え方と取り組み」。
　　　https://www.mhlw.go.jp/file/05-Shingikai-11601000-Shokugyouanteikyoku-
　　　Soumuka/0000128961.pdf

労働政策研究・研修機構編（2018）『2018 データブック国際労働比較』日本労働研究機構。

第 2 章

働き方改革の国会審議を振り返って
——「多様な働き方」の言葉に隠された争点

上西充子

はじめに

　本章では、2018 年 6 月 29 日に可決・成立した働き方改革関連法の成立に至るプロセスを振り返ることによって、安倍晋三政権が市民に対して、いかに不誠実な形で「働き方改革」を推し進めたかを検証する。そして、政府主導の働き方改革にお任せで期待するのではなく、労働者自身が自ら労働条件の改善に主体的に乗り出すことが必要であり、そのためには、声を上げることを抑圧する言説への対抗戦略も重要であることを述べていきたい。

1　「毒まんじゅう」の働き方改革関連法案

　2018 年 1 月に始まる第 196 回通常国会。この国会に提出される予定であった働き方改革関連法案は、法案要綱の段階では、大きく 4 つの内容を含んでいた（厚生労働省、2017a）。
　第一は労働基準法の改正であり、これは規制の強化策と緩和策が抱き合わせになっていた。規制の強化策は、①罰則つきの時間外労働の上限規制、②月 60 時間を超える時間外労働に対する 50％の割増賃金の中小企業への適用拡大、③年次有給休暇のうち 5 日分の時季指定、であり、規制の緩和策は、①裁

表 2-1　2018 年働き方改革関連法案の主な内容

労働基準法改正	規制強化策	罰則つきの時間外労働の上限規制
		月 60 時間を超える時間外労働に対する 50％の割増賃金の中小企業への適用拡大
		年次有給休暇のうち 5 日分の時季指定
	規制緩和策	裁量労働制の拡大　（→ 法案から削除）
		高度プロフェッショナル制度の創設
非正規雇用労働者の均等・均衡処遇		
勤務間インターバルの努力義務化		
多様な就業形態の普及などに向けた雇用対策法の改正		

出所：筆者作成

量労働制の法人営業職などへの適用拡大と、②高年収の高度専門職に対し労働時間規制を適用除外する高度プロフェッショナル制度の創設である。第二は非正規雇用労働者の均等・均衡処遇にかかわる法改正。第三は勤務間インターバル制度の努力義務化。第四は多様な就業形態の普及などに向けた雇用対策法の改正だ。

　なぜこんなにも多くの内容を一括法案にまとめ上げたのだろうか。それは、反対の強い労働時間規制の緩和策を実現させるためだった。具体的には、裁量労働制の拡大と高度プロフェッショナル制度の導入だ。これらは2013年6月14日に閣議決定された「日本再興戦略」および2014年6月24日に閣議決定された「日本再興戦略改訂2014」に盛り込まれ、2015年には労働基準法の改正案として提出まではこぎつけたものの、国会審議には至らず継続審議扱いとなっていた。

　そこで、時間外労働の上限規制などの規制強化策と抱き合わせの形を取ることによって、労働時間規制の緩和をなんとか成立させようとしたものであった。

　結果的には、2つの労働時間規制緩和策のうち裁量労働制の拡大については、国会審議の紛糾を受けて2018年2月28日に首相判断で法案から削除さ

図 2-1　労働時間の規制緩和に向けた経緯

2014 年 「日本再興戦略 改訂 2014」	2015 年 労働基準法改正案 国会提出 （審議できず）	→		2017 年 9 月 働き方改革関連法案 要綱の諮問 （規制の強化と緩和の 抱き合わせ）
	2016 年 8 月 安倍首相 「最大のチャレンジ は『働き方改革』」	2016 年 9 月- 2017 年 3 月 働き方改革 実現会議	2017 年 4 月- 労働政策審議会	↑

出所：筆者作成

れ、高度プロフェッショナル制度だけが法制化された。[1]しかし経済界は、よ
り対象範囲が広い裁量労働制の拡大をあきらめたわけではなく、早期の法制
化を求める見解をただちに発表した（日本経済団体連合会、2018；経済同友
会、2018；毎日新聞、2018）。厚生労働省は実態調査のやり直しに立ち戻って
一連のプロセスを踏み直すことを余儀なくされたが、今後、労働政策審議会
における審議を経てあらためて法改正案の提出が見通されているだろう。
　働き方改革関連法案は、このように規制の強化策と緩和策の抱き合わせで
あったが、規制の緩和策を含んでいることをひた隠しにして法改正を行おう
としたことに注目が向けられるべきだ。「毒まんじゅう」の「毒」は、規制強化
策から構成された厚い「皮」の内側に慎重に隠され、国会審議でも極力、言及
が避けられた。安倍晋三首相は、あたかも労働者のために「働き方改革」を進
めようとしているかのように装い、長時間労働の助長につながる労働時間規
制緩和を行おうとしていることを、市民に気づかせないようにしたのだ。

---

1)　働き方改革関連法案をめぐる一連の経緯については、朝日新聞記者がまとめた澤路他
　（2019）が詳しい。

2　安倍首相はどのように「働き方改革」を打ち出したか

　働き方改革関連法案の法案要綱は、2017年9月8日に厚生労働大臣から労働政策審議会に諮問され、同年9月15日に労働政策審議会より答申が行われて確定した（厚生労働省、2017a）。

　そこに至るプロセスは実に用意周到だった。その1年余り前の2016年8月3日に、安倍首相は参議院議員選挙後の内閣改造に伴う記者会見で、こう語った。

　　その最大のチャレンジは、「働き方改革」であります。長時間労働を是正します。同一労働同一賃金を実現し、「非正規」という言葉をこの国から一掃します。（首相官邸、2016a）

　この言葉からは、裁量労働制の拡大や高度プロフェッショナル制度の導入という労働時間規制緩和を働き方改革のなかで進めていこうという狙いを読み取ることはできない。安倍首相は2013年2月28日の第183回通常国会衆議院本会議における施政方針演説で、「世界で一番企業が活躍しやすい国を目指します」と述べていた。その安倍首相が「長時間労働の是正」と「同一労働同一賃金」を打ち出したことは、従来の企業寄りの姿勢を改め、労働者のための政策に目を向けたようにみえた。

　しかし、2016年9月2日の働き方改革実現推進室開所にあたっての安倍首相の訓示になると、表現が少し変わってくる。実態を変えることよりも認識を変えることが大事であるかのような言い方になる。

　　世の中から「非正規」という言葉を一掃していく。そして、長時間労働を自慢する社会を変えていく。かつての「モーレツ社員」、そういう考え方自体が否定される。そういう日本にしていきたいと考えている次第であります。（首相官邸、2016b）

　他方で、同年 10 月 7 日には、大手広告会社である電通の新入社員であった高橋まつりさんの過労自死の労災認定を受けて、遺族である母親が記者会見を行い、過労死の問題があらためて社会的に大きくクローズアップされていく。同年 12 月 28 日には、法人としての電通が書類送検され、社長が辞任を表明した。翌年の 2017 年 2 月 21 日に、安倍首相はまつりさんの母親と面会。母親の幸美さんがまつりさんのアルバムを見せながら思い出を語り、安倍首相が涙ぐむ場面もあったと報じられた（毎日新聞、2017）。

　そのように安倍首相は、過労死遺族に心を寄せる姿を示しながらも、自らが議長を務める形で 2016 年 9 月から半年にわたり開催した働き方改革実現会議では、3 月のとりまとめの段階で実行計画に裁量労働制の拡大と高度プロフェッショナル制度の導入を巧妙に紛れ込ませた（首相官邸、2017）。この会議では裁量労働制の拡大や高度プロフェッショナル制度の導入を議題として議論させなかったにもかかわらず、労働時間規制緩和を盛り込んだ国会提出中の 2015 年の労働基準法改正案の早期成立を図る旨の文言を「意欲と能力ある労働者の自己実現の支援」という項目に紛れ込ませたのだ。

　この働き方改革実現会議には、日本経済団体連合会の榊原定征会長をはじめとして経済界から複数のメンバーが参加し、労働時間の規制緩和について頻繁に意見を述べていた。他方で、労働者代表としては連合（日本労働組合総連合会）の神津里季生会長しかメンバーに加えられていなかった。にもかかわらず、この実行計画のとりまとめによって、労使のトップが裁量労働制の拡大や高度プロフェッショナル制度の導入に同意したという体裁が取られたのだった。

　さらにこの実行計画の内容の法制化に向けた議論が行われた 2017 年 4 月からの労働政策審議会では、時間外労働の上限規制や非正規の処遇改善についての詳細な議論は行うものの裁量労働制の拡大や高度プロフェッショナル制度の導入については議論させず、2017 年 9 月 8 日の厚生労働大臣による法案要綱の諮問の段階になって初めて、それまで議論してきた内容と国会に提出されていた 2015 年の労働基準法改正案とを統合するという形で、労働時間規制緩和の「毒」が混入された（厚生労働省、2017b）。

　つまり安倍政権は、広く世の中に対しては「働き方改革」は労働者のための改革だと思わせた一方で、労働政策審議会の場で労働者代表を務める連合に対しては、規制緩和策への反対を表明する場を土壇場に至るまで与えないまま、合意形成のプロセスに巻き込んでいったわけだ。

3　データを捏造してまで裁量労働制の拡大を図る

　そうやって労働時間の規制緩和策を規制強化策と抱き合わせた形で法案要綱に盛り込んで臨んだ2018年1月からの第196回通常国会。その1月29日の衆議院予算委員会で、安倍首相が2つの注目すべき発言を行う。労働法制を岩盤規制とみなしてドリルで穴をあけようとする、そのような労働法制観はぜひ改めていただきたいと立憲民主党の長妻昭議員が求めたのに対し、こう答弁したのだ。

　　その岩盤規制に穴をあけるには、やはり内閣総理大臣が先頭に立たなければ穴はあかないわけでありますから、その考え方を変えるつもりはありません。
　　それと、厚生労働省の調査によれば、裁量労働制で働く方の労働時間の長さは、平均的な方で比べれば一般労働者よりも短いというデータもあるということは御紹介させていただきたいと思います。（衆議院、2018a）

　この答弁の前半は、隠していた「毒」をうっかり表に出してしまった場面とみることができる。高付加価値を生むゆとりのある働き方をするために、労働法制の規制を、強めるべきところは強めることで、結果として労働生産性が上がると長妻議員に諭され、むきになって反論したとみられる場面だ。労働基準法を規制緩和すべき「岩盤規制」とみなして、ドリルで穴をあけようとすること。それは安倍政権の本音であるが、言わない約束の本音であっただ

ろう[2]。

　一方で、この答弁の後半では、一転して安倍首相は用意された答弁書に目を落としてそれを棒読みした。しかしその内容は不自然だった。裁量労働制のほうが一般労働者よりも平均して労働時間が短いなどという調査結果は、果たして存在するのか。

　この答弁を聞いて疑問に思っていたところ、1 月 31 日に参議院予算委員会で加藤勝信厚生労働大臣が森本真治議員の質疑において調査名に言及した。さらに、1 日の実労働時間が、一般労働者の 9 時間 37 分に対して、企画業務型裁量労働制の労働者では 9 時間 16 分であると、時間数にも言及した。平成 25 年度労働時間等総合実態調査によるとのことであったためネットを調べてみると、公表冊子が PDF でみつかった。

　しかし冊子を確認すると、そもそも一般労働者についてのデータと企画業務型裁量労働制の労働者についてのデータは全く別の種類のデータであり、比較できる性質のものではなかった。また、一般労働者についての 9 時間 37 分という数値は不自然に長く、公表されている冊子からはその数値は算出できず、他方で冊子に公表されている 1 週あたりのデータと明らかに矛盾するものだった。

　そのような不審な点を筆者が考察して WEB の記事として公表し、長妻昭議員に連絡したところ、長妻昭議員が厚生労働省の職員に問うて問題が表面化した。その後、国会で野党が追及を続けたところ、安倍首相は答弁を撤回するに至る。さらに調査票の開示や調査の個票データの開示を野党が求めていくなかで、これが到底信頼できるデータではなかったことが明らかとなり、この調査結果を踏まえて裁量労働制の拡大を審議していた労働政策審議会の段階まで検討を差し戻せという野党の要求に政権側が屈する形となり、裁量

---

2)　この場面も含め、筆者は働き方改革関連法案の国会審議における答弁の不誠実さを実際の映像を使って解説つきで街頭上映する「国会パブリックビューイング」という取り組みを 2018 年 6 月より進めてきた。働き方改革の国会審議を 55 分にまとめた番組は、YouTube より視聴できる（国会パブリックビューイング、2018a）。同番組の文字起こしは、上西（2018a）、英語字幕は上西（2018b）を参照。

労働制の拡大は法案から削除された（上西、2018c）。

　開示された調査票をみれば、一般労働者の9時間37分という数値は、平均的な働き方の労働者が調査対象月にもっとも長く働いた1日の法定時間外労働の平均値に8時間を加えることによって算出されていたことが明らかになった。他方で、裁量労働制の労働者のほうは、1日の法定時間外労働の時間数を捉えたものではなく「労働時間の状況」を捉えたものであり、もっとも長く働いた1日のデータでもなかった。明らかに、比べてはならない数値を比べていた（上西、2018c）。

　そんな無理な比較をせずとも、厚生労働省は自らの管轄下の調査研究機関である労働政策研究・研修機構（JILPT）に裁量労働制に関する調査を委託し、2014年にJILPTは調査結果の冊子を取りまとめていた（労働政策研究・研修機構、2014）。その調査では、同じ尋ね方で一般労働者と裁量労働制の労働者の1か月の実労働時間を尋ねていた。にもかかわらず政府がそのデータに言及せずに、明らかに問題のある比較を行った独自のデータに言及したのは、JILPTのデータでは裁量労働制の労働者のほうが長時間労働の傾向が出ており、裁量労働制の対象業務を拡大したい政府の方針に合わなかったからだ。つまり、不都合な調査結果は捨てて、都合のよいデータを捏造して答弁に使ったわけだ。

図 2-2　労働政策審議会に示されなかった JILPT のデータ
1 か月の実労働時間──適用労働時間制度別（厚労省抽出分）

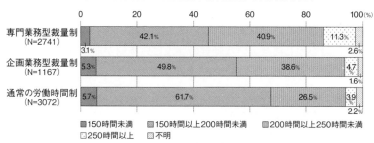

出所：労働政策研究・研修機構（2014）図表 4-6
https://www.jil.go.jp/institute/research/2014/documents/0125.pdf

　経緯をたどってみると、2014年の労働政策審議会で裁量労働制の拡大が議論されていたときに、このJILPTの調査は結果が出ていたにもかかわらず、厚生労働省は審議会にこの裁量労働制の実労働時間に関するデータを提供していなかった。自らが委託して調査を実施させたにもかかわらず、都合の悪い結果が出るとその結果は審議会に出さずに済ませたのだ。公労使の三者構成からなる労働政策審議会の議論を安倍政権が求める方向へと、事務局たる厚生労働省が意図的に誘導したものと思われる。

　さらに、安倍首相が2018年1月29日に答弁で言及した前述の不適切な比較のデータは、2015年3月26日に厚生労働省が当時の野党第一党であった民主党の厚生労働部門会議に対して示していた。国会では2015年7月31日の衆議院厚生労働委員会において当時の塩崎恭久厚生労働大臣が答弁で言及したのが初であった。つまり、2015年に裁量労働制の拡大と高度プロフェッショナル制度の導入を行おうとした労働基準法改正案を準備した当初から、この捏造データは野党を戸惑わせるために準備されていたわけだ。

　もっとも安倍政権は、国会対策としてデータを捏造させたなどとは認めていない。厚生労働省の職員が不適切さに気づかずにデータを準備した、というストーリーで内部調査結果が公表されている（厚生労働省、2018）。しかし、筆者にはその説明はとうてい納得できるものではない。

表 2-2　安倍首相の国会答弁資料（2018年1月29日衆議院予算委員会）
〈裁量労働制のみなし労働時間・実労働時間の状況〉

		みなし労働時間（平均）	実労働時間（平均）
専門業務型裁量労働制	最長の者	8：32	12：38
	平均的な者		9：20
企画業務型裁量労働制	最長の者	8：19	11：42
	平均的な者		9：16
一般労働者	最長の者	—	11：11
	平均的な者		9：37

出所：厚生労働省「平成25年度労働時間等総合実態調査」
筆者作成。長妻昭議員を通じて入手した元資料は上西（2020）p. 81 に掲載。

4　「多様な働き方が選択できる社会」

　そのような経緯を経て、労働時間の規制緩和策の1つである裁量労働制の拡大が法案から削除されたのちの2018年4月27日に、働き方改革関連法案の国会審議が開始される。その際に、削除されずに残っていた労働時間規制緩和策である高度プロフェッショナル制度の導入は、「多様な働き方」の選択肢として、労働者のニーズに応えるために導入するのだという理屈がつけられた。加藤勝信厚生労働大臣が4月27日の衆議院本会議で語った法案の提案理由はこうだ。

　　急速に少子高齢化が進展する中において、働く方の働き方に関するニーズはますます多様化しており、非正規雇用で働く方の待遇を改善するなど、働く方がそれぞれの事情に応じた多様な働き方を選択できる社会を実現することが重要です。このことは、働く方の就業機会の拡大、職業生活の充実や労働生産性の向上を促進し、働く方の意欲や能力を最大限に発揮できるようにし、ひいては日本経済における成長と分配の好循環につながるものであります。また、過労死を二度と繰り返さないため、長時間労働の是正が急務です。
　　このような社会を実現する働き方改革を推進するため、この法律案を提出いたしました。(衆議院、2018b)

　非正規雇用労働者にとって、処遇改善はたしかに「ニーズ」だろう。しかし、「改善するなど」の「など」という言葉のなかに隠された高度プロフェッショナル制度は、労働基準法の労働時間規制を適用除外するものだ。つまりは、使用者がその労働者を働かせるにあたって、8時間という法定労働時間に縛られることがなくなり、それを超えて働かせても割増賃金を支払う必要がなくなる。使用者にとっては好都合でも、労働者にとっては残業代を受け取る権利を失ったうえで、際限のない長時間労働に追い立てられる危険を伴う働き方だ。そういう働き方が、あたかも労働者のニーズに基づくものであり、「多様

34

な働き方」の選択肢の1つとして選択できるように用意するのだ、という理屈で法案に組み込まれたわけだ。

表2-3　労働時間等規定の適用状況の比較

		一般労働者	管理監督者	裁量労働制対象者	高度プロフェッショナル制度対象者
労働時間		○	×	△※	×
休日		○	×	○	×
割増賃金	時間外	○	×	△※	×
	休日	○	×	○	×
	深夜	○	○	○	×
休憩		○	×	○	×
年次有給休暇		○	○	○	○
独自の健康確保措置		—	—	○	○

○は適用対象、×は適用除外。
※「みなし労働時間」が8時間を超える場合は、三六協定の締結及び届出、割増賃金の支払が必要となる。

出所：成嶋（2015）

その後の法案審議のなかでは、そのような働き方を求めている労働者は本当にいるのかと野党がその根拠を問うていく。政府はニーズを聞き取ったと答弁したが、根拠を示すことには消極的で、追及されてやむなく提出したヒアリング結果は、わずか12名に尋ねた内容をそれぞれ数行ずつ開示しただけのものだった。

さらにそのヒアリングの時期を尋ねていくと、すべてが2015年に法案要綱を定めたあとになって行われた後づけのものであることがわかり、12名のうち9名のヒアリングは、この件に関する国会審議が始まった後の2018年1月31日以降に行われていた。ヒアリングにあたって高度プロフェッショナル制度が労働時間規制の適用除外であることを説明したのかという問いにも、政府は答えなかった。

このように、高度プロフェッショナル制度について、労働者のニーズに基づくものだという立法事実（法の制定を必要とする根拠となる事実）が崩れたにもかかわらず、政府は数の力で2018年6月29日に働き方改革関連法を成立

させた。

　高度プロフェッショナル制度について、野党は正しく問題点を指摘したが、世論はさほど喚起されなかった。裁量労働制の拡大については、首相の答弁撤回という異例の事態とわかりやすいデータの矛盾から積極的に報道が行われ、そのなかで政権は法案からの削除を決断したわけだが、高度プロフェッショナル制度の問題点については、さほど報道されず、そもそもそのような規制緩和が働き方改革の法改正で行われようとしていることも広く認知されないままとなった。

　野党が高度プロフェッショナル制度の問題点を指摘しても、政府は話をそらして、それとは関係のない時間外労働の上限規制に言及することが繰り返された。不都合なことにはできるだけ答弁で言及しない、という戦略が徹底されたのだ。

　それでも全労連（全国労働組合総連合）などの労働団体や労働弁護士、「全国過労死を考える家族の会」の方々などは、高度プロフェッショナル制度の導入に強く反対した。家族会の方々は安倍首相に面会を求めて記者会見を開き、国会審議を傍聴し、さらに官邸前で座り込み行動を行うなど、積極的に行動した。しかし、2017年2月21日に高橋まつりさんの母親と官邸で会って涙ぐんだと伝えられた安倍首相は、高度プロフェッショナル制度の導入に反対している家族会の方々とは、頑なに会おうとしなかった。

　それだけではない。安倍首相は、家族会の方々が15人以上傍聴席で見守るなかで、家族会との面会を求める柚木道義議員の質疑に対し、下記のように一見誠実そうで、実は非常に心ない答弁を行った[3]。衆議院での採決が迫った

---

3)　この質疑と答弁の様子は、「ご飯論法」が横行する国会答弁を解説した国会パブリックビューイングの番組に収録した（国会パブリックビューイング、2018b）（同番組の文字起こしは、上西 2018d）。なお、「ご飯論法」とは、「朝ごはん（朝食）は食べたか」と問われて、「ご飯（白米）は食べていない（パンは食べたが、それは黙っておく）」と答えるような、不誠実な論点ずらしの手法を比喩的に表現したものである。加藤勝信厚生労働大臣の不誠実な答弁の特徴を筆者がこのように朝ごはんをめぐるやりとりにたとえて表現し、それにブロガーの紙屋高雪（かみや・こうせつ）が「ご飯論法」と命名したものだ。

2018 年 5 月 23 日の衆議院厚生労働委員会でのことだ。

　　過労死、過労自殺の悲劇を二度と繰り返さないとの強い決意でありま
す。政府としては、全国過労死を考える家族の会の皆様を含め、過労死をな
くしたいとの強い思いを受けとめ、罰則つきの時間外労働の上限を設ける
ことなどを内容とする働き方改革関連法案の成立に全力を挙げていると こ
ろでございます。(衆議院、2018c)

　この答弁だけを取り出せば、長時間労働の是正に真摯に取り組む姿勢を示
した答弁のようにみえる。しかし、実際は高度プロフェッショナル制度の削
除を求める家族会の願いに対し、それとは関係のない抱き合わせの規制強化
策である時間外労働の上限規制に取り組む旨の答弁を行っており、これは意
図的な論点のすり替えである。そのうえで、高度プロフェッショナル制度に
ついては、「などを内容とする」と、「など」の言葉のなかに隠して、あたかも
家族会の願いに応える法改正に取り組んでいるかのように答弁で装ったの
だ。目の前の傍聴席で国会審議を見守っている家族会の方々を冒涜するよう
な答弁だった。
　このように明らかに不誠実な答弁、問題に向き合わない答弁が、働き方改
革の国会審議では繰り返された。労働時間規制の緩和は長時間労働の助長に
つながり過労死の危険を増大させるという不都合な事実に向き合わないため
の、不誠実な対応だった。

5　望まない人には影響はないのか

　ここであらためて、高度プロフェッショナル制度は「多様な働き方の選択
肢」なのか、という論点に戻ろう。安倍首相は、高度プロフェッショナル制度
の導入にあたっては労使委員会の決議とともに本人同意が必要であることを
踏まえ、2018 年 6 月 26 日の参議院厚生労働委員会において石橋通宏議員に対

し、「本制度は、望まない方には適用されることはないため、このような方への影響はないと考えています」と答弁した。しかし、本当だろうか。

高度プロフェッショナル制度は、さしあたりは金融商品の開発の業務、金融商品のディーリング業務、アナリストの業務、コンサルタントの業務、研究開発業務の5業務が対象で、年収1,075万円以上という要件がついている。しかし、自分の勤務する会社が高度プロフェッショナル制度を導入したいと考え、対象者に同意を求めた場合、労使委員会が拒むことも難しく、労使委員会が導入を決めたあとで自分ひとりが嫌だと言うことも難しいのではないか。

そして、いったんある会社で導入されれば、同業他社も競争力の観点から導入を進めるのではないか。当面は野党の奮闘により、具体的な時間指定を伴う業務は省令で対象外とされたため、広く導入される状況ではないかもしれないが、使い勝手が悪いとして要件が緩和されていけば、労働者が個人の意向で適用を拒むことはますます難しくなっていく。そのような働き方を望む人もいるだろうからあくまで選択肢として設けるだけだという理屈で導入された制度が、実質的には強いられた選択になっていく可能性は高い。

そのような動きが進めば、そしていったんは頓挫した裁量労働制の拡大が新たな法改正によって実現することになれば、どれだけ働いても残業代は出ない働き方が「標準」となり、時間外労働の時間数が規制されていて割増賃金の支払いも必要とされる「一般労働者」の働き方が、むしろ、育児や介護などの事情を抱えた労働者のための「例外的な」働き方になっていく恐れがあるのではないか。

つまり、「多様な働き方が選択できる社会」とは、あたかも選択肢を提供するだけのようでありながら、実際は労働基準法によって守られた働き方を徐々に侵食していくプロセスを、警戒心を起こさせずに進めていくための言葉であることに、目を向けなければいけない。

もちろん、誰もがフルタイムで働けるわけではないし、フレックスタイムやテレワークも含めて多様な働き方ができることは重要だ。非正規雇用労働者の処遇の改善を進めていくことも重要だ。しかし、「多様な働き方が選択できる社会」というときに、従来の規制に穴をあけ、労働者の権利を掘り崩して

いくことがひそかに同時に狙われていく、そのことには注意を払わなければならない。

6　声を上げることを抑圧する「呪いの言葉」

　ここまでみてきたように、安倍政権の「働き方改革」は、労働者のために改革を進めてあげるのだという体裁を取りながら、労働者の権利を掘り崩していく内容を含んでいる。しかし、そのことに対する市民の警戒心は薄い。「働き方改革」という言葉は長時間労働の是正や働き方の効率化の文脈で広く理解されており、その「刷り込み」と異なる認識はもちにくい。安倍政権の巧みな言説戦略が功を奏しているのが現状といえる。

　その状況のなかで、どのように私たちは権利侵害から身を守り、さらには自らの労働条件を改善させていくことができるだろうか。

　労働組合の推定組織率が17％であり、多くの企業別労働組合は労使協調的であるという現状のなかで、筆者は、誰か任せにしていればどんどん状況は悪くなるという認識を一人ひとりの市民がもちうるか、そして、状況を変えていくために一人ひとりが自分ごととして主体的に行動できるかが鍵であると考えている。そのために筆者がこの間、とってきた行動が2つある。

　1つは、働き方改革の名の下に何が進行しているのかをわかりやすく、広く示すことだ。ツイッターやWEB記事による発信の他に、2018年6月15日からは国会審議を「やりとり」として切り出し、解説つきで街頭上映する「国会パブリックビューイング」の活動を10数名で始めた[4]。

　ニュースで短く編集された答弁をみるだけではわからない政府答弁の不誠実さは、国会審議を質疑に対する答弁という一連の「やりとり」としてみることによって初めて気づくことができる。そして、その国会審議の具体的な映

---

4)　これまでの活動の一部は、YouTube の「国会パブリックビューイング」のチャンネルに映像として収録している。また、上西（2019）と上西（2020）にも活動の経緯を記した。

写真 2-1　国会パブリックビューイングの街頭上映

2018 年 11 月 18 日新宿駅南口

　像を解説つきで新宿や新橋、有楽町などの路上で上映することにより、積極的に情報を取りに行かない人にも立ち止まって見てもらうことができる。

　私たちが実際に街頭上映を行ったのは、働き方改革関連法案や、外国人労働者の受け入れ拡大に向けた入管法改正、政府統計の不正をめぐる問題などをあわせて活動開始から 1 年間で 35 回である。それを目にした人の数という意味ではたいした規模ではないが、国会が正常に機能していない現状を幅広い人たちに認識してもらい考えてもらうための新しい市民運動として注目された。京都には同様の活動を行う別団体「京都で国会パブリックビューイング」が生まれ、さらに政党が同様の街頭上映に取り組むといった広がりも起きた。

　もう 1 つが、『呪いの言葉の解きかた』という本の執筆だ（上西、2019）。私たちは不当な状況に対して声を上げることに慣れておらず、声を上げることに対しての心理的な抵抗感が強い。SNS で声を上げた者が不当に叩かれるという状況も目にしている。一人ひとりの市民が主体的に労働条件の改善に乗り出していくためには、その心理的に抑圧された状況を可視化し、抑圧する者

の不当性を浮き彫りにしてはね返していくことが大切だと考えたのだ。

　ここでいう「呪いの言葉」とは、相手の思考の枠組みを縛り、相手を心理的な葛藤のなかに押し込め、問題のある状況に閉じ込めておくために発せられる言葉を指す。例えば「嫌なら辞めればいい」という言葉を投げかけられると、人は「そんなに簡単に辞められない」と考えてしまう。しかし、そう考えるときその人はすでに、相手が与えた思考の枠組みにとらわれてしまっている。そうやって働く人自身の問題であるかのように思わせることにこそ、その言葉を発した者の狙いはあり、その狙い通りに心理的に呪縛されてしまうのだ。

　だから、そのような言葉を、相手を黙らせるための「呪いの言葉」として認識し、「何を勝手なことを言ってるんですか。残業させても残業代もきちんと払わない、あなたの問題ですよ」と、問いを相手に返していき、状況を俯瞰して心理的な抑圧を脱することができるようになること。そのことを狙った本だ。

　見渡してみれば、「呪いの言葉」は世に溢れている。「嫌なら辞めればいい」「選ばなければ仕事はある」「仕事が遅いのに残業代が欲しいの？」といった労働をめぐる呪いの言葉のほかに、「母親なんだからしっかりしなさい」「仕事に家庭を持ち込むな」といったジェンダーをめぐる呪いの言葉もある。「デモに行ったら就職できなくなるよ」「野党は反対ばかり」のような、政治をめぐる呪いの言葉もある。どれも、権力をもつ者が、相手を黙らせるために発する言葉だ。

　そして、そのような言葉を、私たちは無意識のうちに内面化してしまっている。「文句を言ったら、にらまれる」といったように。本当はそれは「文句」ではなく、正当な「権利主張」であるかもしれないのに。これは、権力をもつ者にとっては非常に好都合な状況だ。

　だから、そのような呪いの言葉が溢れていることに気づくこと、そしてそれに対抗する言葉を獲得していくこと。それが大切だと考え、働き方改革をめぐる国会の動きや自らの活動にも触れながら、また、ケン・ローチ監督の映画『わたしは、ダニエル・ブレイク（I, Daniel Blake）』やジャン＝ピエール＆リュック・ダルデンヌ監督の映画『サンドラの週末（DEUX JOURS, UNE NUIT）』

表 2-4　自らの言葉を獲得することによるエンパワーメント

呪いの言葉に抗していく	「嫌なら辞めればいい」 →「残業代も払わずに、なに勝手なこと、言ってるんですか！？」
内面化された 呪いの言葉に気づく	「文句を言ったら、にらまれる」 →「正当な権利主張」
相手に力を与える 「灯火（ともしび）の言葉」	「きっと社長に会って興奮したのね。でも、姿を見せたから譲歩したのよ」 （映画「サンドラの週末」）
自らを支える 「湧き水の言葉」	財務省セクハラ問題における麻生太郎財務大臣の「はめられた可能性」 発言をめぐって 「＃私は黙らない0428」＠新宿アルタ前行動（2018 年 4 月 28 日）

出所：筆者作成

などの物語のなかの言葉にも着目しながら、本を執筆した。本のなかでは、
「呪いの言葉」とそれへの抗し方だけではなく、相手の力を引き出すエンパ
ワーメントにつながる肯定的な言葉がけである「灯火（ともしび）の言葉」や、
自らの内面から湧き出て自らを支える「湧き水の言葉」も取り上げた。幸い、
労働組合の方々に注目していただき、ワークショップに活用していただいた
こともある。
　言葉は思考を支配する。私たちの考え方を枠づけるような言葉を、安倍政権
は意図的に使い続けている。その状況に対抗するには、私たちが権力をもつ者
の言葉に縛られないこと、そして状況を変えていくために自らの言葉を獲得
していくことが大切だ。それはささやかな、けれども大事な一歩だと考える。

参考文献

上西充子（2018a）「文字起こし：国会パブリックビューイング『第 1 話　働き方改革——高プロ危険編』（本編 55 分）」。
https://note.com/mu0283/n/n55adb2faad08
――――（2018b）"National Diet Public Screening "Episode 1：Work Style Reform-Risk in the Sophisticated Professionals System".
https://note.com/mu0283/n/nb65183cedb5d
――――（2018c）「裁量労働制　拡大でなく限定を――実態映したデータを出発点に」『Journalism』2018 年 5 月号。
https://webronza.asahi.com/journalism/articles/2018052200003.html
――――（2018d）「文字起こし：国会パブリックビューイング『第 2 話　働き方改革——ご飯論法編』（35 分）」。
https://note.com/mu0283/n/n0ea025676786
――――（2019）『呪いの言葉の解きかた』晶文社。
――――（2020）『国会をみよう　国会パブリックビューイングの試み』集英社クリエイティブ。
経済同友会（2018）「働き方改革関連法案について」2018 年 3 月 1 日。
厚生労働省（2017a）「働き方改革を推進するための関係法律の整備に関する法律案要綱（答申）」2017 年 9 月 15 日。
――――（2017b）「第 140 回労働政策審議会労働条件分科会」2017 年 9 月 8 日。
――――（2018）「裁量労働制データの不適切な比較等に関する関係者の処分について」2018 年 7 月 19 日。
国会パブリックビューイング（2018a）「第 1 話　働き方改革——高プロ危険編」。
https://www.youtube.com/watch?v=LQ71hlwBEVo
――――（2018b）「第 2 話　働き方改革——ご飯論法編」。
https://www.youtube.com/watch?v=wCZnUYtbfPs
澤路毅彦・千葉卓朗・贄川俊（2019）『ドキュメント「働き方改革」』旬報社。
衆議院（2018a）「第 196 回国会　衆議院　予算委員会議録　第 2 号」2018 年 1 月 29 日。
――――（2018b）「第 196 回国会　衆議院会議録　第 22 号」2018 年 4 月 27 日。
――――（2018c）「第 196 回国会　衆議院　厚生労働委員会議録　第 22 号」2018 年 5 月 23 日。
首相官邸（2016a）「安倍内閣総理大臣記者会見」2016 年 8 月 3 日。
――――（2016b）「働き方改革実現推進室看板掛け及び訓示」2016 年 9 月 2 日。
――――（2017）「働き方改革実行計画（平成 29 年 3 月 28 日働き方改革実現会議決定）」2017 年 3 月 28 日。
成嶋建人（2015）「今後の労働時間法制等の在り方について――労働基準法等の一部を改正する法律案」『立法と調査』No.365、2015 年 6 月。
日本経済団体連合会（2018）「働き方改革関連法案に関する榊原会長コメント」2018 年 3 月 1 日。
毎日新聞（2017）「電通：過労自殺　遺族、働き方改革『実効性を』　首相は決意示す」2017 年 2 月 22 日朝刊。
――――（2018）「裁量労働制：削除『残念』　財界から失望の声」2018 年 3 月 2 日朝刊。

労働政策研究・研修機構（2014）『裁量労働制等の労働時間制度に関する調査結果——労働者調査結果』JILPT 調査シリーズ No.125、2014 年 5 月。

第 3 章

文在寅政府の労働政策の変動に関する研究

イビョンフン

はじめに

　朴槿恵大統領の国政壟断に憤って触発されたローソク市民革命、そして憲法裁判所の歴史的な弾劾判決を背景として、2017年5月に行われた早期大統領選挙で勝利した文在寅政府は、労働政策の基調に大きな変化をみせてくれた。李明博・朴槿恵大統領の保守政権が執権9年間、親企業的な国政基調によって労働市場の柔軟化に力を注いだとすれば、ローソク政権を自任する文在寅政府は、労働尊重社会の実現を公式に宣言し、親労働的政策を積極的に展開した。文在寅政府が執権初期に推進した、労働寄りの政策の代表的な例として、公共部門の非正規職ゼロ時代宣言と、最低賃金の16.4％引き上げがある。また、成果年俸制と低成果者追い出しのための2大指針（「公正人事指針」と「就業規則の解釈及び運営に関する指針」）の廃棄などを挙げることができる。ところが、文在寅政府の労働政策は、2年半の推進過程初期に公表された基調から後退する変動の流れを示した。2020年に最低賃金1万ウォン実現という公約は速度調節論によって放棄され、労働時間短縮のための週52時間制施行が猶予された。さらに、弾力勤労制拡大による労働時間柔軟化が推進されて、国際労働機関（ILO）条約批准を通した労働基本権強化もその実現が不透明になった。

　文在寅政府の労働政策は、労使団体をはじめ保守・進歩陣営の政界と、マス

コミおよび学会の間で熱い議論の対象とされてきた。保守陣営は、文在寅政府の労働政策について、反資本の国家介入フレーム（キムテホ、2018）に囚われた「ポン・サッカー」※式ポピュリズム政策（ソンホグン、2017）で、企業と雇用の「脱韓国」を煽り立てる誤った政策（シンセドン、2019）と辛らつに批判してきた。一方、労働界と進歩陣営は文在寅政府の労働政策について、序盤に肯定的評価を下したこともあったが、政策基調の変化を逆行とみなして否定的な立場に旋回した[1]。例えば、キムユソン（2019a）の場合、現政権の労働政策について、1次年度に「A0」と高い点数をつけたが、2次年度では「C+」と低い評価をしている。（※訳注：相手陣地に大きく蹴り込むだけの下手なサッカー）

　政府の政策については、評価者の理念的価値志向や主観的判断基準に左右されるだけに、客観的な評価を期待することは容易ではない（イビョンフン、2011；チョングァンホ、2005）。さらに、労使団体間の相反する利害関係と保守――進歩陣営間の尖鋭な立場の対立が表出される政策分野である労働政策をめぐり、陣営の論理によってその基調および実行内容について多様な評価が下されるのは自然なことでもある[2]。こうした点を考慮して、本章では文在寅政府の労働政策が生んだ功績と過失を評価するより、政権初期に公表した政策が2年余りの執行過程でなぜ変化することになったのか、すなわち、政策の変動に注目してその背景の原因を探してみようと思う[3]。参与政府の労働政策について、「政権初期に樹立した『社会統合的労使関係構築』の国政課題

1）　ノグァンピョ（2019）によれば、労働政策分野の国政課題のなかで「国民の目線に合わせた良い雇用創出」がある程度履行された反面、他の国政課題は一部の履行（性別・年齢別オーダーメイド型の雇用支援強化、失業と引退に備える雇用安全網強化、休息ある暮らしのための仕事と生活の均衡実現）または未履行（労働尊重社会の実現と差別のない良い職場づくり）にとどまっていると評価される。

2）　文在寅政府の労働政策基調が変化したことについても、評価者の立場によって多様な観点が示されている。例えば、労働政策の変動は状況環境の変化（例：景気及び雇用指標の悪化）による不可避な調整であるとみることができるし、さらにそれとは違った進歩的立場からは、初心を失った無気力な政策後退と批判でき、また保守的観点からは、誤った政策の不十分な調整であると問題視することもできる。

3）　民主労総（2019）によれば、文在寅政府の2年間に労働政策の分野で69の公約のうち7つだけを履行しており、35の公約は履行しなかったか、むしろ改悪されたと評価している。

が、労働界の過剰期待と経営界および保守メディアの過度な牽制を自ら招来して社会葛藤を増幅し、その政策基調を挫折させて、結局『左側への方向指示器で右折』した」と評価されたことがある（イビョンフン、2011）。参与政府の後身ともいえる文在寅政府で、なぜ同じことが繰り返されるのかを検討してみることは、政策推進の変質を避けるための必要条件を明らかにする趣旨で意味のある研究動機になるだろう。

　本章では、文在寅政府の労働政策において、大統領選と執権序盤に設定した議題が実施段階でどう変動したかについて調べ、その変化の背景原因を議論しようと思う。次節では、文在寅政府の労働政策が大統領選挙局面でどのように政策議題として設定されて、2年半の政権期間中に執行されたかを検討する。第3節では、現政権の労働政策の変動が発生することになった背景原因について、政策主導集団の主体的側面に焦点を合わせて検討し、結論の第4節では、今回の研究で導き出される政策的示唆点を提言する。

1　文在寅政府の労働政策形成と執行

(1) 労働政策の議題設定と政策形成

　文在寅政府の労働政策が議題化される過程は、2017年5月に行われた早期の大統領選挙の前と後で区分される。大統領選挙前の時期には、当時、共に民主党（略称、民主党）の文在寅候補の選挙公約で公表した労働分野の政策議題を探すことができる。民主党の第19代大統領選挙公約集「国を国らしく」では、12大約束の1つとして「雇用が用意された大韓民国」[4]を掲げ、3つの政策公約──①雇用創出、②非正規職の削減及び待遇改善、③労働尊重社会の実

---

4)　民主党の大統領選挙公約集で明らかにした四大国政ビジョンの1つである「共に成長へ共同する大韓民国」のなかに労働政策公約が提示されている。文在寅政府の発足後、共に成長の国政ビジョンは、所得主導の成長をするという経済政策の核心談論として公式化され、主要政策手段として最低賃金の大幅な引き上げが断行され、政権初期から保守・進歩陣営間の熱い争点として浮上した。

現を提示している。労働政策分野の選挙公約は、文在寅候補のシンクタンクである「政策共感、国民の成長」傘下の労働分科と民主党レベルの労働政策公約チームが主導して作成したものであり、党内選挙に参加した諸候補の政策公約を集めてまとめたものである。[5)]

　大統領選挙の局面で、労働政策についての文在寅候補の議題設定には、労働界との政策連帯を通じて親労働的な基調を積極的に表現している、という点が特筆に値する。韓国労総は、主要な大統領選挙候補の労働政策に対する比較検証と組合員総投票を通じて、支持候補として文在寅候補を公式に選定し、大統領選直前に民主党との「労働尊重政策連帯協約」を締結した。政策連帯協約には、韓国労総が要求する12大政策議題を含んでいるだけでなく、公共・金融・海運・逓信などの構成員労組が要求する12大履行協約条項が追加されている。これに加えて、文在寅候補と民主党は、全国民主労働組合総連盟（民主労総）傘下の言論労組、保健医療労組、公務員労組などとも政策連帯協約を締結した。

　早期大統領選挙を通じて政権を獲得した文在寅政府は、大統領職引き継ぎ委員会（略称、引き継ぎ委）の活動なしの任期開始に伴い、これの代わりとなる国政企画諮問委員会を設置・運用した。国政企画諮問委員会は、55日間の活動を経て、7月中旬に5つの戦略領域の100大国政課題を発表した。雇用労働部所管の労働政策分野については、6つの国政課題を提示している。文在寅候補の大統領選挙公約のなかで、団体協約の適用範囲拡大および効力拡張制度整備、非正規職雇用負担金制の施行、非正規職差別禁止特別法制定など9つの事項が脱落したという民主労総（2019）の指摘にもかかわらず、国政企画諮問委員会が提示した労働政策分野の国政課題は、全般的に大統領選挙公約を忠実に反映したものと評価される。実際、国政企画諮問委員会の労働政策分科で、労働界出身の与党議員が幹事の役割を担い、韓国労総幹部2人が派遣

---

5)　とくに、文在寅候補の労働分野の大統領公約には「労働尊重特別市」の政策スローガンをはじめ、公共機関の非正規職の正規職転換、労働理事制、感情労働者保護、生活賃金などのように朴元淳ソウル市長が推進した主要労働政策を模倣し、または、参照して作った政策議題が多く含まれている。

され、労働界の立場を代弁して大統領選挙の局面で提示された、労働寄りな政策課題の大部分を国政課題として盛り込んだ。その結果、文在寅政府が公表した労働政策分野の国政課題は、李明博・朴槿恵政府が雇用・賃金の柔軟化に注力してきた市場主導または親企業的政策の基調と、大きく対比される内容の政策議題で構成されていると整理することができる。[6]

(2) 労働政策の執行過程

　新政府の発足直後、文在寅大統領は、業務指示の1号で雇用委員会及び雇用現況掲示板を設置した。また、文大統領は初の行事として仁川国際空港を訪問し、「公共部門の非正規職ゼロ時代」を宣言し、非正規職問題解決に向けて公共機関が先導するという政策的意志を公式化した。[7]文在寅政府の労働者寄り政策基調に応えるように、6月に開催された第1回雇用委員会には、民主労総の代表と非正規職の代表が参加した。7月には大統領の非正規職ゼロ時代宣言に応え、政府の関係省庁が合同で「公共部門の非正規職労働者転換ガイドライン」を発表した。公共部門の非正規職対策は参与政府から始まって、朴槿恵政府まで持続されてきた政策事業ではあるが、文在寅政府で以前よりかなり前向きな方向で推進された。[8]同年10月には、雇用労働部が「公共部門の非正規職特別実態調査および年次別転換計画」を発表した。その転換計画

---

6)　朴槿恵政府と文在寅政府は、共通的に深刻な就職難と労働市場の二重構造を労働政策で解決しなければならない核心イシューとして扱っているが、その政策の解決策において、保守対進歩の立場の違いを反映して相反する基調を示した。前者は、労働市場問題の原因を正規職労働者の雇用・賃金の硬直性によると診断し、労働市場の柔軟化政策を強力に推進した反面、後者の場合、脆弱労働者集団の雇用の質を改善するため、最低賃金の引き上げと非正規職の正規職転換、そして労働基本権強化などを強調した。

7)　仁川国際空港で非正規職転換政策についての大統領宣言が発表された背景には、2017年当時、仁川空港公社に従事する労働者1万1,159人のうち非正規職の割合が88.4%（9,868人）に達し、非正規職の濫用と差別問題を集約的に示す公共機関事業場である点が考慮された。

8)　非正規職転換ガイドラインは、その準備過程で両労総の労働界代表と実務協議を経て完成した。

によると、2020年までに総計20.5万人の公共部門の非正規職を正規職に転換するという政策目標を公式に明らかにした。雇用労働部は、機関間および地域間の転換労働者の賃金格差を解消するため、もっとも大きな転換規模をもつ5つの転換職種（例：清掃・警備・施設管理・調理・事務補助）を対象に、5段階の等級で構成された標準職務給賃金体系（案）の設計作業を行い、公共機関に対して非正規職の使用に対する事前審査制を導入した。また、雇用労働部は9月に、パリバゲット製パン師5,378人に対して不法派遣の判定を下し、これまで民間部門の核心的な非正規職問題として提起されてきた脱法的な外注化慣行に警鐘を鳴らし、正規職化を誘導する前向きな行政措置を執った。

　文在寅政府の発足後、1万ウォン大統領選挙公約にあわせて決定された2018年最低賃金が、破格的に16.4％（時給基準7,350ウォン）引き上げられた。最低賃金の決定直後、高い引き上げ率をめぐる議論が起きた。小商工人と中小企業の不満が大きく表出されるにつれて、企画財政部と雇用労働部が共同主管する最低賃金T/Fが構成され、関連対策について協議を進め、7月中旬、関係部署合同で「小商工人・零細中小企業支援対策」を発表した。その支援対策には、最低賃金人件費上昇分の一部を支援する約3兆ウォン規模の「雇用安定資金」の提供をはじめ、クレジットカード手数料引き下げ・付加価値税など税負担の緩和・安定的賃借環境づくり・加盟／代理店保護強化などの内容が含まれていた[9]。2018年2月には、勤労時間短縮のための勤労基準法改正が国会で議決処理された。同法改正は、第18代国会で議論されてきたもので、週52時間上限制をはじめ、特例業種の削減（従来の26業種が5業種に大幅減少）、公休日法定化、そして休日勤務の重複割増縮小などを含め、韓国社会に

---

9)　2018年に施行された雇用安定資金は、30人未満の雇用事業主（ただし、共同住宅の警備・清掃員の場合、30人以上の事業所でも可）を対象に、月平均報酬190万ウォン未満の労働者に対して月額13万ウォンを支援することにしたが、雇用保険の義務加入などの理由で執行実績が低調だった。

固定化した長時間労働の職場風土を変える歴史的な制度変化と評価される。[10]
改正労働基準法によると、週 52 時間上限制は、300 人以上の大企業と公共機
関で 2018 年 7 月から、特例業種解除事業場の場合 2019 年 7 月から、そして
30 〜 299 人規模の中小企業と 30 人未満の零細企業に対しては、それぞれ 2020
年 1 月と 2021 年 7 月から施行するものと規定した。

　また、文在寅政府は労働界との政策連帯協約によって、朴槿恵政府が施行
した成果年俸制と労働市場改革関連の両大指針(『公正人事指針』と『就業規則
の解釈及び運営に関する指針』)を廃棄し、労働行政の積弊改革のために雇用
労働行政改革委員会を設置して、労働行政・労働監督・労使関係・産業安全・
権力介入の 5 分野に対する調査活動を行った。また、民主労総を含めた労使
政代表者会議が 2018 年 1 月に開催され、社会的対話機構の改編と懸案協議体
の構成などに合意した。この合意により、既存の労使政委員会を経済社会労
働委員会 (略称・経社労委) に再編する法改正が 5 月国会で処理された。経社
労委への再編について、1999 年以降、社会的対話に参加しなかった民主労総
代表が、その協議過程に参加したことや、労働弱者集団の権益を代弁するた
めに女性・非正規職・青年の階層代表が参加するように制度化されたことな
どが、前向きな面で評価に値する。また 2018 年 3 月には、保守政府により労組
設立申告が差し戻されてきた民主労総傘下の全国公務員労働組合が、雇用労
働部の設立申告証交付により合法化された。

　ところが、2018 年に入り悪化する雇用状況に対して、最低賃金の高率引き
上げによってもたらされたものと批判する野党と保守メディアの声が高ま
り、政府与党内部でも小商工人の強い反発を懸念する雰囲気が広がったこと
から、最低賃金の算入範囲を拡大する方向で法改正が進められた。国会で政
界主導の下、小商工人の人件費負担を減らすため、労働界の反発にもかかわ

---

10)　大統領選挙過程で「夕方のある生活」に向け、労働時間短縮の必要性に対する政界の
　　共感帯が作られたという点、そして国会で週 52 時間上限制導入に対する法改正が行
　　われない場合、休日を含む 68 時間労働を許可してきた行政解釈を廃棄してでも労働
　　時間短縮を達成するという文在寅大統領の強い意志表明で圧迫した点が功を奏して、
　　労働基準法の改正を実現することができた。

らず、5月に与野党合意で定期賞与金と福利厚生手当を最低賃金の算入範囲に含める最低賃金法改正案を議決処理した。[11]2018年6月に実施された地方選挙で与党が圧勝したにもかかわらず、いわゆる「雇用惨事」といわれる7～8月の雇用実績に衝撃を受けた文在寅政府が、その直後から経済活性化に力を注ぐことによって労働政策の基調に大きな変化が現れ始めた。[13]

　2018年7月、2019年最低賃金の10.9％引き上げが決まったが、同月に300人以上の大手企業で実施される予定だった週52時間上限制が、追加準備期間の必要性を理由に6か月延期された。また、政府与党を中心に経営界の要請を受け入れ、弾力勤労制の適用期間延長のための制度改編について公論化しようとする動きが現れた。与野政国政常設協議体で弾力勤労制の適用期間拡大のための法改正に合意したことにより、国会での法改正を後押しするため、経社労委傘下の「勤労時間制度改善委員会」を設置した。さらに、弾力勤労制改編に対する政策協議を行い、70日の協議過程を経て、2019年2月末に弾力勤労制の適用期間の上限を現行の3か月から6か月に延長するという合意に至った。弾力勤労制の制度改善合意に対して、民主労総がゼネストを繰り広げ強く反発するなか、女性・非正規職・青年の労働階層代表3人がこの合意に反対し、経社労委本会議に出席しなかったことで、議決処理が数回流れた。[14]労働階層代表3人の不参加によって空転を繰り返していた経社労委は、

11）さらに、最低賃金算入範囲を見直すための就業規則変更を、労働者の過半数または労組の同意なく意見聴取だけで可能とするよう最低賃金法に特例条項（6条2項）を新設した。最低賃金算入範囲の拡大と関連した社会的対話を拒否した民主労総に対し、労働界の一部は、労働基準法改正を引き出す交渉戦略を講じなかった点を批判した。

12）6月の地方選挙で、民主党は17の広域自治団体のうち14地域を席巻し、補欠国会議員選挙の12地方区の11か所で勝利した。

13）文在寅政府の初期に、所得主導成長に代表される経済政策の基調を率いたホンジャンピョ経済首席が2018年6月末に、そしてチャンハソン政策室長は同年11月にそれぞれ退任した。

14）経済社会労働委員会法第7条によれば、経社労委の案件は勤労者・使用者・政府代表の1/2以上が出席して初めて議決することができると規定されている。この規定によって民主労総代表と女性・非正規職・青年労働階層代表3人が不参加であるので、弾力勤労制関連合意について経社労委本会議議決ができなくなったのである。

全委員の辞任と交代を通じて2期体制に再編した2019年10月になって、ようやく弾力勤労制改善の合意を議決処理することができた。

　政府は、2019年初めに最低賃金決定構造を専門家中心の二元体系に転換するという改編案を発表したが、国会で選挙制改革法案のファースト・トラック処理をめぐる与野党間の激しい対立局面に阻まれ、その立法推進が霧散した。しかし、従来の方式によって決定された2020年の最低賃金は2.9％（時給8,590ウォン）の引き上げにとどまり、政府の速度調節論を反映した。[15]文在寅大統領が直接乗り出して、2020年最低賃金万ウォンの公約不履行について公式謝罪を表明したが、2大労総などの労働界の代表は、経済成長率と物価上昇率の合計経済指標にも及ばない低い引き上げ率と、労働者の生計費・労働生産性・所得分配率などの決定基準を無視した手続きの不当性を問題視し、最低賃金委員の辞退などで強く反発した。一方、現政権が推進した公共部門の非正規職転換政策は、2019年6月までに転換対象者の90.1％である18.5万人について正規職転換が決定され、実際15.7万人の正規職転換が完了し、転換規模において順調な進行をみせている。しかし、転換者の大多数が無期契約職（80％）または子会社方式（19％）に転換され、彼らの処遇改善が期待通りに実現しなかったことに対する不満が高まり、民主労総主導の公共部門非正規職ゼネストが展開された他、道路公社などの一部の事業場では子会社への転換に反対する深刻な労使紛争も表出した。

　文在寅政府は、大統領選挙公約であり国政課題に設定したILO条約の批准について、労働界の「先批准、後法改正」の相次ぐ要請にもかかわらず、「条約の批准と法改正の同時処理」原則を掲げ、2018年7月、経社労委傘下に「労使関係の制度改善委員会」を設置して関連政策協議を進めた。経営者労組レベルの協議過程で、労働界はILO基本条約第87号（結社の自由及び団結権の保護に関する条約）と98号（団結権及び団体交渉権についての原則の適用に関

15）2019年に最低賃金を決定していた最低賃金委員会の公益委員らが、政府の一方的な決定方式改編推進と経営界の「最低賃金大幅引き上げ」責任論提起などを理由に全員辞任したことにより、政府が新しく選任した公益委員たちの主導の下、2020年に最低賃金の引き上げ率が決定された。

する条約）に合致する労働法改正を要求したが、経営界は労使間の交渉力均衡のためにストの際、職場占拠禁止と代替勤労の許容、使用者の不当労働行為の処罰条項の削除、団体協約の有効期間の延長などを含む労働関係法の改正が行われるべきだという主張を固守し、これといった進展を見出すことができなかった。労使関係の制度改編に対する経社労委レベルの合意導出が失敗した中、韓国・EU間FTAの付属協定に含まれているILO基本条約批准不履行を問題視し、EU側が貿易紛争の制裁手続きに付託したことから、政府は2019年5月、年内にILO基本3条約（第29号強制労働に関する条約、第87号、第98号）批准と関係労働法の改正を推進することを公表した[16]。ところが、政府の労働関係法改正案に対して労使団体ともに反発しているだけでなく、保守野党がILO条約批准に対して強い反対の立場を示しており、国会での立法処理が厳しい状況に置かれている。

2　文在寅政府の労働政策変動についての原因診断

　この節では、2018年中盤以降、文在寅政府の労働政策に変動をもたらした背景原因について議論してみることにする。まず、文在寅政府が推進した進歩的労働政策の後退について、労働市場や国民世論のような外部状況と関連づけて説明することができる。**図3-1**に示すように、前年比就業者増加規模が2018年2月から10万人台に減少し、とくに7～8月には3,000～5,000人水準に急落した。雇用指標悪化により政府の経済・民生政策に対する批判世論が沸騰し、就任以来70～80％台を維持していた大統領の職務遂行に対する肯定的な評価が、2018年8月には60％台に大きく落ち込み、その後下落傾向が続いた。このように持続的な景気低迷と低調な雇用業績に対する批判的な国民世論が大きく高まっている状況に直面し、文在寅政府が雇用増大と経済活

---

16) 政府は、国内刑法体系全般の改編を要求する条約であるため追加検討が必要だという理由を挙げ、ILO基本条約第105号（強制労働の廃止に関する条約）の批准を除外した。

図 3-1　雇用指標と大統領評価指標の変動推移

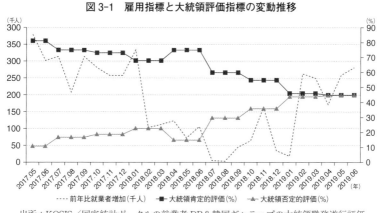

‥‥ 前年比就業者増加(千人)　━ 大統領肯定的評価(%)　─▲─ 大統領否定的評価(%)

出所：KOSIS／国家統計ポータルの就業者 DB＆韓国ギャラップの大統領職務遂行評価

性化に向けて、企業の負担になる「労働者寄り」の政策課題を後退させたこと
は不可避な選択だとみることができる。

　しかし、文在寅政府の労働政策変動について、雇用指標の悪化と批判世論
の拡散のような外部条件のせいにすることは皮相的原因にとどまる可能性が
ある。なぜなら、その政策を推進してきた政策主導集団（policy elite group）[17]
が、このような政策変質（policy slippage）をもたらした原因について、きちん
と検討することを看過するからである。それだけに、文在寅政府が「労働の尊
重社会の実現」などの労働者寄り政策を推進する過程で、主体的対応にとっ
てどのような問題点を露呈し政策の変動を引き起こしたのかについて、考え
てみよう。

　まず、政策議題設定と関連して労働政策をめぐり鋭く利害対立の政治地形
が存在するなかで、文在寅政府の親労働的な国政課題設定が政策執行の不確
実性を増幅させた点を指摘することができる。労働政策をめぐる政治的対立
があるという点に照らして、文在寅政府の主要労働政策が、開発主義と新自

17）ここでの政策主導集団とは、韓国政府の政策を立案し執行するうえで主導的な役割を
　　担う（与）党・政（府）・青（瓦台）の主要人物を包括して指している。

由主義の長年の国政基調、そして保守政権9年間の親企業的労働改革と大きく対比される破格的な内容を盛り込んでおり、国家競争力と市場主義を優先視する保守陣営の野党やメディアおよび専門家集団、経済的支配力をもった財界などが激しい反発をみせることが十分に予見された。文在寅政権の序盤に設定された「労働者寄り」政策議題が、労使間の労働政治、政治圏の国家政治、そして保守・進歩陣営の談論政治に重畳した多重的な政策競合という厳重な制約条件を造成しただけに、進歩的労働政策の国政課題を一貫して推進していける政策主導集団の執行力量がより切実に要求された。政策の推進過程に直面する障害条件を打開し、所期の目標を果たしていける、いわゆる「政策事業家（policy entrepreneur）」としての主体的執行力量を発揮できない場合、「労働重視」政策の議題設定が、むしろ過熱した政策対決をもたらすことにより、政策執行の不確実性を増大させ、最終的には実行できない「バブル」政策に転落せざるを得ないからである。

　政策主導集団の執行力量については、彼らが設定された政策議題をいかなる障害と制約にもかかわらず実行しようとする明確な目標意識と確固たる意志をもっていたのか、そして彼らが政策議題を実現するために必要な条件と手段を効果的に確保して活用できる戦略的能力を備えているのか、すなわち政策哲学と実行能力を基準にして評価することができる。文在寅政府の労働政策後退については、執権初年に公共部門の非正規職転換、最低賃金の大幅引き上げ、そして労働行政積弊改革などのように意欲的な労働寄りの政策が推進されたという点で、労働哲学不在とすることは難しいようである。その代わり、非友好的な状況条件（例：非正規職転換労働者の追加要求の表出、小商工人の最低賃金引き上げ反対、民主労総及び労働階層代表の協力拒否など）に直面し、進歩的労働政策に対する政策主導集団の目標意識や実行意志が弱まったものと理解される。

　政策議題の執行過程で政策主導集団が効果的に対応せず、政策哲学の弱体化に影響を与えた状況条件が発生したという点で、政策主導集団の不十分な実行能力と関連づけて文在寅政府の労働政策変質が理解できる。まず、現政権が政権初期に大統領選挙の公約と国政課題にあわせて推進した「労働寄り

の政策」をきちんと準備できていない状態で性急に推進し、むしろ政策の流れの変化に口実をもたらしたのかについて考えてみる必要がある。発足直後、文在寅政府が労働寄りの政策基調を可視化した政策執行の代表例として、「公共部門の非正規職ゼロ時代宣言」と 2018 年最低賃金の 16.4% 引き上げが挙げられる。ところが、これらの政策措置は、実行条件や波及問題などを細密に点検し、その対策を講じないことによって、政策対象集団の反発や反対集団の談論攻勢などを招き、現政権の労働政策推進に悪影響を及ぼしたという点で、「未熟な」政策だと指摘されてもやむを得ない。具体的には、文在寅政府は、執権初年に最低賃金の高い引き上げ率を決定する際、当時の景気動向[18]を点検しなかっただけでなく、その決定による波及効果として小商工人の激しい反発にまともに対応しなかった。2018 年の最低賃金決定直後、政府の「小商工人・零細中小企業支援対策」が発表されたが、その支援対策には新設された雇用安定資金を除けば、最低賃金の大幅引き上げによる小商工人の事業費負担を軽減するため、実効性のある対策が含まれず、急造の弥縫策と厳しく批判された[19]。さらに、政権 1 年間、高い支持率を維持していた文在寅政府だったが、2018 年の最低賃金大幅引き上げに対して、保守野党とマスコミが非常に低調な雇用実績と続く景気低迷とを連携させ、経済・雇用危機を触発した主犯だと問題視する波状的な談論攻勢[20]に直面した。しかし、悪化一途の世論の地形にきちんと対応せず、最低賃金の速度調節を公論化し、労働寄りの政策基調から後退する姿を示した。このように、最低賃金 1 万ウォンの実現を国政目標にして推進された政策執行は、外部環境（景気低迷）と否定的な

---

18) 2019 年後半になって初めて、企画財政部は景気争点に到達したのが 2017 年 2 〜 3 分期であって、それ以後景気下降局面に進入していて持続するという事実を遅れて認定した。

19) 支援対策に含まれているカード手数料引き下げは、2018 年 11 月になって初めて信用カードの場合 0.22 〜 0.65%、チェックカードの場合 0.15 〜 0.46% 引き下げるという政策方案が公布され、2019 年に施行された。

20) キムユソン（2019b）によれば、2017 年 1 月〜 2019 年まで最低賃金関連報道件数の推移において経営界を代表する経済新聞と保守新聞（朝鮮日報と中央日報）が、最低賃金の高い引き上げに対する批判的記事を噴き出し、進歩マスコミ（京郷・ハンギョレ）を圧倒していたと分析している。

波及効果（例：小商工人の反発）、そして反対集団の執拗な談論攻勢などを打開できる対応戦略を備えないまま、むしろ現政権のアキレス腱として作用し、結局「経済再生」への国政基調変化を自ら招いたのである。また、最低賃金1万ウォンの国政課題の政策執行は、政府与党の立場変化に対する労働界の不信と反発を招いて、民主労総の経社労委への不参加決定と引き続くゼネストにみられるように、現政権の労働政策推進をめぐる「足並みの乱れ」という労政関係を深化させる結果をもたらした。

　一方、文在寅政府が、執権序盤に最低賃金の大幅な引き上げと公共部門の非正規職転換を積極的に実行したことについて、国政改革の推進動力と連結させて論議することができる。単任大統領制の権力構造の下、新政権の国政掌握力は任期中盤を過ぎて大きく弱化するため、執権序盤に改革政策の執行に力を注ぐしかないという意味で、改革動力の一時性という論点が提起される。このような論点によると、現政権の代表的な労働寄り政策といえる最低賃金1万ウォンの実現と公共部門の非正規職ゼロ化を、多少性急であっても執権序盤に推進するのは適切な時期選択である。しかし、最低賃金引き上げと非正規職転換の労働政策がさまざまな実行条件を前提にしたり、波及効果として政策対象集団と反対集団の過熱した反応を伴うなど、複合的な障害条件に備えなければならないだけに、5年任期の持続推進を前提とする中長期的な観点から、堅実な政策企画の戦略的アプローチが求められる。一方、ILO基本条約批准については、ILO加盟国の大多数が批准していることから、国際的な労働基準において遅ればせながら受け入れるという大義名分を掲げ、国政において高い支持を得ていた政権初期に推進していたならば、その実行可能性が高かったのではないかという政策推進タイミング（timing）問題を提起することができる。なぜなら、政府がILO条約批准について、2018年半ば以降、経社労委レベルの政策協議を経ることを決定したことで、当時の労働政策の基調後退とともに、財界の強化された反対の立場に阻まれ、結果的に

21）ちなみに、2018年現在、ILOの187加盟国の基条約の批准現況は、87号155か国、98号165か国、29号178か国、105号175か国に達している。

その批准タイミングを逃したと判断されるからである。

　また、文在寅政府が、未組織労働者たちの権益代弁を強化するために変貌した経社労委で、弾力勤労制の労使政合意を導き出す過程で社会的対話機構を政策推進の手段として活用しようとする、過去の政府の行動が踏襲されているという点を問題視することができる。実際、国会の立法処理において野党との政策対立を避けようとする政府与党の要請により、経社労委が弾力勤労制拡大に対する韓国労総と経総中心の社会的合意を導き出したが、その協議過程から排除された労働階層代表の反発で本会議での議決が相次いで失敗に終わる事態をもたらした。このように、労働脆弱階層の権益代弁を強化するという国政課題の趣旨によって改編された経社労委を、過去の政府と同様、政策懸案の短期的解決手段として活用しようとした政府与党の行動から、「古い酒を新たな袋に入れる」というように、労働寄りの進歩的な政策基調と符合しない旧態依然とした政策執行の面貌を垣間見ることができる。これは、労働尊重社会を労働主体の拡大した参加と自発的な協力を通じて実現するより、雇用提供と賃上げに対する政府主導の恩恵的政策を通じて実現するという現政権の歪んだ政策見解または哲学貧困から始まったという指摘（カンジング、2019；ノグァンピョ、2019）と関連づけて指摘すべき問題といえよう。さらに、大統領をはじめとする政策主導集団の主要人物が、現政権の前身ともいえる参与政府時代に、労働政策において「左側方向指示器で右折した」という厳しい批判を受けたにもかかわらず、先行試行錯誤の政策経験から学習効果を十分に体得できなかったという指摘が提起されている。要するに、現政権の政策主導集団は、親労働政策の執行において、事前準備の不徹底、戦略的対応の未熟、既存推進方式の踏襲及び先行政策経験の学習の欠如などのように、実行能力のさまざまな問題点を露呈し、自ら政策の変質をもたらしたと整理することができる。

3　結び

　ローソク市民革命を背景に実施された早期の大統領選挙を通じて誕生した文在寅政府は、政権担当後1年余りの間、最低賃金の高率引き上げ、公共部門の非正規職転換、そして週52時間制立法などのように保守政権と大きく対比される労働寄りの政策を意欲的に推進した。しかし、雇用指標及び景気動向の悪化と批判的世論の拡散および反対集団の激しい反対などに直面して、文在寅政府は2018年半ばから経済活性化に力を注ぎ、進歩的労働政策基調から後退し、結局、「左折して右折する」姿を示している。このように現政府が労働政策推進過程で変質した背景について、本章では政策議題の設定と執行の段階に分けて、政策主導集団の主体的側面から提起される問題点を中心に検討してきたが、次の2つの示唆点を提示することで結論づけることにしたい。

　第一に、文在寅政府が大統領選と国政企画の段階を経て設定した「労働尊重社会」など労働政策分野の国政課題は、経済発展と企業競争力を強調してきた歴代政府の政策基調と大きく差別化される進歩的内容を盛り込んでいた。それだけに、いわゆる「文在寅印」の労働政策は、通常の政策形成と執行に伴う通常の政策競合を越えて、労使間の利害対立と保守・進歩陣営の理念対決が合流して、労働政治・国家政治・談論政治における多重的政策対決構図を造成し、過熱した政策対立を表出した。文在寅政府におけるこのような労働政策推進過程を振り返ってみると、政権交代を機に行われた政策の窓で新政府が既存の政策基調から経路変更を試みる場合、政策議題を設定したとしてもその政策課題が順調に執行されることは決してなく、政策推進をめぐる賛否の熾烈な陣営角逐に対処して、その政策変化に対する国民的同意を引き出すことがどれほど重要であり、至難なことであるかを確認することになる。

　第二に、文在寅の政策変動事例分析を通じて、鋭く利害・理念対立を伴う労働政策の推進にあたって、後退と変質を防ぎ成功的な執行を実現するためには、外部環境の制約と熾烈な政策競争を越えることができる政策主導集団の執行の力量、つまり確固たる政策哲学と「準備された」実行能力が担保されなければならないことを調べた。選挙局面で得票戦略によって政治的商品とし

て提示された「バブルの」国政課題でないとすれば、その国政課題の完遂のためには、政策主導集団が政策執行の推進力で所期の政策成果を実現するという鮮明な目的意識、推進計画によって揺らぐことなく進めようとする執行意志、そして（労働尊重社会の実現のように）改革的政策価値に合った新しい執行方式（例：労働参加保障）で構成される政策哲学の集団的共有と内面化が望まれる。また、熱い政策対決と複合的波及効果を伴う労働政策が、推進過程において多くの障害条件により変質する可能性が高いことが、今回の研究により確認できるだけに、その政策の実施には実行環境と波及効果の綿密な把握に立脚した緻密な実行計画、予想問題と障害条件に対する充実した事前対策、そして執行成果を担保できる実行戦略——実行方法・課題配置・政策政治及び世論管理などに対する——を講じて実践できる実行能力が、政策主導集団にとって不可欠である。つまり、「いくら政策企画が適切——妥当でも、これを効果的に実現するための緻密な政策執行の推進戦略や実行計画を講じなければ、まともに達成できない」（イビョンフン、2011）ということを、文在寅政府の労働政策の変動に対する今回の研究を通じて得た教訓として留意する必要がある。

（脇田　滋：訳）

参考文献（韓国語）

イビョンフン（2011）「社会統合的労働改革、進歩の挫折と現実の妥協」カンウォンテク、チャンドクチン（編）『盧武鉉政府の実験：未完の改革』ハヌルアカデミー、pp. 279-310。

カンジング（2019）「文在寅政府 2 周年労働の尊重社会に進むための希望は依然として有効か」文在寅政府 2 周年経済産業——労働政策評価及び 2020 総選挙の議題民主労総企画討論会資料集。

キムデホ（2017）「文在寅政府 1 年の経済評価及び提言」社会デザイン研究所研究報告書。

キムユソン（2019a）「文在寅政権の労働政策 2 年の評価と課題」参与連帯・ハンギョレ経済社会研究院共同主催『文在寅政府 2 年、ローソク市民抗争以後、市民の生活』政策討論会資料集、pp. 75-90。

————（2019b）「最低賃金報道件数推移：2017 年 1 月から 2019 年 1 月まで」『KLSI Issue Paper』第 102 号、韓国労働社会研究所。

シンセドン（2019）「海外へ『企業ディアスポラ』──国内雇用も流出している」中央日報5月7日付のコラム。

ソンホグン（2017）「サッカーの誘惑」中央日報7月11日付コラム。

チョングァンホ（2005）「盧武鉉政府の官僚制改革に対する評価」『行政論叢』43（2）ソウル大学校韓国行政研究所、pp. 301-349。

ナムグングン（2012）『政策学』博文社。

ノグァンピョ（2019）「文在寅政府1期労働政策評価と今後の課題」『KLSI Issue Paper』第116号、韓国労働社会研究所。

民主労総政策研究院（2019）「文在寅政府2年、労働政策評価」イシューペーパー2019-02。

第 4 章

韓国の地方政府の労働改革の内容とその評価[1]

キムジョンジン

はじめに

　IMF 経済危機（1997 ～ 98）以降の韓国社会では、失業および社会の二極化解消のレベルで、労働および雇用問題が国家的な核心議題になっている。とくに地方政府（地方自治体）では、数年前から、中央政府と並んで「公共部門のモデル使用者の役割」が重要だと認識されており、地方政府の労働政策に対する関心が高まっている状況である。

　韓国の学界、市民社会、労働団体では、地方政府も中央政府のように普遍的人権の享有の観点で「労働人権および労働基本権」を保障・実現することができるよう、政策を推進しなければならないとみている。とくに地方政府は、モデル使用者として、地域で「働きがいのある人間らしい仕事」（decent work）のための政策を推進しなければならないという点を強調している。これと同じ理由で、ソウルをはじめいくつかの韓国の広域地方政府では、個別的機関としてではなく総合的な立場で労働政策の基本方向を立てている。

　すでに国連や経済協力開発機構（OECD）は、社会経済的レベルで「包容都市（inclusive city）」という用語を使っている。包容都市という用語には、差別と排除による社会的不平等問題を地域レベルで解決しようという意味が込め

---

1)　韓国では、地方自治体を地方政府という。本章では、そのまま地方政府と訳出した。

られている。とくに、雇用不安および低賃金のような労働問題（脆弱階層問題）を解決しようとする都市の労働政策を意味する。すなわち、地方政府レベルの実践的介入と共同の努力で解決しようとの趣旨を含んでいる。これはIMF経済危機以後、社会の二極化と不平等が深まっていった韓国社会で、地方政府の社会的役割が次第に浮き彫りになると見なければならない。

　国際労働機関（ILO、1978）は、労働行政（Labor administration）について、国家の労働政策を遂行する公共行政活動を意味し、社会問題に応じる政府の政策過程に属すると見ている。基本的には、国際労働基準に符合する労働法と政策を適用することを目的に規定している。ただし、韓国の地方政府はヨーロッパやアメリカと違って、労働の法律や労働基準の権限がない。

　もちろん、地方政府の労働行政および政策方向と樹立は、①国際規約、憲法、法令の労働人権基準（世界人権宣言、ILO、憲法32条、33条、勤労基準法、勤労者参与法、産業安全法など）、②ILO、OECDなどで提示された労働人権としての「働きがいのある人間らしい仕事」（decent work）基準、③普遍的な労働人権の観点で、脆弱階層労働者（vulnerable workers）の労働人権の改善方向の基準（低賃金、非正規、部門脆弱労働者）、④地方政府の人権および労働政策の基準（条例、人権政策、雇用および労働政策、事業）を基準として検討することが可能である。

　初期、ソウルを中心とした韓国地方政府の労働政策の方向は、国際的労働基準（雇用の質）を土台にした労働政策の方向が摸索された。ソウル市のように、先導的に地方政府の労働政策を樹立したところでは、主な基準を、○雇用機会、○雇用安定、○教育訓練、○所得不平等、○労働条件、○雇用平等、○雇用と命と生活の均衡、○意見交換、○社会保障制度という指標のなかで議論した。もちろん、韓国の各地方政府レベルの「労働政策の方向」と「実践的な事業」は、政策領域（公共、民間）、時期（短期、中長期）に区分して政策を設計している。

1　韓国地方政府の労働政策の制度化

(1) 労働政策の制度化
——条例、行政組織

① 地方政府の労働政策条例

　一般的に、労働政策レベルでの地方政府の役割は、○規範設定者 (rule setting)、○使用者 (model employer)、○指導監督・モニタリング (monitoring)、○利害当事者参加型ガバナンス (governance) の4種類の形態に区分することができる (キムジョンジン 2016)。現在、韓国の地方政府の労働政策は、①包括的で独立的な実際的権限を持っている労働専門担当組織 (労働政策と担当部署) がなく、②ソウル特別市、光州 (クァンジュ) 広域市、忠清南道 (チュンチョンナムド)、京畿道 (キョンギド) 程度が、条例と政策を樹立した状態であ

表 4-1　主要地方政府労働行政 制度化の現況 (条例、組織、政策、支援組織)

広域	条例名称	行政組織 (局、課、チーム)	支援組織
ソウル	労働者権益保護条例	労働民生政策官 労働政策担当官 (6 チーム：労働政策、団体支援、福祉支援、労使協力、権益改善、産業安全)	ソウル労働権益センター 地域別センター 感情労働センター 移動労働者休憩所
光州 (クァンジュ)	労働者権益保護条例	市長直属 労働協力官 労働政策 (2 チーム：労働政策、労使共生)	労働センター 非正規職支援センター
京畿 (キョンギ)	労働基本条例	労働局 労働政策課 (5 チーム)、労働権益課 (2 チーム)、外国人政策課 (3 チーム)	京畿労働権益センター 非正規職支援センター
忠南 (チュンナム)	労働人権保護条例	経済通商室 雇用労働青年政策課 (2 チーム)	労働権益センター
慶南 (キョンナム)	労働者権益保護条例	雇用経済局 労働政策課 (3 チーム：労働政策、労使協力、労働福祉)	非正規職支援センター 感情労働センター
蔚山 (ウルサン)	—	雇用経済局 雇用労働課労使共生チーム (1 チーム)	—
釜山 (プサン)	労働者権益保護条例	民生労働政策課 人権労働政策担当官 (2 チーム：労働権益、労使支援)	2020年上半期予定
大田 (テジョン)	—	雇用経済局 雇用経済課 労働政策チーム (1 チーム)	労働権益センター
済州 (チェジュ)	勤労者権益保護条例	雇用経済通商局 経済政策課労働政策チーム (1 チーム)	非正規職支援センター

出所：韓国法制処 HP・各地方自治体 HP を筆者が再構成

ると判断される。

　主な地方政府は、労働政策専門担当組織を新設し、労働政策の基本計画など関連する条例を制定した。その後、労働政策を実際に履行するための支援組織として「労働センター」（labor center）を運営している。一方、地方政府の役割は、地方契約なのか行政委任なのかによって公的地位と私的地位があり、公共部門だけでなく民間部門の労働条件の水準にも影響を及ぼしかねない程権限が変わる。そこで、韓国の地方政府は、労働政策に関連する規範的基準である条例を作り、核心的な労働政策に関しては約15個を提示している（**表4-2**）。

表4-2　韓国8個の特別市・広域市における労働関連主要条例の現況（2019年10月）

番号	労働政策関連条例	ソウル	釜山（プサン）	仁川（インチョン）	大田（テジョン）	大邱（テグ）	光州（クァンジュ）	蔚山（ウルサン）	世宗（セジョン）
1	労働者権利保護および増進のための条例	○	○	－	－	○	－	○	－
2	感情労働従事者の権利保護等に関する条例	○	○	○	○	○	○	－	－
3	青少年労働人権保護および増進条例	○	○	○	○	○	○	○	○
4	勤労者福祉施設の設置および運営に関する条例	○	○	○	○	○	○	○	○
5	労働理事制の運営に関する条例※	○	○	○	－	○	○	○	○
6	非正規職の無期契約職転換等雇用環境改善支援条例	○	○	○	○	○	○	○	○
7	未払い賃金の無い公共工事運営のための条例	○	○	○	○	○	○	○	○
8	生活賃金条例	○	○	○	○	○	○	○	○
9	労使民政協議会の設置および運営条例	○	○	○	○	○	○	○	○
10	労使関係発展支援等に関する条例	○	－	－	－	－	○	－	－
11	※非正規職勤労者支援センター設置および運営条例（労働権益センター）	○	○	○	○	○	○	－	－
12	非正規職の有給病気休暇関連条例	○	－	－	－	－	－	－	－
13	フリーランス権益保護関連条例	○	－	－	－	－	－	－	－
14	労働安全保健関連条例	△	－	－	－	－	－	－	－
15	性別賃金公示制関連条例	○	－	－	－	－	－	－	－

出所：韓国法制処HP・各地方自治体HPを筆者が再構成

　もちろん韓国の地方政府は、自治法規に基づいて労働者の権利保護、青少年の労働人権、非正規職、フリーランス、労働安全、勤労者福祉施設、未払い賃金、生活賃金、感情労働、労働理事制、労使関係発展および支援関連条例が制定されている。韓国の地方政府条例のうち、労働政策の基本計画樹立の根拠になる条例は、「労働者権利保護および増進」関連条例である。現在、ソウル、釜山（プサン）、大邱（テグ）、蔚山（ウルサン）、忠南（チュンナム）、済州（チェジュ）、慶南（キョンナム）、京畿（キョンギ）などに関連条例が制定された状態である。

② 地方政府労働政策、内容

　韓国の主な広域市・道と一部の基礎地方政府は、労働政策を施行しながら現場で至急に必要な政策を中心に進めた。主な内容は、労働相談および広報、労働教育、非正規職政策（正規職化、支援センター）、生活賃金制、感情労働など多様な労働政策を施行している。ソウル、光州（クァンジュ）、忠南（チュンナム）、京畿（キョンギ）などの道の広域地方自治体をはじめ、京畿道（キョンギド）安山市（アンサンシ）、城南市（ソンナムシ）などの地方政府でも、労働政策を施行あるいは準備中である。

　韓国の代表的な労働政策は、2012年から労働政策を始めたソウル市を事例として挙げられる。その後、ソウル市の事例をもとに、他の地方政府でも類似の労働政策を樹立した。ソウル特別市は、韓国の地方政府で初の労働政策専門担当の部署（課）を設立し、国レベルの労働政策担当部署（2016年雇用労働政策官 → 2019年労働民生政策官）に拡大改編した。民選5期と6期の間、多様な労働政策を一つにまとめた労働政策の基本計画（2015.4）と、総合計画（2016.4）を発表した。もちろん、ソウル市の事例が、地方政府の労働政策を代表するものではないが、地方政府レベルの「良いモデル」を作り出すスタートを切ったということに意味がある。

　その他、主な広域地方自治体が出した労働政策基本計画に関する発表資料を見れば、地方政府のモデル使用者の役割（地域の特性の反映、予防的なレベルの権益保護、各部署間の役割調整の協力体系の構築など）が示されている。労働政策は、政策目標、政策課題、分野別単位課題と具体的に示されている。とくに、この間の主な労働政策と事業を見れば、労働組合組織として包括さ

表4-3　韓国の主な地方政府の労働政策基本計画および核心事業概要（2019年10月）

区分		要素	内容・対象	ソウル市	光州市（クァンジュ）	忠清南道（チュンナム）
物質		最低生活保障	適正賃金	生活賃金制の拡大	生活賃金制の拡大	生活賃金制の拡大
		賃金問題	賃金未払ゼロ 性別格差の解消	未払ゼロ都市（19） 性別賃金公示性（19）	未払賃金 地域建設実態調査	未払賃金の無い公共工事
		社会保険	社会保険の支援	フランチャイズ、小商工人事業場	—	小商工人事業場
		労働条件	委託労働者	労働条件の改善	労働条件の改善	労働条件の改善
			清掃労働者	環境改善（休憩室）、ガイドライン	環境、待遇の改善	環境改善
			アパート警備労働者	労働条件改善	処遇改善、教育	環境改善
			移動労働者	休憩所設置（5か所）	産業団地シャトルバス	移住センター拡大、休憩所運営、住居環境調査
		労働時間	労働時間遵守・短縮	モデル導入（公共機関2）週4日制検討（19）	—	—
		差別禁止	緩和・禁止	差別調査官（19） 性平等労働チーム担当	—	同一労働同一賃金制度の構築
個別	物質・精神	苦衷緩和（心のケア）	女性労働者	職場ママ支援センター	—	職場ママセンター
			介護・保育労働者	高齢者介護総合支援センター、社会福祉処遇改善	介護サービス強化	社会福祉処遇改善
			移住労働者	移住労働者支援	移住労働者支援	移住労働者支援
			青年アルバイト労働者	権益保護・相談教育	権益保護・相談教育	青少年労働人権センター
		雇用安定	民間委託労働者	コールセンター、水道検針員 直接雇用転換、社会サービス院設立（19）	ピッコウル（光の村）コールセンター、CCTV（監視カメラ）、水道検針、地下鉄駅舎	労務診断
		労働安全	法除外事業労働者	労働安全基準（20）、労働安全調査官（19）	—	産業安全教育
		雇用構造	非正規労働者	生命安全直営、非正規 減縮3大条件	正規職転換	正規職転換
		雇用拡大	青年雇用	賃金ピーク制青年雇用、ソウル型ニューディール雇用	光州 雇用ドリーム	—
		労働基本権	保障基盤構築	実態調査・モニタリング、教育相談広報	実態調査・モニタリング、教育相談広報	実態調査・モニタリング、教育相談広報
			労働権益侵害救済	労働調査官、労働権利保護官、名誉オンブズマン	人権オンブズマン	労働オンブズマン
			特殊雇用労働者	労組設立済証明書交付、休暇費用支援（19）、有給病気休暇（19）	—	—
			プラットホーム労働者	保護・支援制度（20）	—	—
			フリーランス	保護・支援制度（19）	—	—
		労働者支援	相談、教育	労働権益センター、自治区福祉センター	労働センター	労働権益センター（19）
		性平等	性平等（労働・採用）	性平等労働チーム	—	—
	精神	職場内いじめ	予防対策	いじめ防止（20）	—	予防教育
		感情労働	感情労働（弊害）緩和	感情労働者権利保護	顧客センター相談士ヒーリング（治癒）	準備中（19）
		労働権利知識	労働教育	労働アカデミー	市民人権教育	労働人権教育
		使用側労働認識	改善（労働法順守）	労働アカデミー	労働認識改善教育	労働人権教育
		市民労働認識	改善	労働人権教育	市民人権教育	市民労働法律学教
集団	組織	労働者組織	労組活動権利保障	ユニオンシティー 標榜（19）	労働尊重	権益保護 労働尊重
			零細労働組支援	労働者総合支援センター	—	—
			労働者代表	未組織労働者参加（青年、女性労組）	—	—
	参加	支配構造	労働者理事制	公共機関拡散	準備中	—
	交渉・協議	公共交渉	公共機関ガバナンス	ソウル市投資支援機関 労使政協議会	—	公共機関 労使政協議会
		労政	労政協議——意見反映	労経協議会 準備中	労政協議会	労働政策協議会
		労使民政	協議会参加実質化	協議会の役割強化（仮称）ソウル型経済労働社会委員会準備（20）	労使民政協議会	労使民政協議会
	調整	労使葛藤	調整	労働協力官、労働調査官	—	人材強化ワークショップ
		元請下請間の葛藤	調整	直接雇用で解消化	不法下請け実態調査	不法派遣 雇用労働官署が合同指導
	意識	労働人権教育	—	学校——労働人権教育 特性化高校労働者（19）	学校——労働人権教育	労働教育文化センター
	国際	国際交流	都市フォーラム ネットワーク	「働きがいのある人間らしい仕事」都市国際フォーラム（ILO共同）	—	—

出所：各地方自治体（2019a）（2019b）「労働政策基本計画」及び業務報告資料を筆者が再構成

れていない、○労働市場の雇用不安（非正規職の正規職化）、○低賃金（生活賃金制）部門と関連した労働政策が行われている。

　例えば、ソウル市の労働行政は、労働政策樹立のために「条例」（労働者権益、生活賃金、感情労働など）、「組織」（「局」傘下にある4つの「課」：労働政策（6チーム）、小商工人、公正経済、社会的経済）と「人材」（行政公務員と採用専門職：労働協力官含む28名）、「政策事業」（労働政策の基本計画、総合計画、労働革新の樹立）、「支援組織」（ソウル労働権益センター）というシステムをすべて構築した状態である。他の広域市・道と基礎地方自治体も似た経路をたどっている。

③ ソウル特別市　労働政策主要政策

　ソウル市は、「労働政策基本計画」（2015）を通じて、2大政策目標、4つの政策課題、16分野別61個の単位課題を提示し、2016年に発表した労働政策総合計画（2016）を通じて労働政策を段階的に推進した。労働政策総合計画では、「労働尊重特別市ソウル」のための7大約束として、○労働権益侵害ゼロ、○死角地帯の解消、○生活賃金の拡大適用、○非正規職の正規職化などを発表した。そして2019年現在、2期労働政策基本計画の5か年企画案（2020 ～ 40）研究課題が進行中である。

　一方、ソウル市は、2016年9月、地下鉄九宜（クイ）駅スクリーンドア担当外注業者の非正規職事故以後に、大分野18個の労働革新対策（2019.9.13）を発表した。主な内容は、常時持続業務はもちろん、生命・安全と直結するすべての業務を正規職化し、人材採用時「非正規職採用3大原則（短期＋例外＋最小）」を適用し、避けられない場合にだけ非正規職を採用するようにした。

　とくにソウル市は、現在5％である本庁と投資支援機関の非正規職の比率を、2018年までに最大3％以下に減らすと発表した。また、正規職に転換された労働者が、賃金、昇進、人事などで既存の正規職と同じ待遇を受けられるよう制度を改善し、劣悪だった労働環境を画期的に変えて、「人間らしい労働条件」を享受するという計画を発表した。このようなソウル市労働政策のなかの非正規職の正規職転換は、韓国の文在寅政権発足後、公共部門非正規職の正規職転換における主要基準となった。

図4-1　ソウル特別市労働政策5か年基本計画（2015年）

政策 ビジョン	"労働尊重特別市ソウル"			
2大政策目標	労働者権益保護 （34個の課題）		模範的な使用者の役割確立 （27個の課題）	
4大政策課題	脆弱労働者 権益保護 （20個の課題）	労働基本権 保障基盤の構築 （14個の課題）	雇用の質の改善 （16個の課題）	共生と協力の 労使関係構築 （11個の課題）
16個政策分野 （61個単位課題）	①女性（4） ②青（少）年（2） ③高齢者（2） ④障がい者（1） ⑤外国人（2） ⑥中小零細事業場 　労働者（9）	⑦実態調査（3） 　（モニタリング） ⑧教育（5） ⑨相談（3） ⑩広報（3）	⑪雇用構造（1） ⑫所得（4） ⑬労働者環境（11）	⑭労使関係（5） ⑮地域社会の協力（4） ⑯行政基盤（2）

出所：ソウル市（2015）

注：2020年5月ソウル市は「2次労働政策基本計画」を発表する予定である。

　一方、2018年には、労働尊重特別市を作るためのビジョンとして、地方政府が労働環境や労働市場、賃金などの基準を設定し、労働者を積極的に保護するとともに、労働者もまた自ら労働条件を向上させることができる制度的仕組みを保障する都市、「ユニオン シティ（Union City）」づくり（労組活動をする権利の保障）を提示した。これは、ソウル市民選7期の公約と履行課題に、労働分野7大課題（選定・発表）として提起された。

　一方、ソウル市は、「ソウル特別市労働者権利保護および増進のための条例」第21条（労働調査官）に基づいて、2018年5月から労働調査官制度を施行している。ソウル市労働調査官は、市およびその所属行政機関、自治区、市傘下の投資支援機関、市の業務を受託し遂行する機関の労働関係法の違反事項に対し調査を行い、その是正を勧告することができる。また、ソウル市は、2019年から労働政策担当官室に労働安全チームを新設して「労働安全調査官制」を導入したり、女性政策担当官所属で差別調査官制の導入もした。このようなソウル市の各領域別調査官は、それまで中央政府（労働部）だけが勤労監督権限（勤労監督課、調査官）を持っていたこととは異なり、地方政府が該当権限領域に限定して「労働」に関連する権限を強化するためのものとなった。

2　韓国地方政府の労働政策の主要議題

(1) 労働政策の核心的議題

① 非正規職の正規職転換──雇用安定の確保

　韓国で、公共部門（中央行政機関、地方自治体、公共機関、教育機関）における非正規職の正規職転換（無期契約）は、この15年間にわたって行われている。しかし、この15年間の正規職転換は期間制契約職の転換であって、文在寅政権が始まってからは、派遣委託の間接雇用非正規職も一緒に転換された。韓国で公共部門における非正規職の実態調査は、盧武鉉政権の時（2004年）から始まり、保守政権（李明博、朴槿恵）の時にも、実態調査と正規職転換は行われた。

　ただし、以前の政権では、正規職転換が消極的だったという点と、公共部門の非正規職のうち、派遣委託といわれている所属外人員の間接雇用非正規職の正規職転換は、文在寅政権が始まってから行われるようになったという点に留意するべきである。このような非正規職の正規職転換は、ソウル市が2012年から、非正規職の雇用改善、労働政策、正規職転換政策の一環として進め、この7年の間に約1万人以上を転換した、公共部門非正規職の正規職転換政策を準用したので可能だった。

　この1年間、韓国17個の広域地方政府における非正規職の正規職転換の規模は、2万8,532人中1万2,271人程度と判断される。地方政府は、組織構造の形態上、本庁・事業所・直属機関、傘下機関（投資支援機関：公社公団、財団）、民間委託の3つの重層構造となっている。地方政府の1次転換対象は本庁・事業所・直属機関（文在寅政権1段階転換対象）であり、2次転換対象は地方公企業と支援機関（文在寅政権2段階転換対象）、3次転換対象は民間委託（5個の核心対象および保護措置ガイドライン）である。

　ソウル市の公共部門非正規職対策は、2012 〜 19年まで行われている。主に、直接雇用非正規職（期間制契約職）から、間接雇用非正規職（派遣委託）まで、順次正規職（無期契約職）へと転換している。また、ソウル市非正規職の無期契約転換業務のうち、同一類似業務や生命安全業務（危険の外注化）の正

表 4-4　公共部門非正規職実態調査と転換政策の流れ（2004 ～ 19 年）

	盧武鉉政権		李明博政権	朴槿恵政権		文在寅政権		
	1次	2次		1次	2次	1次	2次	3次
政策発表時点	2004年5月	2006年8月	2011年11月	2013年4月	2016年2月	2017年7月	－	－
非正規職規模調査時点	2003年4月	2007年5月	2012年9月	2013年9月	2016年2月	2017年6月	－	－
計	23.4	2.8	32.1	36.2	31.9	41.6	－	－
①直接雇用	19.5	20.7	22.2	25.2	20.4	24.6	－	－
②間接雇用	3.9	7.2	10	11.1	11.5	17	－	－
転換規模発表時点	2004年5月	2007年6月	2012年9月	2013年9月	2016年2月	2017年10月	－	－
推進期間	段階的	2007年10月	2012～13年	2013～15年	2016～17年	2017～18年	2018年6月～19年	2019年以降
計	3.2(13.7)	7.2(25.9)	6.4(19.8)	6.6(18.1)	1.5(4.8)	17.5(42.1)	－	－
①直接雇用	3.2(16.4)	7.2(34.8)	6.4(28.7)	6.6(26.1)	1.5(7.5)	7.2(29.4)	－	－
②間接雇用	－	0.0354(0.5)	－	－	－	10.3(60.3)	－	－

出所：ファンソンウン（2018：35）修正、元の資料は雇用労働部（2011.11.28、2012.9.3、
　　　2013.9.5、2017.6、2017.10）、公共機関非正規職対策推進委員会（2007.6.25）、
　　　関係部署合同（2004.5.18、2013.4、2016.2.17）。
注：計画基準であり、実績はこれと一致しない。
　　（　）のなかの値は、各雇用形態別の非正規職規模に対する転換率（％）である。
　　2012年、2013年、2016年の間接雇用の規模は、直前の実態調査結果を利用した。

規職転換については、2016年以降、非正規職政策として行われている。

　2012年3月、約5,000人の期間制契約から始まって、2019年現在は、派遣委託の正規職転換、民間委託の正規職化（120茶山（タサン）コール財団設立：正規職化430人、水道検針施設公団編集：正規職化460人）、別財団設立による正規職採用による転換の事例（社会サービス院財団設立：2019年6月約500人でスタート、tbs交通放送財団設立：2020年3月フリーランス・派遣勤労非正規職約200人）となっている。
段階別正規職化の推進を見ると以下の通りである。
　直接雇用労働者の正規職転換：1,496人
　間接雇用労働者の正規職転換：7,602人（生命安全業務など788人含む）
　民間委託労働者の直接雇用転換：890人余り

フリーランス・派遣放送労働者の直接雇用：200人余り（2020年財団設立）

介護や保育等社会サービス労働者の直接雇用：500人余り（2019年3月財団設立）

図 4-2　年度別正規職化の推進の概要

出所：ソウル市労働政策担当 各年度内部資料より筆者作成

表 4-5　ソウル市労働政策および非正規職正規職転換プロセス

2012～15年	2016～19年
ソウル市非正規職雇用改善対策（2012.2） ソウル市2次非正規職雇用改善対策（2012.12） ソウル市2次非正規職雇用改善対策による非正規職勤労者公務職転換計画（2013.12） ソウル市労働政策基本計画（2015.4） ソウル市施設警備労働者公務職転換計画（2015.11）	ソウル市労働政策総合計画 ──労働尊重特別市ソウル2016方針（2016.4） ソウル市労働革新総合計画（2016.9） ソウル市正規職（公務職）転換計画（2016.11） ソウル市労働尊重特別市2段階発展計画（2017.11） ソウル市2018正規職（公務職）転換計画（2018.1） ソウル市2019正規職（公務職）転換計画（2019.1）

出所：ソウル市労働政策担当 各年度内部資料より筆者作成

② 労働権益センターの運営──労働者の権益向上

　最近の韓国では、ソウル市を中心に、労働政策支援組織として労働センターが設立されている。労働センターは、主に条例に基づいて、労働者の権利保護および増進のための包括的事業を行っている。労働センターは、民間委託（専門の労働市民団体が運営）で、地域内の労働問題に対する利便性を強化することで、既存の相談・教育事業以外にも、総合的かつ地域の特性に合った

労働人権サービスの提供を可能にしている。労働センターの機能と役割は、地域内の労働権益の保護と各団体の連結網づくりも含んでいる。労働センターの主な事業は、相談・教育などセンター必須事務とともに、労働者の特性（未組織、非正規など）実情に合った地域需要対応とサービスを提供している。

表4-6　韓国主要広域市・道地方政府にある労働権益センターの現況

広域地方自治体 労働者関連センター	機関現況		組織現況		年間予算（100万ウォン）			
	開始年度	委託期間	人員	部署数	予算	人件費	事業費	運営費
ソウル労働権益センター	2015	3.0	21.0	6.0	2803.0	824.0	1593.0	386.0
光州（クァンジュ）労働センター	2013	6.0	7.0	1.0	499.0	177.0	255.0	65.0
光州（クァンジュ）非正規職支援センター	2013	6.0	6.0	1.0	352.0	172.0	121.0	57.0
大田（テジョン）労働権益センター	2015	3.0	7.0	4.0	240.0	101.0	110.0	28.0
済州（チェジュ）非正規職支援センター	2017	3.0	7.0	3.0	608.0	228.0	317.0	63.0

出所：キムジョンジン（2019）

③ 生活賃金（living wage）の施行──ケンチャヌン（なかなか良い）賃金の試み

　韓国では、2015年から、ソウル市と京畿道（キョンギド）を皮切りに、主な地方政府で生活賃金制度を施行している。2019年10月基準、243個の地方政府（広域、基礎）のうち108か所（施行44.4％）で、生活賃金施行のための条例制定と政策が施行されている。各地方政府のほとんどの市政府および議会、専門、労働団体、市民団体関係者などが参加する生活賃金委員会を構成し、賃金を決めている。

表4-7　韓国の広域市・道地方政府と基礎地方政府　生活賃金の施行の現況

区分	全体（個）	生活賃金施行（個）	施行率（％）
広域	17	13	76.4
基礎	226	95	42.0
全体	243	108	44.4

出所：各地方自治体生活賃金担当部処HPより筆者が再構成
注：2019年11月基準、生活賃金適用対象者は6万7,000人水準。

表 4-8　韓国の広域地方政府　生活賃金の推移（2015 〜 20 年）

（単位：ウォン）

地域	生活賃金　金額						適用　対象				
	2015 年	2016 年	2017 年	2018 年	2019 年	2020 年	市所属	出資支援	民間委託	工事用役	下請
平均	6,917	7,248	7,726	8,777	9,623	10,112	−	−	−		−
ソウル	6,687	7,145	8,197	9,211	10,148	10,523	○	○	○	○	○
釜山（プサン）	−	−	−	8,446	9.894	10,186	○	○	−	−	−
仁川（インチョン）	−	−	6,880	8,600	9,600	10,000	○	○	−	−	−
光州（クァンジュ）	7,254	7,839	8,410	8,840	10,090	10,353	○	○	○	−	−
大田（テジョン）	−	7,055	7,630	9,036	9,600	10,050	○	○	−	−	−
世宗（セジョン）	−	7,170	7,540	7,920	8,530	9,378	○	○	−	−	−
京畿（キョンギ）	6,810	7,030	7,910	8,900	10,000	10,364	○	○	−	−	−
江原（カンウォン）	−	−	7,539	8,568	9,011	10,010	○	○	−	−	−
忠南（チュンナム）	−	−	7,764	8,935	9,700	10,050	○	○	○	−	−
全北（チョンブク）	−	−	7,700	8,600	9,200	10,050	○	○	−	−	−
全南（チョンナム）	−	7,248	7,688	9,370	10,000	10,380	○	○	○	−	−
済州（チェジュ）	−	−	8,420	8,900	9,700	10,000	○	○	−	−	−

出所：各地方自治体生活賃金委員会 各年度別発表資料より筆者作成

　2019年の地方政府の生活賃金額は9,623ウォンであり、2020年の生活賃金額は1万112ウォンである。生活賃金は、現在、各地方政府が直接契約した労働者と傘下機関に適用されており、非正規職や低賃金など雇用の質が低い社会二極化の深化解消を目的に、公共部門において最低賃金より高い賃金を支給する政策である。2018年から、ソウル、光州（クァンジュ）、忠南（チュンナム）などで民間委託まで生活賃金を適用しているが、純粋に民間といえる企業での生活賃金の適用は、一部1、2か所で業務協約（MOU）等を通してごく少数適用している程度である。

④感情労働保護措置──精神健康への介入

　2016年、ソウル市が、変化する産業構造およびサービス社会化の状況に合わせて感情労働者保護条例を制定した後、韓国では約28か所で条例が制定された。韓国は、先の19代と20代国会で法律が議論され、2017年国家人権委員

表 4-9　韓国地方政府（広域、基礎）感情労働保護措置の現況（2019 年 10 月）

地域	自治団体	条例名	制定時期
江原 （カンウォン）	江原道	江原道（カンウォンド）感情労働者保護等に関する条例	2019.5.10
	原州市	原州市（ウォンジュシ）感情労働者保護等に関する条例	2019.10.18
慶南 （キョンナム）	昌原市	昌原市（チャンウォンシ）感情労働者の権利保護等に関する条例	2018.3.30
	慶尚南道	慶尚南道（キョンサンナムド）感情労働者権利保護等に関する条例	2019.9.26
京畿 （キョンギ）	京畿道	京畿道（キョンギド）感情労働者保護および 健全な労働文化づくりに関する条例	2016.9.29 （2019.10.1 一部改正）
	高陽市	高陽市（コヤンシ）感情労働者の保護等に関する条例	2019.2.1
	城南市	城南市（ソンナムシ）感情労働者権利保護条例	2018.4.30
	水原市	水原市（スウォンシ）感情労働者の権利保護に関する条例	2017.7.17
	安養市	安養市（アニャンシ）感情労働者権利保護条例	2017.1.5
	金浦市	金浦市（キムポシ）感情労働者権利保護条例	2017.4.18
	議政府市	議政府市（ウィジョンブシ）感情労働者権利保護条例	2017.9.29
	平沢市	平沢市（ピョンテクシ）感情労働者権利保護条例	2019.4.10
	南揚州市	南揚州市（ナミャンジュシ）感情労働者権利保護等に関する条例	2019.10.10
仁川 （インチョン）	南洞区	南洞区（ナムドング）感情労働者保護条例	2019.3.8
	西区	仁川広域市　西区（ソグ）所属感情勤労者権益保護に関する条例	2019.3.13
	仁川広域市	仁川広域市　彌郡忽区（ミチュホルグ） 感情労働者保護に関する条例	2019.8.12
光州 （クァンジュ）	光州広域市	光州（クァンジュ）広域市　感情労働者保護条例	2016.7.1 （2019.7.1 一部改正）
大邱 （テグ）	大邱広域市	大邱（テグ）広域市　感情労働者保護等に関する条例	2019.7.10
	西区	大邱広域市　西区（ソグ）感情労働者の権利保護に関する条例	2019.10.10
大田 （テジョン）	大田広域市	大田（テジョン）広域市　感情労働者保護条例	2017.10.18 （2019.5 改正）
	東区	大田広域市　東区（トング） 感情労働業務従事職員保護等に関する条例	2019.8.14
釜山 （プサン）	釜山広域市	釜山（プサン）広域市　感情労働者保護に関する条例	2018.5.23
	南区	釜山広域市　南区（ナムグ） 感情労働者保護等に関する条例	2018.12.24
ソウル	ソウル特別市	ソウル特別市　感情労働従事者の権利保護等に関する条例	2016.1.7 （2019.5 改正）
	九老区	ソウル特別市　九老区（クログ） 感情労働従事者の権利保護等に関する条例	2016.10.13
	陽川区	ソウル特別市　陽川区（ヤンチョング） 感情労働者権利保護等に関する条例	2019.4.30
	江東区	ソウル特別市　江東区（カンドング） 感情労働従事者権利保護等に関する条例	2019.8.14
忠南 （チュンナム）	牙山市	牙山市（アサンシ）感情労働者権利保護等に関する条例	2019.3.15
全北 （チョンブク）	全羅北道	全羅北道（チョルラプクト）感情労働者保護条例	2017.11.17
	全州市	全州市（チョンジュシ）感情労働者保護条例	2017.3.30

出所：法制処ホームページ（http://www.law.go.kr）より筆者作成

表 4-10　ソウル市感情労働ガイドライン　マニュアル含む事項規定（2018 年 12 月）

ソウル市ガイドラインに含まれなければならない事項	機関類型別模範マニュアルに含まれなければならない事項	機関別マニュアル作成時に含まれなければならない事項
①事業場内すべての人が感情労働従事者の基本的人権を保障する義務 ②感情労働業務の専門性の認定とそれに相応しい処遇を保障する義務 ③感情労働従事者のための適正な休憩時間と休息空間を保障する義務 ④感情労働従事者のための安全な勤務環境を整える義務 ⑤感情労働従事者を効率的に保護できる顧客応対マニュアルを用意する義務 ⑥感情労働従事者に対する顧客の暴言・暴行・いじめ・セクハラ等不当な行動に対し自身を保護できる作業中止権等適切な権限を付与する義務 ⑦感情労働従事者の安全を保障するための専門担当者を配置する義務 ⑧感情労働従事者の自分保護のための定期的教育を実施する義務、および感情労働従事者の精神的・身体的健康のためのプログラムを支援する義務 ⑨感情労働高危険職群に対する特別な保護方案	①各機関が施行する感情労働従事者に関連する教育の内容と形式 ②各機関が用意する感情労働従事者の休憩施設の位置、規模、利用に関する規則 ③各機関の組織や組織構成員の特性を考慮し、組織構成員の意見を反映したマニュアルの作り方 ④各機関の類型別、顧客サービスを提供する勤労者とサービスを受ける顧客皆が相互配慮できるサービス提供に関する規則	◎機関類型別模範マニュアルの内容①-④ ①感情労働従事者が顧客応対過程で発生する問題を解決できるようサポートする職場内の公式的な制度と手続き ②感情労働従事者の上級者が、ソウル市感情労働ガイドラインとマニュアルに基づいて現場で感情労働に関する責任を取ることができるという点 ③感情労働従事者の上級者は、顧客と葛藤が生じた時、顧客と感情労働従事者両者の話を傾聴しなければならない点 ④はなはだ不当な要求をする顧客の場合、顧客の要求に応じない権利を保障 ⑤不当な待遇を受けた感情労働従事者の業務中断時間に関する事項 ⑥個々の感情労働従事者が応対しにくい顧客の要求に対し、組織レベルの対応方案 ⑦悪質な苦情を処理する専門家の養成、熟練した上級者が悪質な顧客を担当、悪質な顧客に対する専門担当部署の設置などに関する事項 ⑧顧客間の苦情問題を、人事および勤務評価に過度に反映して、無理な感情労働をしないようにする点 ⑨職場内の辛さや支障を伝えられるコミュニケーションチャネルに関する事項 ⑩機関長、中間管理者、感情労働責任者、感情労働従事者に対する感情労働関連教育の体系的実施に関する事項

出所：ソウル市感情労働ガイドラインマニュアルより筆者作成

　会が国会と政府に感情労働者保護勧告を勧告するや否や、政府レベルで産業安全保健法（41 条：顧客の暴言などによる健康障害予防措置）いわゆる「感情労働者保護」法律が施行されている。

　2019 年 10 月基準では、韓国 243 個の地方自治体のうち 28 か所（広域：10 か所、基礎 18 か所）で条例制定されており、各地域内の多様な感情労働者を制度的に保護し、具体的な支援方案を模索する政策づくりと事業が推進されている。もちろん、今のところはソウル市だけだが、感情労働関連総合計画、事業、感情労働センターを運営する程度である。ソウル市は、感情労働従事者権利保護条例（2016.1.7）、感情労働総合計画（2016.11.9）、ガイドライン発表

（2018.6）、感情労働センター設立（2018.10）で、感情労働の制度化が成立した状態である。ソウル市感情労働政策と事業は、ガイドライン、マニュアル、コンサルティング、実態調査の広報および実施、教育、心理相談などのサービス提供などを中心に行われている。

⑤労働理事制——経営参加モデル

2016年にソウル市で始まった「労働理事制」は、2019年11月現在、7か所の地方政府で労働理事制条例が制定された。ソウル特別市（2016.6）以外に、光州（クァンジュ）広域市（2017.11）、京畿道（キョンギド）（2018.11）、仁川（インチョン）広域市（2018.12）、慶尚南道（キョンサンナムド）（2019.5）、富川市（プチョンシ）（2019.7）、釜山（プサン）広域市（2019.8）まで、地方政府に広がっている。労働理事制は、地方政府傘下の公共機関（投資支援機関）において、労働者が選出した者が理事会に参加する形態で、公共部門の支配構造に経営が参加するモデルとして見ることができる。ソウル市は、2016年9月、地方自治体中、最初に労働理事制に関する条例（「ソウル特別市労働者理事制の運営に関する条例」、ソウル特別市条例第6321号）を制定した。

労働理事制は、労働者が直接経営に参加し、発言権と議決権の行使を通じて、機関内部に対する監視と牽制の機能を適切に実行することによって、経営の透明性と責任性、公益性を向上できる制度として、注目を集めている。また、該当機関すべての労働者を代表する者が、所属機関内の意志決定に公式に参加することによって、労使間の情報非対称の問題を解消し、機関内利害当事者との積極的なコミュニケーションを通じて、労使間の葛藤要素を減らしていくことができるという点などでも、政策の必要性が提起されている。

ソウル市労働理事運営条例によれば、同条例は、ソウル市傘下の公社・公団および支援機関で適用するようにし（同条例第3条）、原則的に、定款または内部規定にともなう労働定員が100人以上である公社などに導入するように決めている（同条例第4条第1項）。2019年10月基準、ソウル市傘下の公共機関のうち、労働者100人以上の投資・支援機関合計16個の機関に、労働理事制が導入されている。

労働理事の資格は、ひとまず公社等の所属労働者のうち、1年以上在職した

表 4-11　韓国地方政府　労働理事制　運営条例（2019 年 10 月）

区分	労働理事制運営条例	制・改正時期
ソウル特別市	ソウル特別市　労働者理事制運営に関する条例	2016.9.29 制定／施行 2019.3.28 改正／施行 2019.5.16 改正／施行
光州（クァンジュ） 広域市	光州（クァンジュ）広域市労働者理事制運営条例	2017.11.15 制定／施行
京畿道 （キョンギド）	京畿道（キョンギド）公共機関労働理事制運営に関する条例	2018.11.13 制定／施行 2019.10.1 改正／施行
仁川（インチョン） 広域市	仁川（インチョン）広域市勤労者理事制運営に関する条例	2018.12.10 制定／施行
慶尚南道 （キョンサンナムド）	慶尚南道（キョンサンナムド）労働理事制運営に関する条例	2019.5.2 制定／施行
富川市 （プチョンシ）	富川市（プチョンシ）公共機関労働者理事制運営に関する条例	2019.7.15 制定／施行
釜山（プサン） 広域市	釜山（プサン）広域市公共機関労働者理事制運営に関する条例	2019.8.7 制定／施行

出所：法制処ホームページ（http://www.law.go.kr）より筆者が再構成

者とされているが、このような要件は、他の地方政府でも同様である。労働理事の任命に関しては、地方公企業法令および地方自治体の出資・支援機関の運営に関する法令と、公社等の定款で定める公開募集と、役員推薦委員会推薦等により任命するように定め（同条例第5条第1項）、この時、労働理事任命と関連して法令で定めたことを除いては、定款または内部規定に定めるようにした（同第5条第2項）。

　ソウル市労働理事運営条例により、公社などに置く労働理事の数は、定款または内部規定による労働者定員を基準として、労働者数が300人以上である場合は2人、300人未満の場合は1人、労働理事を置くように規定している（条例第7条）。2018年3月末基準、労働理事が各機関理事会に参加して処理した案件は、全体16個の機関合計286件であり、人事・組織、予算、決算、事業計画など組織経営全般に参加して意見を提示し、現場に実際に反映されている。

3　結び

　以上のように、韓国の地方政府は、2012年以後、ソウル市をはじめとする光州（クァンジュ）、忠南（チュンナム）、京畿（キョンギ）などで労働政策制度化を推進している。主に、条例制定、行政組織の設置、基本計画の樹立、支援組織センターの設立、ガバナンス運営などだ。何より、韓国の地方政府の労働政策は、この10年にわたる保守政府時代において、地方政府が先導的かつ進歩的な労働政策を樹立したことに意味がある。このような韓国地方政府の労働政策の核心的役割は、ソウル市が先導的に果たした。

　ソウル市の政策は、集団的労使関係（投資支援機関の労使関係正常化、集団交渉の体制的な運営、労働理事制の施行など）に意味がある。その他にも、個別的労使関係領域（非正規職の正規職への転換、生活賃金制の施行、感情労働政策、脆弱層の死角地帯政策：清掃警備、移動労働者、シャトルバス、放送フリーランスなど）に区分されたりもする。さらに、ソウル市の労働政策は、2017年からILOとともに「働きがいのある人間らしい仕事の都市——国際フォーラム」を運営し、都市政府の「働きがいのある人間らしい仕事（decent work）政策を模索している。

　とくに、ソウル市労働政策のうち「非正規職の正規職転換」は、韓国の文在寅政権発足後、公共部門非正規職の正規職転換の主要な基準になった。この過程で、ソウル市は、「雇用安定」だけでなく、「差別解消」という労働政策を実現するために、同一労働類似業務の正規職化と無期契約職の統合（一般職の転換）という政策を、2017年から施行している。これは「同一価値労働同一賃金」という労働政策まで、ソウル市という地方政府が、国際労働機関（ILO）、憲法（32条）及び勤労基準法（均等待遇）、文在寅政権の国政課題（63番：労働尊重社会、64番：差別ない職場）に合った政策を実現しているということだ。

　ただ、この7年間のソウル市労働政策は、韓国の地方政府の労働政策を先導した側面はあるが、労働組合は協力的パートナーシップ程度に留まった。そのため今後、持続可能で、ユニオンシティを目指す労働政策へと発展するた

めには、労働組合の参加と介入、そして政策の共同決定過程が摸索された政策の枠組みが作られる必要がある。さらに、組織された労働組織ではない、未組織や非賃金労働者（特殊雇用、フリーランス、プラットホーム労働など）が政策に参加できる「労働プラットホーム」を運営し、政策の幅を拡張し、市民と労働が共にする政策へと発展させる必要がある。

（呉民淑：訳）

参考文献

キムジョンジン（2016）『共に歩む労働――労働尊重特例市ソウル』ソウル研究院。
―――（2019）「地方自治体労働権益センターと非正規職支援センターの現状と課題の模索」韓国労働社会研究所第 14 回労働フォーラム『地域社会の労働者権益中間支援組織の役割と課題』。
―――クォンヘウォン（2020）『ソウル市 2 期労働政策基本計画樹立研究』ソウル労働権益センター。
―――パクヨンチョル他（2020）『釜山広域市労働政策基本計画樹立研究』釜山広域市人権労働担当課。
京畿道労働局（2018）『京畿道労働政策基本計画』。
光州広域市社会統合推進団（2017）『光州広域市労働政策基本計画』。
ソウル特別市労働政策課（2015）『ソウル市労働政策基本計画』。
―――（2016）『ソウル市労働政策総合計画』。
チュジンウ（2015）『ソウル市の労働政策の方向』ソウル研究院。
忠清南道雇用労働政策課（2017）『忠清南道労働政策基本計画』。
ファンソンウン（2018）「文在寅政権 1 年　公共部門非正規職政策の評価：政策パラダイムの転換？」韓国労働社会学会『産業労働研究』第 24 巻 2 号。
ILO（1978）「労働行政（役割、機能及び組織）に関する勧告」（第 158 号）。

第II部

公共部門の労働問題

第**5**章

日本の公共サービスの非正規化・民営化の影響と解決に向けた道筋

上林陽治

1 行政・民間複合体／正規・非正規複合体

いま、日本の公共サービスの現場では、「行政民間複合体」「正規非正規複合体」という状況が、急速に進展している[1]（大森 2015）。

いったいどういうことなのか。K市立図書館のある日の職員配置からその状況を検証してみよう（**表5-1**）。

この図書館では、カウンターや配架業務を、2004年から民間委託し、委託業者と市という2つの経営主体の職員が同じフロアで働いている〈行政民間複合体〉。

委託業者の従事労働者は、現場責任者の正社員と主任格の個人請負の契約社員（以上、フルタイム）ならびにスタッフ職のパート労働者の5人で、合わせて7人。一方、市の職員は、正規公務員の館長と係員（以上、フルタイム）の他、外国語図書担当の非常勤職員（パート）。そして正規公務員の育児休業代替の臨時職員（フルタイム）。さらには定年退職後に再任用された短時間職員（元正規公務員）だった〈正規非正規複合体〉。

---

1) 大森彌は、いまの日本の公共サービスの提供体制における民間委託の進展状況を「行政民間複合体」と呼び、あわせて、正規公務員の他に、非常勤・再任用・アルバイト・派遣・嘱託などの非正規の職員を地方自治体が任用していることを捉え、「正規非正規複合体」と呼んだ。

表 5-1　K市図書館のある日のカウンター・配架業務の人員配置

```
委託業者 …… 現場責任者＝委託業者の正社員（フルタイム）
             主任＝委託業者の契約社員〈個人請負〉（フルタイム）
             スタッフ＝パート労働者×5人
K市職員 …… 館長＝正規公務員、係員＝正規公務員（以上、フルタイム）
             外国語図書担当＝非常勤職員（パート）
             臨時職員（フルタイム）
             高齢再任用短時間職員（パート）
```

出所：筆者作成

　このように2つの経営主体の7種類の雇用形態の者が、図書館の1つのフロアに勤務している。

　館長の正規公務員は、図書館の管理責任者だが、委託業者のスタッフに直接指示を出せない。偽装請負になるからだ。やってほしいことがあったら、委託業者の正社員の現場責任者を呼び、相談をして作業してもらう。

　一方、図書館業務に精通しているのは委託業者のほうである。委託業者は3年に1度の入札で決定され、この館では15年間で委託業者が6社も変更した。だが契約社員の主任は、委託業者が変わっても、（雇用）契約期間1年のまま同館に継続して勤務し、その間、正規公務員の館長は5人交替し、その他の同市職員も1〜3年で異動していった。

　スタッフ職のパート労働者も、委託業者が入れ替わっても、新たな委託業者にそのまま採用されていた。変化があるとすれば、業者が変わるたびごとに、例えば通勤費の不支給や健康診断が実施されなくなるなど、勤務条件が切り下げられることだった。

2　公共サービスの提供者
——正規公務員、非正規公務員、委託事業者の労働者

　公共サービスは、「行政民間複合体」「正規・非正規複合体」で供給されている。

　かつては、公共サービスの提供主体といえば自治体や国であり、その従事者とは正規公務員であった。でもいまは、公共サービスの提供主体は多様で、したがってその従事者もさまざまである。

　アウトソーシングが進んだ今日の公共サービスは、大きく区分して、国・自治体が実施するものと国・自治体が調達して提供されるものに分けられる（**図5-1**）。

　国・自治体が実施する公共サービスは、行政が正規公務員と非正規公務員を雇って直接実施する直営サービスと、株式会社、公社・事業団、第3セクター、NPOなどに自治体の業務を委託し請け負わせ、または一定の事業に対し補助金や事業費を給付するという委託請負・給付サービスとに区分される。

　業務委託請負や公共工事請負・物品調達等の政府が調達する公共サービスには共通点があって、多くの場合、行政は（競争・指名）入札等を通じて、実施者を決定（受注者）し、発注者である行政側と受注者との間で業務（工事）請負契約を締結し、労務提供や成果物の納品と引き換えに、委託金や工事代金が支払われる。

図5-1　公共サービスの提供者のイメージ

公共サービス					
国・自治体が実施する公共サービス			国・自治体が調達する公共サービス		
直営サービス		委託請負・給付サービス		工事請負〈公共工事〉	物品調達〈購入〉
正規公務員	非正規公務員	指定管理者	民間事業者等への委託請負・給付		
行政処分（行為）			行政（公共）契約		

出所：筆者作成

　これに対し地方自治体に広がりつつある指定管理者は、請負契約ではなく、議会の承認を経て、行政処分として指定される。指定管理者制度とは、公の施設の管理・運営を、株式会社をはじめとする営利企業・財団法人・NPO法人・市民グループなど法人その他の団体に包括的に代行させることができるものである。

　指定管理者には、条例の定めるところにより、行政処分の一環である公の施設の使用許可（不許可）権限が与えられる。図書館であれば貸出制限、利用制限・停止等の処分行為である。いわば指定を受けることにより疑似公法人となる。

　それでは、直営サービスにおける正規公務員と非正規公務員、そして委託請負・給付サービスにおける指定管理者や業務委託事業者の労働者において、一体、何が起こっているのかを次に概観する。

3　削減される地方自治体の正規公務員と劣化する公共サービス

　現代日本においては公共サービスに対する需要が高まっている。例えば待機児童対策のための保育需要の増大や、社会の貧困化に伴う生活保護世帯の増加などである。にもかかわらず正規公務員が相当な規模で削減され、後に述べるように、その代替として、任期1年以内の有期雇用の非正規公務員と、業務委託事業者の労働者が大量動員されている。

　まずは地方自治体の正規公務員の削減状況を確認しておこう。

　地方公務員数がもっとも多かった年は1994年で328万2,492人。それから2019年までの25年間において、2度の一時的な微増を除き、一貫して地方公務員数は減り続け、2019年には、ピーク時より約54万人、率にして約17％減少した。

　もっとも削減人員が多かった年は、2004～09年までの5年間で、22万8,491人、率にして1994年比で7.0％の大幅削減となっている。

　これは、2005年3月に国（総務省）が地方自治体に対し、2005～2009年度の

5年間を集中改革プラン（総務省 2005）として、5年間で4.6％以上の地方公務
員数の純減を迫り、国の意向を忖度した地方自治体の側が計画を上回って公
務員数を削減したからであった。

　増減には職種間でばらつきがあり（丸カッコ内は1994年の人数を100とす
る指数）、増加した職種は警察（114.1）、消防（111.4）、そして一般行政部門にお
ける防災（316.8）、児童相談所等（204.7）、福祉事務所（163.3）である。防災部門
の増加は度重なる自然災害に対処するための建築技師・土木技師、児童相談
所等の増加は児童虐待通告に対応する児童福祉司、そして生活保護受給世帯
の増加に対応する生活保護ケースワーカー等である。児童福祉司やケース
ワーカーは増員したものの、欠員状況が解消したわけではない。例えば、
2018年度に全国の児童相談所が対応した児童虐待相談件数は15万9,850件
で、10年前の2008年度（4万2,664件）の約4倍になったにもかかわらず、児童
虐待の通告に対応する児童福祉司は、2008年度は2,358人、2018年度は3,426
人で1.4倍になったに過ぎない。この間、1人当たり虐待対応件数は、欧米並
みの18件だったものが47件へと3倍に増えた。生活保護に関しても、もっと
も生活保護受給世帯数が少なかったのが1992年で58万5,972世帯（1か月平
均）、直近データの2016年が163万7,045世帯（1か月平均）で2.8倍になってい
る。これに対し生活保護ケースワーカーは1992年9,978人、2016年が1万
8,267人で1.8倍になったに過ぎない。すなわち、児童福祉司や生活保護ケー

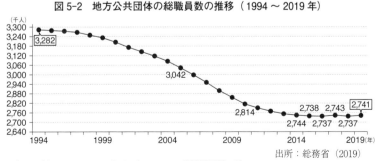

図 5-2　地方公共団体の総職員数の推移（1994 〜 2019 年）

出所：総務省（2019）
https://www.soumu.go.jp/main_content/000661210.pdf

表 5-2　地方公務員数の推移（1994 ～ 2019 年）

年	職員数	減少数		減少率 (1994 年比)
		年	人	
1994	3,282,492	—	—	—
1999	3,232,158	1995-99	▲　50,334	-1.5%
2004	3,083,597	2000-04	▲ 148,561	-4.5%
2009	2,855,106	2005-09	▲ 228,491	-7.0%
2014	2,743,654	2010-14	▲ 111,452	-3.4%
2019	2,740,653	2015-19	▲　 3,001	-0.1%
1994-2019	—	—	▲ 541,839	-16.5%

出所：総務省「地方公共団体定員管理調査結果」より筆者作成

図 5-3　1994 年からの部門別職員数の推移（1994 年を100 とした場合の指数）

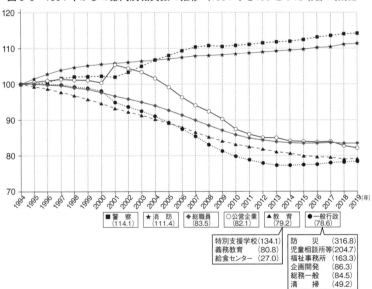

■ 警 察（114.1）　★ 消 防（111.4）　◆ 総職員（83.5）　○ 公営企業（82.1）　▲ 教 育（79.2）　● 一般行政（78.6）

特別支援学校（134.1）
義務教育（80.8）
給食センター（27.0）

防 災　（316.8）
児童相談所等（204.7）
福祉事務所（163.3）
企画開発　（86.3）
総務一般　（84.5）
清 掃　（49.2）

出所：総務省（2019）
https://www.soumu.go.jp/main_content/000661210.pdf
注：2001 年に生じている一般行政部門と公営企業等会計部門の変動は、調査区
　　分の変更によるもの。

スワーカーは、過重労働を伴っての増員だったのである。一方、大幅に減少したのは、業務委託が積極的に推進された給食センター（27.0）、清掃（49.2）等の技能労務職であった。

4　公共サービスの提供者の非正規化
——官製ワーキングプアという問題

（1）増加する非正規公務員

　正規公務員は削減されその代替として、あるいは増大する行政需要に対処するため、地方自治体が依存していったのが、1回の任期が最長1年以内の有期雇用の非正規公務員である。

　それでは地方自治体の公共サービスの非正規化は、どこまで進展しているのだろうか。

　総務省では、2000年代に入って臨時・非常勤職員に関する実態調査を4回実施している（以下、実施年をつけて「○○調査」という）。1回目は2005調査で臨時・非常勤といわれる非正規公務員数は全国で45万人、一方、直近の2016調査ではその人数は64万人で、2005年比で19万人、11年間で4割以上増加していた。

　非正規率は自治体階層別で異なり、非正規公務員の7割にあたる約43万人が勤務する市区町村の非正規率は3割以上に及ぶ。つまり、もっとも住民に身近な基礎自治体といわれる市区町村の職員の3人に1人は、非正規公務員なのである（**表5-3**参照）。

　職種によっては、非正規公務員のほうが多い職種もある。

　表5-4は、2016年4月1日現在の地方公務員の職種別の正規・非正規比率である。

　人手不足が露呈している資格職の保育士等の非正規率は51.0％、また、図書館員（65.3％）や給食調理員（59.9％）では、従事職員の半数以上が非正規公務員である。そして、生活保護の面接相談員、消費生活相談員、就労支援員、女性（婦人）相談員、家庭児童相談員等の相談対応業務に従事する職員が属す

表 5-3 自治体階層別非正規率（2016 年 4 月）

（単位：人）

	臨時・非常勤職員	正規公務員	非正規割合（%）			
			2016.4.1 現在	2012.4.1 現在	2008.4.1 現在	2005.4.1 現在
都道府県	138,393	1,500,778	8.4	7.7	6.2	5.8
政令市	58,046	234,513	19.8	21.3	14.6	12.8
市区	356,789	762,302	32.0	30.0	25.3	
町村	73,499	137,634	34.7	31.0	26.0	22.9
一部事務組合等	16,404	102,036	13.9	—	—	
合計	643,131	2,737,263	19.0	17.9	14.7	13.0

出所：総務省（2009、2012、2016、2017）より筆者作成
注1：臨時・非常勤職員の数値は、2016.4.1 現在（総務省 2016）。
注2：正規公務員数は、2016.4.1 現在（総務省 2017）。

表 5-4 職種別正規・非正規比率

（単位：人）

職種	非正規公務員 A	正規公務員	合計 B	非正規割合（%） A/B			
				2016.4.1 現在	2012.4.1 現在	2008.4.1 現在	2005.4.1 現在
一般事務職員	159,559	744,682	904,241	17.6	16.7	13.3	11.9
技術職員	9,316	217,443	226,759	4.1	3.9	3.0	2.8
医師	8,138	24,845	32,983	24.7	25.7	26.2	25.7
医療技術員	11,851	52,065	63,916	18.5	17.8	13.7	11.0
看護師等	28,043	168,138	196,181	14.3	13.4	11.8	10.4
保育士等	99,958	96,025	195,983	51.0	50.8	45.1	40.0
給食調理員	37,985	25,406	63,391	59.9	54.1	44.7	38.2
技能労務職員	56,853	94,060	150,913	37.7	34.0	26.7	24.2
教員・講師	92,494	842,561	935,055	9.9	8.5	6.2	5.0
図書館員	16,484	8,768	25,252	65.3	—	—	—
その他	122,450	463,270	585,720	20.9	19.8	16.7	14.8
合計	643,131	2,737,263	3,380,394	19.0	17.8	14.7	13.0

出所：非正規公務員の数値は、総務省（2016）から筆者作成
注：正規公務員の職種の分類については、総務省（2017）の「第4表職種別職員数」
の区分・職員数を再分類したもの。

表5-5　職種別・性別臨時・非常勤職員数（2008 〜 16 年）

（単位：人）

職種	2008 年			2012 年			2016 年		
	全非正規	うち女性	（%）	全非正規	うち女性	（%）	全非正規	うち女性	（%）
一般事務職員	119,810	96,802	（80.8）	149,562	119,133	（79.7）	159,559	128,260	（80.4）
技術職員	7,388	2,871	（38.9）	8,855	2,880	（32.5）	9,316	2,599	（27.9）
医師	9,335	2,493	（26.7）	8,743	2,355	（26.9）	8,138	2,139	（26.3）
医療技術員	8,637	7,667	（88.8）	10,969	9,747	（88.9）	11,851	10,572	（89.2）
看護師等	23,477	22,970	（97.8）	25,947	25,229	（97.2）	28,043	27,430	（97.8）
保育士等	89,563	85,755	（95.7）	103,428	99,498	（96.2）	99,958	96,499	（96.5）
給食調理員	37,305	36,440	（97.7）	39,294	37,783	（96.2）	37,985	36,901	（97.1）
技能労務職員	54,018	22,401	（41.5）	59,254	24,028	（40.6）	56,853	21,973	（38.6）
教員・講師	57,327	39,359	（68.7）	78,937	50,974	（64.6）	92,494	61,440	（66.4）
図書館員	—	—	—	—	—	—	16,484	15,295	（92.8）
その他	92,442	53,553	（57.9）	113,988	74,499	（65.4）	122,450	78,488	（64.1）
合計	499,302	370,311	（74.2）	598,977	446,126	（74.5）	643,131	481,596	（74.9）

出所：総務省（2009、2012、2016）より筆者作成
（2016 年は総務省（2016a）の個票より筆者作成）

る「その他」では、5 人に 1 人が非正規である。「その他」には、ほとんどが男性正規公務員である警察官や消防職員も含まれるから、相談員だけを取り出せばさらに非正規割合は高くなる。

　したがって、地方自治体が提供する公共サービスの前線には、多くの非正規公務員がおり、むしろ公共サービスは、非正規公務員によって支えられているといっても過言ではない。

　さらに 2016 調査では全国の非正規公務員は 64 万 3,131 人となっているが、このうち 4 人中 3 人にあたる 48 万 1,596 人が女性である（表5-5 参照）。市区町村の地方公務員の 3 分の 1 は非正規公務員なので、地方自治体の公務員の 4 人に 1 人は、女性非正規公務員ということになる。

　職種別にみると、もっとも人数が多いのは一般事務職員で約 16 万人だが、このうち女性非正規は約 13 万人で 8 割以上を占める。次に人数が多いのが、各種の相談員で構成される「その他」に分類される非正規公務員で約 12 万人。

このうち女性非正規は約8万人で64％である。看護師、保育士、給食調理員の
ようなケアワーク等に従事する非正規公務員は、ほぼ全員が女性である。

(2) 官製ワーキングプア
　　——民間より強度な男女間賃金差別と非正規公務員

　さらに次の点を指摘しておきたい。公務員の非正規化は、ジェンダー格差
を伴って進展する。この状況をみたのが**表5-6**で、地方公務員と民間労働者
それぞれにおける男女間および正規・非正規間の賃金格差の状況を表わした
ものである。

　まず、**表5-6 (1)** の民間労働者の正社員と**表5-6 (2)** の地方公務員の正規公
務員のそれぞれについて男女間賃金格差状況をみてみる（A列）。民間労働者
の男女間賃金は、男性正社員を100とすると女性正社員75であるのに対し、
正規の地方公務員の男女間の1時間当たりの賃金格差は、男性の正規地方公
務員を100とすると女性の正規地方公務員は89で、正規でみれば地方公務員
のほうが男女間賃金格差の度合いは小さい。

　ところが雇用形態別にみると様相は異なる。民間労働者の正規・非正規間
格差は、男性では、男性正社員を100とするとフルタイムの男性非正社員が
67、男性パートタイムが50、女性では、女性正社員を100とするとフルタイム
の女性非正社員が72、パートタイムが62である。これに対し地方公務員にお
ける正規・非正規間の賃金格差は、男性の正規公務員を100とすると、臨時職
員が37で約3分の1、非常勤職員は48で半分程度となる。女性の正規公務員
を100として賃金格差を計算すると、臨時職員が42で約4割の水準、非常勤職
員が54で半分程度である。

　民間男性正社員と地方公務員男性正規の時給は大差はない。そのなかに
あって、雇用形態の差異を基準にすると、民間労働者のほうが格差の度合い
は小さい。

　すなわち、地方公務員における賃金格差は、男女間のそれもあるが、正規・
非正規間格差のほうが要因としては強く、さらに正規・非正規間格差は、民間

表5-6（1）　民間労働者　男女間および正規・非正規間の賃金格差の状況（2016年）

（単位：円、%）

民間労働者		フルタイム （一般労働者）		パートタイム （短時間労働者）	正社員・非正社員間 賃金格差	
		正社員（A）	非正社員（B）	非正規（C）	B/A	C/A
1時間当たり賃金	男性	2,262	1,526	1,134	67	50
	女性	1,698	1,222	1,054	72	62
男女間賃金格差（男性＝100）		75	80	93	—	—

出所：厚生労働省（2016a、2016b）より筆者作成
注1：2016年の民間の男性正社員の所定内賃金は34万9000円、女性正社員の所定内賃金は26万2000円、フルタイムの男性非正社員の所定内賃金は23万5400円、フルタイムの女性正社員は18万8600円（厚生労働省（2016a）第6表）。これらを2016年の民間の月間所定内労働時間である154.3時間（厚生労働省（2016b））で除して1時間当たりの賃金を求めた。
注2：民間のパートタイムの1時間当たり賃金は厚生労働省「2016年賃金構造基本調査」第12表を参照した。

表5-6（2）　地方公務員　男女間および正規・非正規間の賃金格差の状況（2016・18年）

（単位：円、%）

地方公務員		フルタイム		パートタイム	正規・非正規間 賃金格差	
		正規（A）	臨時職員（B）	非常勤職員（C）	B/A	C/A
1時間当たり賃金	男性	2,268	845	1,080	37	48
	女性	2,015			42	54
男女間賃金格差（男性＝100）		89	—	—	—	—

出所：総務省（2016、2019）より筆者作成
注1：正規公務員の1時間当たり賃金については、総務省（2019）の一般行政職の男女別の平均基本給月額（給料＋扶養手当＋地域手当）を12倍し、これを2018年の年間官庁執務日数である245日と1日の所定内勤務時間の7.75時間で除して計算した。
注2：地方公務員の臨時職員、非常勤職員の賃金額は、総務省（2016）の市区町村分のデータを使用。なお、非常勤職員は特別職非常勤職員のデータを使用。

労働者の正規・非正規間格差よりも強い度合いで影響している。

　先に記したように、地方公務員の4人に1人は女性非正規公務員である。その女性非正規公務員は、男性が過半を占める正規公務員の月収の3分の1から半分程度の水準の賃金しか支払われていない。

　男女間賃金格差については、性別に着目し男女で異なる取り扱いをする「直接差別」に対し、一見、性別に関係のない取り扱いであっても、運用した結

果、男女のどちらかの性に不利益が生じる場合があり、これは間接差別といわれる。

　上記のような正規・非正規間の賃金格差は、雇用形態の差異を装った典型的な間接差別で、地方公務員の非正規化は、男女間の間接賃金差別を伴って進展してきたのである。

(3) 男女平等社会実現のために公務部門の雇用が果たす役割

　公務員における間接差別の放置は、さらに別のマイナス効果をもたらす。

　男女平等社会の実現に逆行するのである。なぜなら男女平等を推進するうえで、公務部門における雇用の果たす役割は決定的だからである。

　例えば、いまや男女平等ランキング上位に位置するスウェーデンの事例である。もともと女性の社会的地位がとくに高くはなかったスウェーデン社会であったが、労働力不足が深刻化した戦後の高度成長期に、労働組合が移民労働者の受け入れを拒絶した結果、それを補うために民間部門における女性の雇用が拡大した。そして、それを支えるために1980年代初頭にかけてケアワークを中心とする公務部門が拡大し、いっそう女性の社会進出がもたらされた[2]（前田健太郎 2014：262）。

　実際、①国別男女平等ランキングと、②被雇用者数に占める公務員数の割合、③公務員における女性割合は、相関がありそうである（**表5-7**参照）。2017年における①～③の調査報告では、OECD平均で、②被雇用者に占める公務員数の割合が17.71％、③公務員における女性割合が60.07％である。例えば男

表5-7　国別男女平等ランキングと国別公務員割合・公務員の女性比率（2017年）

①男女平等ランキング			②被雇用者数に占める公務員数の割合			③公務員における女性割合		
順位	国名	格差指数	順位	国名	割合（%）	順位	国名	割合（%）
2	ノルウェー	0.830	1	ノルウェー	30.34	1	フィンランド	71.36
3	フィンランド	0.823	2	スウェーデン	28.83	2	スウェーデン	70.96
5	スウェーデン	0.816	3	デンマーク	28.02	3	ノルウェー	69.28
11	フランス	0.778	4	フィンランド	24.29	4	デンマーク	69.06
12	ドイツ	0.778	5	リトアニア	22.16	5	エストニア	68.39
14	デンマーク	0.776	6	フランス	21.91	6	リトアニア	66.15
15	イギリス	0.770	7	エストニア	20.97	7	イギリス	65.57
16	カナダ	0.769	8	ハンガリー	20.58	8	ラトビア	63.77
20	ラトビア	0.756	9	ラトビア	19.93	9	フランス	63.55
24	スペイン	0.746	11	カナダ	19.38	10	カナダ	63.30
28	リトアニア	0.742	12	スロバキア	18.69	12	ポーランド	60.97
31	ベルギー	0.739	13	ベルギー	18.20	13	スロバキア	60.39
32	オランダ	0.737		OECD平均	17.71		OECD平均	60.07
33	ポルトガル	0.734	14	ギリシャ	17.70	14	ハンガリー	59.74
37	エストニア	0.731	17	チェコ	16.46	15	ポルトガル	58.34
39	ポーランド	0.728	18	イギリス	16.01	16	イタリア	57.07
49	アメリカ	0.718	19	ポーランド	15.84	17	ベルギー	56.51
74	スロバキア	0.694	20	スペイン	15.30	18	アメリカ	56.51
78	ギリシャ	0.692	21	アメリカ	15.15	19	スペイン	55.50
81	メキシコ	0.692	23	ポルトガル	14.38	20	チェコ	55.26
82	イタリア	0.692	24	メキシコ	13.98	22	ドイツ	55.03
88	チェコ	0.688	25	イタリア	13.43	23	メキシコ	51.52
103	ハンガリー	0.670	27	オランダ	11.95	24	ギリシャ	48.00
114	日本	0.657	28	トルコ	10.77	25	韓国	44.96
118	韓国	0.650	29	ドイツ	10.49	26	日本	44.00
131	トルコ	0.625	31	韓国	7.70	27	オランダ	43.55
			32	日本	5.89	28	トルコ	25.31

出所：① World Economic Forum（2017）
　　　②：③ OECD（2019）
※①〜③の資料を筆者加工

女平等ランキング2位のノルウェーは、②では30.34％でデータのあるOECD諸国中1位、③では69.28％でデータのあるOECD諸国中3位である。①が3位のフィンランドは、同様に②24.29％・4位、③71.36％・1位。①が5位のスウェーデンは、②28.83％・2位、③70.96％・2位。①が11位のフランスは、②21.91％・6位、③63.55％・9位で、いずれもOECD平均を上回り、上位に位置する。一方、2017年段階で男女平等ランキングが世界114位の日本は②5.89％で、データのあるOECD諸国で最下位の32位、③44.00％・同26位。男女平等ランキングが118位の韓国は、②7.70％・同31位、③44.96％・同25位で、いずれも世界最低水準である[3]。

　図5-4は、世界経済フォーラムの国別男女平等格差指数（①）を横軸に、OECDの公務員の女性割合（③）を縦軸にして、各国をグラフ中にプロットした散布図「国別男女平等指数と公務員における女性割合の相関性（2017年）」である。相関係数は＋0.7750で、統計学の教科書によれば「強い相関」に分類される。したがってプロットは、斜め右方向に順に並び、公務員における女性割合が高い国ほど、男女平等指数も高くなる傾向となって現れる。このように、男女間の格差が少なく、女性が活躍しうる社会に転換していくためには、雇用が安定し、それなりの賃金水準が得られる公務員における女性割合を高めていくことが決定的な要素となる。一方、日本は公務において女性の活躍の場を極端に狭めた「女性を正規で雇わない国家」なのである。

　先に記したように日本は、絶望的な格差状況にある非正規公務員の4分の3が女性である。

　前田健太郎は次のように指摘する。「今後の少子化対策の進展によって、これまで女性が家庭の内部で行っていた家事・介護・育児などを代替する社会福祉サービスの供給を国家が何らかの形で支援するとしても、それらのサー

---

3)　2013年の状況を著したOECD（2015）では、韓国は①、②の順位で日本の後塵を拝していた（日本：①105位、②7.6％、③41.9％、韓国：①111位、②7.4％、③N.D.）。だが、その後のソウル市をはじめとする韓国の地方自治体での正規化事業の結果、②、③とも順位で日本を逆転していることに留意しなければならない。これが①の男女平等格差の是正に影響を及ぼすのかを注視していきたい。

図 5-4　国別男女平等指数と公務員における女性割合の相関性（2017 年）

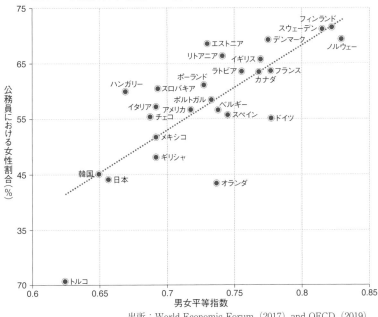

出所：World Economic Forum（2017）and OECD（2019）

ビスは正規の公務員によって直接供給されるのではなく、より不安定で労働
組合の組織率の低い雇用形態を通じて間接的に供給されることになるだろ
う」「不安定な形態で女性が多く雇用されたとしても、それが北欧諸国のよう
に女性の政治参加と社会的平等を促進するフィードバック効果を生むとは考
えにくい」としている（前田 2014：262-3）。

　日本は、公務員数を減らし、公共サービスの供給を女性非正規公務員によ
る提供にシフトしてきた結果、保育や介護などの公的ケアサービスの供給が
不足し、これが女性を家庭に縛りつける原因となって、女性の労働参加を妨
げ、社会進出の阻害要因となるという悪循環を繰り返してきた。

　非正規公務員問題を通じてみえてくるものは、この国の男女不平等社会と
いう姿なのである。

5　公共サービス委託事業者における労働者の状況

　正規公務員の削減を代替してきたもう1つの極である、委託事業者の労働者の状況はどうだろうか。

(1) 労務提供型業務の民間委託の状況

　業務委託請負契約に基づく民間委託は、労務提供型業務である清掃や給食等の現業職を中心に展開してきた(**図5-3**参照)。

表 5-8　職種別定員数の変動推移※

(単位：%)

	1994	1999	2004	2009	2014	2019	備考
司書（補）・学芸員（補）	100	108	103	89	77	75	非正規化・業務委託化等による減少
看護師	100	109	112	103	95	88	―
保健師・助産師	100	120	128	131	123	116	―
医療技術者	100	109	112	107	104	107	
保育所保育士	100	99	96	85	79	81	非正規化・業務委託化等による減少
生保担当ケースワーカー	100	100	120	140	180	192	増加
児童福祉司等	100	113	110	123	130	135	増加
査察指導員	100	98	105	110	138	143	増加
各種社会福祉司	100	110	129	155	180	216	増加
一般事務職	100	100	96	88	84	86	減少
運転手・車掌等	100	72	50	31	27	32	業務委託化による減少
守衛・庁務員等	100	86	66	48	34	29	〃
電気／ボイラー等技術員	100	84	68	46	32	26	〃
調理員	100	89	70	49	35	28	〃
清掃職員	100	102	90	72	58	48	〃
教育公務員	100	96	92	89	89	92	減少
警察官	100	103	108	113	114	114	増加
消防吏員	100	105	107	109	107	106	増加
合計	100	98	94	87	84	86	―

出所：総務省「地方公共団体定員管理調査結果」より筆者作成
※ 1994年の職種別定員数を100として計算。

　現業系業務の民間委託の歴史は古く 1980 年代までに遡る。国においては、1980 年代冒頭の第 2 次臨時行政調査会答申を画期として、いわゆる行政改革が本格化し，国鉄や電信電話等の 3 公社の民営化をはじめ国庫補助金の補助率の低下などの行政リストラ施策が進んだ。これに連動する地方行政改革も、1984 年の臨時行政調査会・地方行革推進小委員会答申を画期とし、1985 年の旧自治省「行政改革大綱」通達を基盤に本格的な行政改革が進行した。そこでは定員削減と並び、「民間委託等事業運営の合理化・効率化」が強調されたが、1980 年代には地方における民間委託はそれほど進展しなかった。

　バブルが崩壊し、地方の財政状況が厳しくなった 1990 年代になると、旧自治省はその立て直しのために、1994 年と 1997 年に立て続けに地方行政改革推進のための事務次官通知を発出する。地方自治体の側に、定員削減と民間業務委託を迫ったのだが、ターゲットになったのが現業系業務だった。**表 5-8** はその状況を表わしたもので、運転手・車掌等、守衛・庁務員等、調理員、清掃職員等の定員が、他の職種に先駆けて 1990 年代から削減されてきたことが見て取れる。そして削減分が、民間業務委託とされていったのである。

(2) 2000 年代における施設系業務の民間委託・指定管理者化

　2000 年代に入ると施設系業務の民間委託や指定管理者化によるアウトソーシングがはじまる。

社会教育施設のアウトソーシング

　表 5-9 に示したように、文部科学省の 2015 年度社会教育調査では、公立の社会教育施設（5 万 3,016 施設）のうち、指定管理者制度を導入している施設は 1 万 5,297 施設で、その割合は 28.9％。各施設のうちもっとも割合が高いのは劇場・音楽堂等の 57.7％，次いで青少年教育施設の 41.0％、社会体育施設 39.0％の順となっている。指定された団体は、公益法人等 5,648 団体、株式会社 4,551 団体で、これらで指定管理者の約 3 分の 2 を占める。

　表中の丸カッコ内は、指定管理者制度導入翌年の 2005 年の状況を記載したものである。指定管理者・管理委託者の導入施設の割合は 14.3％で、それが

表 5-9　社会教育施設の種類別・指定管理者別施設数（2005 年・2015 年）※

(単位：%)

区分	合計	公民館	図書館	博物館	博物館類似施設	青少年教育施設	女性教育施設	社会体育施設	劇場・音楽堂・文化会館	生涯学習センター
公立の施設数	53,016	14,837	3,308	765	3,528	913	276	27,197	1,743	449
	(56,111)	(18,173)	(2,955)	(667)	(3,356)	(1,320)	(91)	(27,800)	(1,749)	―
うち指定管理者導入施設数	15,297	1,303	516	183	1,096	374	94	10,604	1,006	121
	(8,005)	(672)	(54)	(93)	(559)	(221)	(14)	(5,776)	(626)	増加
割合（%）	28.9	8.8	15.6	23.9	31.1	41.0	34.1	39.0	57.7	26.9
	(14.3)	(3.7)	(1.8)	(13.9)	(16.7)	(16.7)	(15.4)	(20.7)	(35.8)	―

出所：文部科学省（2006、2017）より筆者作成

※管理委託者含む。
注1：「指定管理者」とは地方自治法 244 条の 2 第 3 項に基づき管理者をしている場合をいう。「管理委託者」とは、地方自治法改正前の同法同条項に基づき管理委託している場合をいう。
注2：（　）内は 2005 年度調査の数値。

2015 年には 2 倍に増加していることがわかる。とりわけ図書館の指定管理者割合は、1.8％から 15.6％へと 10 倍近くに膨張した。

　つまり社会教育施設の管理運営は、完全に行政民間複合体の様相を呈しているのである。

(3) 社会福祉施設の保育所のアウトソーシングの状況

　児童福祉施設である保育所のアウトソーシングも、2000 年代初頭から始まった。
　2002 年の財務省「予算執行調査」では、公営の認可保育所の運営費が、国が定める基準の 2.5 倍、株式会社に運営を委託する認可保育所は 1.3 倍であるとしたうえで、「保育所運営費の大部分は人件費であり［中略］実際の配置保育士数が国基準よりも多いことがあるが、最大の要因は、とくに公営保育所の保育士一人当たりの人件費が高いことにある」と指摘し、人件費の抑制、公設民営・株式会社の参入促進を求めた。
　2003 年の地方自治法改正により指定管理者制度が導入されると、保育所の

公設民営化に道が開かれ、地方自治体は保育事業から撤退を始める。

　そして、2004年度からの「三位一体改革」により、公立保育所運営費の市町村に対する国庫負担金が廃止され、支出先が限定されない一般財源としての地方交付税に振り分けられるようになると、保育所運営費、とくに保育所の人件費を削減するために保育士を正規から非正規に切り替え、[4]本来、保育所の経営に使うべき浮いた財源を、別の予算項目に支出していった。

　こうして保育事業から地方自治体は撤退し、その運営は民間団体に委ねられてきている。その状況を厚生労働省「社会福祉施設等調査」により確認してみよう。

　保育所の全体数は、25年間でそれほど増減はない（**図5-5（1）**）。1991年が2万2,668園、2000年が2万2,199園で、少子化の影響で地方を中心に徐々に減り続けてきた。2001年から反転して増加し、2014年には2万4,509園となっている。だが、ボトムの2000年比でも2,310園増えただけで、増加率は15年間で1割程度に過ぎない。つまり、これだけの待機児童が発生しながら、また待機児童ゼロを政策課題として重視しながら、保育所は増えなかったのである。

　ただし、経営形態には大きな変化があった。公営保育所数は一貫して減り

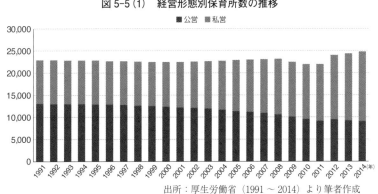

図 5-5（1）　経営形態別保育所数の推移

出所：厚生労働省（1991 ～ 2014）より筆者作成

---

4)　日本保育協会が2007年に実施したアンケート調査では、回答した市の59.4％が人件費部分を圧縮したと回答している。

続けている。公営保育所は1991年に1万3,331園だったものが、2014年には9,312園と7割弱までに減少している。一方、民営保育所はその数を増やし、1991年には9,337園だったものが、2007年には1万1,598園となって公営保育所数を上回り、2014年には1万5,197園となって全認可保育所の62％を占めるまでに至った。

　一方、公営・民営をあわせた保育士数は1991年以来増加し続けている（**図5-5 (2)**）。1991年には専任保育士（正規公務員の保育士と同義）が18万3,819人だったものが、2000年には24万2,787人、2010年には29万3,885人となり、2014年には32万3,494人へと、24年間で約14万人増加（約76％増）した。ただし、保育士数の増加に寄与したのは民間の保育所が主で、同期間に8万3,119人から20万9,084人へと、約12万人、2.5倍も増加させている。

　一方、公営保育所の専任保育士（常勤的非常勤含む）は、1991年に10万700人だったものが2003年には13万399人へと約3万人増加させたのを境に減少し始め、2014年には11万4,410人まで減っている。

図5-5（2）　経営形態別常勤（専任）保育士数の推移

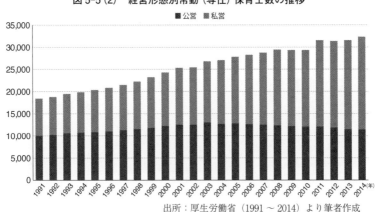

出所：厚生労働省（1991 ～ 2014）より筆者作成

（4）公共サービスのアウトソーシングと業務委託労働者への影響

　2001 年以降の保育行政は、待機児童対策といっても、認可保育所を増やすことなく、むしろ既存施設の受け入れ人数を拡大する形で進められてきた。その結果、定員拡大分に対応する保育士を確保する必要性に迫られたが、公営保育所では正規保育士を非正規保育士に置き換えることにより人件費を削減し、あわせて保育園そのものの経営を民営化することで、同施設で働く保育士の賃金を国が定める公定価格の範囲内に抑制してきたのである。

　民間の保育園に勤務する保育士の賃金・労働条件が劣悪なのはここに原因がある。正規職として働いていたとしても、その給与水準は、著しく低く、保育業務に内在する責任の重さ、リスクの範囲に比べて、著しくアンバランスである。

表 5-10　公共サービス分野労働者の平均月例給（2018 年）

全産業平均	33 万 6,700 円	看護師	33 万 1,900 円
ケアマネジャー	25 万 7,600 円	調理師	25 万 3,700 円
保育士	23 万 9,300 円	福祉施設介護員	22 万 6,300 円
ホームヘルパー	22 万 6,200 円	用務員	21 万 2,200 円

出所：厚生労働省（2018）より筆者作成

　そもそも業務委託は、厳しさを増す地方財政を背景として始まった。したがって、もとより委託費を安く抑えることを前提としている。そしてそのしわ寄せは、従事労働者への賃金へと跳ね返っていった。

　対人サービス分野の職種別一般労働者の平均月例給与額（税引き前）を厚生労働省の「賃金構造基本統計調査（2018 年）」から抽出すると、以下のようになる（**表 5-10** 参照）。

　保育士は、全産業平均より 10 万円低く、福祉施設介護員、ホームヘルパーも 11 万円も低い。これらの職種は、税金や社会保険料が投入される分野であり、あまりにも低水準の処遇であることから人材不足に陥っている。待機児童問題が解消しないのは、こういったところに原因がある。さらに、保育分野

における公共セクターの民営化は、「公共セクターを通じてケアワークの労働力編成に対するジェンダー変革的な規制力を放棄」（萩原 2017：74）したことにもつながっていった。

　また少ない財源措置にもかかわらず、公共サービスを受注したい企業の参入が促進されたことから、採算性を無視したダンピング受注が誘発されてきた。その結果、東京都港区公共賃貸住宅「シティハイツ竹芝」エレベーター事故（2006年6月3日）5) や埼玉県ふじみ野市プール事故（2006年7月31日）6) のような死亡事故が発生するなど、公共サービスの劣化が進行している。

6　おわりに
——何をなすべきか

　日本の公共サービス従事者の雇用劣化は著しい。その結果、公共サービスそのものが劣化してきている。

　1980年代以降、新自由主義イデオロギーを背景としつつ、企業経営で蓄積されてきたノウハウを公共部門の管理・経営に適用したNPM（New Public Management）に基づく行政改革が、先進諸国において広く実施されるように

---

5)　エレベーターの保守管理を受託した企業が、事故発生4年前の受託金額の約4分の1の金額でダンピング受注した結果、充分な管理・点検が行われず、高校生をドアに挟んだままエレベーターが上昇したために発生した死亡事故。東京地検は、2009年7月、業務上過失致死罪で製造元の当時の幹部や、事故当時に保守点検を担当していた保守点検会社の社長ら計5人を在宅起訴（書類送検）した。

6)　ふじみ野市から管理委託を受けていた会社が、下請け業者にプール管理業務を丸投げし同下請企業が雇用するプールの監視員には研修や指導も行われず、泳げない監視員も多数いたなかで発生した事故。蓋が外れていた給水溝に当時小学生だった少女が吸い込まれた。受託業者は清掃業者で、プールの管理運営を業務としていなかった。2007年6月8日、さいたま地検は、ふじみ野市体育課長と管理係長の2人を業務上過失致死罪で在宅起訴し、さいたま地裁は、2008年5月27日、体育課長に禁固1年6か月・執行猶予3年、同管理係長に禁固1年・執行猶予3年の判決を言い渡した。発注者であるふじみ野市の責任が重くみられた事例。

なったが、今日の公務労働と公共サービスの劣化は、この「NPM型行政改革が結果として政策の失敗に帰着」（西岡 2017）したことを示している。

　もはや人々の格差と分断をもたらす新自由主義的イデオロギーに基づく政策は、立ち行かない。

　では、建て直すためには何をなすべきか。そのモデルは、「労働尊重特別市」を掲げるソウル市にある。

　ソウル市の総合的・体系的な労働政策では、市の役割は以下の3つに整理されているようだ。

　第一は、「事業主としてのソウル市」である。ソウル市では非正規労働者の正規化を積極的に進め、まず、市が直接雇用する非正規公務員全体の3分の1にあたる約1,400人について、2012年5月～2013年1月にかけ、無期転換措置を実施して正規化した。日本と異なり、韓国の場合、非正規公務員にも日本の労働契約法18条と同様の措置が適用され、勤続3年目以降は無期雇用転換することになっているため、ソウル市はこれを実行したのである。あわせて、市が業務委託に出していた清掃や警備といった業務を再直営化し、2013年から5年かけて約6,000人の労働者の無期転換・正規化を進めた。さらに2017年には、劣悪な労働条件で従業員を働かせてきた民間企業（茶山コールセンター）を公社化（半直営化）し、従前の企業の従業員を同公社で継続採用することによって、劣悪企業の排除と従業員の労働条件の改善を図った。

　第二は、「地域最大の経済主体としてのソウル市」である。ソウル市は「生活賃金水準に基づく質の高い公契約規整」を積極的に進め、生活賃金条例を制定した。ソウル市が先鞭をつけた結果、韓国の95自治体（全体の約3分の1）が生活賃金条例を制定した。

　第三は、「労働政策主体としてのソウル市」である。

　その1つの事例は、「感情労働従事者の権利保護などに関する条例」の制定で、当条例では、電話でセクハラや暴言にあたるようなことを言ってきた相手に対し、それは暴言であると断ったうえで、電話を切る権利を保障し、そのことで客からクレームがあっても責任は問われないとしている。条例はまた、暴言等によってメンタルヘルスの病気を発症する者が出た場合、その治

癒のための環境づくりを使用者の責任としている。

　第二の事例は、失業状態にある若年者への「青年手当」の支給である。ソウル市では、就職活動に供するとして、日本円にして月5万円の「青年手当」を半年間支給している。

　第三の事例は、劣悪企業対策の一環として、「アルバイト青年の権利保護及び労働環境の改善のための共同協力協約書」の締結を進めている。すでに外食産業の業界団体の会長と市長との間で同協約書を締結し、業界加盟飲食店にはモデル労働条件通知書を配布している。こうして市は一切費用をかけることなく、劣悪企業を排除し、ソウル市というブランド力を使って良い企業だけを残すことに取り組んでいる。

　日本には、ソウル市のような労働尊重という思想も政策も稀有なものとしてしか存在しない。その結果、官製ワーキングプアといわれる状況が放置されている。

　政府機構は、さまざまな意味で、模範を示す存在だ。その率先垂範すべき国・地方の政府での官製ワーキングプアの放置は、「ワーキングプア問題の解決に政府が消極的であるというメッセージとして官民の非正規雇用の増大を促し、それによって中長期的には個人消費の冷え込みや貧困など地域経済にマイナスとなる危険もある」との警告は、いまは現実味を帯びているといわざるを得ない（西村 2018：16-17）。

　そうなると、定員削減によって得られた人件費削減のメリットは、それ以上のデメリットで打ち消されかねない。

　日本でも、ソウル市のような総合的労働政策の取り組みを、地方自治体レベルで進めることが求められているといえよう。

参考文献

大森彌（2015）「自治体の現場と職員の現状」『都市問題』（106）2015 年 10 月。

スタインモ、スヴェン　山崎由希子訳（2017）『政治経済の生態学――スウェーデン・日本・米国の進化と適応』岩波書店。

西岡晋（2017）「政策実施過程の構造的文脈―― NPM 型行政改革と政策失敗の因果的連鎖」『公共政策研究』（17）。

西村美香（2018）「転換期を迎えた地方公務員の定員管理」『地方公務員月報』（656）2018 年 3 月。

萩原久美子（2017）「保育供給主体の多元化と公務員保育士――公共セクターから見るジェンダー平等政策の陥穽」『社会政策』8（3）、2017 年 3 月。

前田健太郎（2014）『市民を雇わない国家――日本が公務員の少ない国へと至った道』東京大学出版会。

厚生労働省（1991-2014）「社会福祉施設等調査」。

――――（2016a）「平成 28 年賃金構造基本統計調査」。

――――（2018）「平成 30 年賃金構造基本統計調査」。

――――（2016b）「毎月勤労統計調査平成 28 年分結果確報」。

総務省（2005）「地方公共団体における行政改革の推進のための新たな指針の策定について」（総行整 第 11 号、2005 年 3 月 29 日、総務事務次官）。

――――（2009）「地方公務員の短時間勤務の在り方に関する研究会報告書」。

――――（2012）「臨時・非常勤職員に関する調査結果について（平成 24 年 4 月 1 日現在）」。

――――（2016）「地方公務員の臨時・非常勤職員に関する実態調査の概要（平成 28 年 4 月 1 日現在）」。

――――（2017）「平成 28 年地方公共団体定員管理調査結果（平成 28 年 4 月 1 日現在）」。

――――（2019）「地方公務員給与実態調査結果（平成 30 年 4 月 1 日現在）」。

――――（2019）「平成 31 年地方公共団体定員管理調査結果（平成 31 年 4 月 1 日現在）」。

文部科学省（2006）「社会教育調査報告書（平成 17 年度）」。

――――（2017）「平成 27 年度社会教育統計（社会教育調査報告書）の公表について」。

OECD（2015）'Government at a Glance 2015'

――――（2019）'Government at a Glance 2019'

World Economic Forum（2017）'The Global Gender Gap Report 2017' Table 3：Global rankings, 2017

第 6 章

韓国における非正規職の正規職化の成果と示唆点
——公共部門の経験を中心に

チョンフンジュン

はじめに

　本章は、韓国の公共部門での非正規職の正規職化を、日本に紹介するために執筆したものである。したがって、本章の目的は、韓国政府が主導している良質な雇用政策が公共部門でどのようにして可能になったのか、どのような成果をあげたのか、今後の課題は何なのかを日本の読者と共有することである。

　全世界的に経済危機が繰り返されながら、コスト削減のための労働柔軟化が多くの国でみられる。労働柔軟化の方法の一つとして非正規労働者の活用が目立つが、OECDのなかでもスペイン、韓国、日本などが非正規労働者を多く活用している国として知られている。とくに韓国の場合、非正規労働者の活用において2つの特徴がある。1つ目は、正規労働者と非正規労働者の間の賃金格差が大きい差別的な労働市場であるため、非正規労働者の活用が多くなればなるほど所得格差が発生するという構造だ。2つ目は、非正規雇用の形態が多様であるため、規制が難しいという点。韓国の非正規労働者は請負やパートタイム労働者だけでなく、契約社員と特殊雇用労働者、派遣労働者など多様であるため、特定の形態の非正規労働者を政府が規制すると、企業はそれとは異なる形態の非正規労働者を活用する慣行が発展してきた。例えば、契約社員においては、2年間しか雇用できないよう規制すれば、契約社員を正規雇用へ転換できるように規制しても、契約社員の代わりに契約社員が担当していた業務を請負に外注化するといったやり方だ。

　このような2つの特徴は、非正規労働者の規模に対して社会的関心を引き起こしたものの、一方では非正規労働者を減らそうとしても現実には困難な阻害要因を作り出しもした。例えば、正規労働者と非正規労働者の間では賃金格差が大きく、正規労働者を直接雇用をしようとするとかなりの費用がかかるため、使用者側にとって正規労働者を直接雇用しようとするモチベーションは低かった。実際、政府は、2007年に非正規職保護法を改正し、非正規労働者の規模を減らそうとしたが、結果的にそれほど大きな成果を得ることはできなかった。例えば政府は、2007年に増加する非正規労働者を減らすために、契約社員（期間制※訳注1）の雇用期間を2年に制限して、2年を超過した場合は直接雇用するようにしたが、実際には非正規労働者が減るという効果は大きくなかった。これは、直接雇用の義務が生じる2年になる前に契約社員を解雇して、再び異なる契約職を採用したためである。ただし、公共部門では2年になる契約社員に対しては、審査を通じて無期契約職[1]として正規職化した。

　　※訳注1：期間制雇用とは、日本の有期雇用にあたる。

　2017年、市民の「ろうそく革命」で当選した文在寅政権は、公共部門から非正規労働者の正規転換を通じて労働市場の差別をなくそうとした。これにより、2017年から2020年まで、公共部門では非正規労働者の正規職化が政府主導で推進され、約20万人が正規職に転換された。

　本章は、韓国の公共部門で試みられた非正規職の正規職化政策を評価して、示唆点及び、限界が何であるかを明らかにするのが目的である。このために、公共部門における非正規労働者の現況を考察し、次に公共部門の非正規労働者の正規職化が推進された社会的背景を分析する。そして、公共部門の正規職化政策の具体的内容を見た後、それについて評価を行い、最後に、政府政策の成果が何であるのかを検討して、示唆点及び限界を分析した。

---

1)　無期契約職は、雇用を保障（期間の定めがない雇用契約）するが、既存の正規雇用とは異なる賃金及び職級体系だ。大部分の非正規労働者の正規職化は、非正規労働者が正規雇用と採用過程などが異なるため、既存の正規職に編入するより別の職群である無期契約職として直接雇用する方法をとってきた。

1　公共部門の非正規労働者の現況と政府の正規職化推進の背景

　韓国の非正規労働者は 2000 年代以降、着実に増え、統計庁の集計によれば全体賃金労働者の約 33％前後を維持している。ただし、非正規労働者についての統計は、政府と民間研究所の間で約 10 ポイントの差があるが、これは非正規労働者の概念をどのように規定するのかによって生じる差である。例えば、雇用契約期間に定めはないが、いつでも解雇が可能な場合、民間研究所は非正規職の 1 つの類型である臨時職として区分するが、政府は雇用契約の期間が決まっていないという理由により、正規雇用として区分する。

　韓国における増大した非正規労働者の高止まり現象は、単に民間部門にだけ局限されたものではない。公共部門の非正規労働者でも同様で、公共部門の非正規労働者を見た**図 6-1** にもよく表れている。ここで公共部門というのは中央行政機関、地方自治体、公共機関、地方公企業、教育機関を意味する。韓国全体の公共部門の非正規労働者の規模は 2017 年 34 万 9,430 人で、政府の集計が始まった 2012 年と比較すると、若干減少したが再び増え、2012 年とほぼ差は見られない。また、2007 年の政府の実態調査によると、公共部門の非

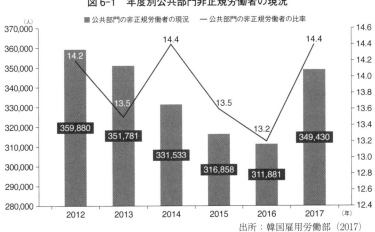

図 6-1　年度別公共部門非正規労働者の現況

出所：韓国雇用労働部（2017）

正規労働者は31万1,666人で、全公共部門の労働者の20.1％を占めており、2016年と同じ規模だ。

2000年代半ばから非正規労働者が増え続け、政府は2006年に初めて公共部門の非正規労働者の正規職化を推進した。注目すべき事実は、公共部門の非正規労働者は、2006年から始まった公共部門の正規職（無期契約職）化の転換政策にもかかわらず、実際の規模は、**図6-1**に見るようにそれほど減っておらず、むしろ2017年には増えているという点だ。このような結果は3つの原因から解釈することができる。1つ目は、公共部門の契約職労働者の無期契約職への正規職化以降、空いた働き口に再び契約職を続けて採用した可能性だ。しかし、この可能性はそれほど大きくはない。業務を行った人がそのままいるのに契約職を大勢採用する必要が大きくないためである。

2つ目は、契約職の正規職転換が予想されたほど多く行われなかった可能性である。実際、政府は、契約職を無期契約職である正規労働者に転換するとき、さまざまな条件をつけて規模を抑制した。**図6-2**の政府資料によると、勤続1年6か月以上である契約職の正規労働者への転換比率が2012年27.9％から少しずつ減少し、2016年末には、わずか16.8％しか正規労働者に転換しな

図6-2　勤続1年6か月以上の正規雇用転換比率

出所：韓国雇用労働部（2017）

かった。それにもかかわらず、2007 〜 16年まで約10年間で20万人ほどの非
正規職が正規労働者に転換された。

　3つ目は、期間制雇用（有期雇用）の無期契約職への転換で契約労働者は減
少したが、代わりに、派遣・請負などの間接雇用労働者が増えたという可能性
だ。この可能性が相対的に高いと考えられるが、それは、民間部門でも契約職
が減る代わりに派遣、請負のような間接雇用が増えたためである。本研究で
の分析結果は3つ目の可能性を支持する。**図6-3**は公共部門の直接雇用（パー
トタイム労働者と契約職労働者）と間接雇用（派遣社員と請負）の比率を表し
たものだ。図のように直接雇用は着実に減っている反面、派遣・請負などの間
接雇用はむしろ増えていることが確認できる。このような結果は、公共部門
においても、契約職などの期間制は多少減少したが、派遣・請負は増えるとい
う非正規労働者活用の風船効果[2]が存在することを意味する。

　韓国における公共部門の非正規職の正規職化政策は、2006年末の政府政策

図6-3　年度別公共部門直接雇用と間接雇用の比率

出所：韓国雇用労働部（2017）

---

2)　風船効果とは、多様な非正規職類型の中で、規制が集中する1つの類型（期間制）が
　　減ると、異なる類型（請負等）が増え、非正規労働者自体の総規模は変わらないこと
　　を表現する言葉である。風船の片側を押すと、その部分はへこんでいくが、他の側が
　　飛び出てくる姿にたとえたもの。

樹立以降、持続的に行われてきた。最初の非正規職の正規職化を推進した政府は、盧武鉉政権（2002 ～ 06年）であったが、李明博、朴槿恵などの保守政権（2007 ～ 17年）でも持続的に進められてきて、文在寅政権（2017年〜現在）ではより一層強化された。文在寅政権が公共部門での非正規労働者の正規職転換を主な労働政策として推進した背景は次の通りだ。

　1つ目は、雇用の質的変化を要求する韓国の社会・政治的状況が反映されたためである。現代社会では、良質な雇用（Decent Work）に対する関心と要求は絶えず存在してきた。しかし、良質な雇用を作るためには、政府だけでなく民間企業、そして社会的な雰囲気も重要であるため、政府の努力だけでは良質な雇用を作ることが難しいのも事実である。ただし、公共部門では政府がまさに使用者であるため、国民的な同意があるのならば、政府が雇用政策を主導的に推進できる。そしてまた、非正規労働者および労働組合の要求も強かった。これに対し、文在寅政権は執権初期に、最低でも公共部門では常時・持続的な雇用に非正規労働者を使わず、正規職に転換しなければならないという確固たる意志と具体的な計画を持つようになった。このような理由で、文在寅政権は政府政策の1号として、公共部門での非正規労働者の正規職化政策を推進すると発表し、2017年5月から本格的に推進して2020年の現在まで持続している。

　2つ目は、公共部門での非正規職の正規職化が、文在寅政権の「労働尊重社会」の実現、「所得主導成長」など、国政哲学の基本的な方向と一致する政策であったためである。文在寅政府は2017年の国政哲学として、「労働尊重社会」と「所得主導成長」を標榜した。「労働尊重社会」は、労働が過度に蔑まれ、労働者の権利が無視されるといった間違った文化を正し、労働が尊重される社会の雰囲気を作ろうとすることを目標とした。そのために政府は労働組合に対する経営者の不当労働行為を止めようとした。一方、「所得主導成長」は、所得の増加を通じて消費を増やし、これによって経済成長を成し遂げようとするもので、代表的な政策の1つが最低賃金の引き上げであった。当時、労働組合では「1時間当たりの最低賃金1万ウォン」を主張しており、文在寅政権は

これを3年以内に推進するという公約を掲げた。[3]政府の非正規職の正規職化政策の目的は、公共部門で良質な雇用を作ることであるので、労働尊重および所得主導成長の政策とも緊密に連携していた。このような側面から、2017年から現在まで着実に推進することができたのである。

2　公共部門での正規職化の内容と具体的な推進方法

(1) 歴代政権の公共部門の正規職化政策

　公共部門非正規職の正規職転換は、盧武鉉政権以降、持続的に行われてきた政策だが、歴代政権間で転換規模や転換対象、推進方法、推進体系などで多くの違いが存在している。今回の正規職転換政策の開始前まで、正規職転換と関連した歴代政権の対策の主要内容を見てみると、公共部門の正規職化政策の基本的な枠組みは、2006年に盧武鉉政権で作られた。2006年の盧武鉉政権の総合対策では、常時持続業務に従事する期間制労働者を無期契約職に転換することと、核心／周辺業務の区分による外注化対象業務の選定原則の樹立、清掃・警備などの単純労務に対する市中労賃単価の適用などの内容を盛り込んでいた。**表6-1**は、2006年8月に発表された公共部門の正規職化の基本方向だ。

　2006年に盧武鉉政権によって推進された正規職化の内容の核心部分を見ると、公共部門に2年以上雇用された契約職労働者のなかで、常時・持続的な業務をしている契約職（期間制）労働者を期間の定めのない正規雇用へ転換することであった。ただし、既存の正規労働者の職級や賃金体系に変えるのではなく、これまでの契約職の賃金水準を維持しつつも雇用を保障する方式の無期契約職に転換した。これに対して労働組合の一部では、報酬などの処遇

---

3)　文在寅政権1年目である2018年の最低賃金は16.4％上昇し、2年目である2019年には10.9％引き上げられたが、急激な最低賃金の引き上げに対する批判を受け、2020年の最低賃金は2.87％の引き上げに留まる8,590ウォンに決定され、政府は3年間で最低賃金1万ウォン達成の公約を守ることができなかったことを謝罪した。

表6-1　正規職化の基本方向（2006年）

①契約期間を反復更新して期間制を使用する常時・持続的業務は原則的に期間の定めがない労働者が担当する。
②賃金、その他の労働条件などで不合理な差別要因を解消する。
③行政指導、点検などを通して違法、あるいは脱法的な非正規労働者の使用を防止する。
④合理的外注化原則を確立し、外注労働者の基本的労働条件を守る。

出所：韓国雇用労働部（2017）

が大きく改善されず、「模様」だけの正規雇用転換だという批判があったが、政府は雇用が定年まで保障されるという側面から正規職化と命名した。このような政府政策によって、公共機関に非正規職から転換された無期契約職労働者はその規模が持続的に増えていった。2016年現在、公共部門の無期契約職労働者の規模は21万1,950人で、全公共部門正規労働者の13.8％を占めている。**表6-2**は、2016年の公共部門の全体の人員現況を表したものだ。

　公共部門の契約職といっても、全てが無期契約職への正規職転換がなされたわけではなかった。**表6-3**は、2006年当時の除外事由を明示したものである。内容を見てみると、専門的知識や技術の活用が必要な場合、正規労働者の欠員で一時的に仕事をする場合、そして研修生などの研修過程にある場合な

表6-2　公共部門での雇用形態別人員現況（2016年）

	総人員	正規労働者	（無期契約職）	期間制	派遣・請負	民間委託
中央省庁	310,982	290,094	（20,582）	13,295	7,593	25,132
地方自治体	401,647	350,637	（52,939）	40,424	10,586	121,319
公共機関	431,760	318,573	（24,676）	40,134	73,053	45,244
地方公企業	70,055	55,429	（9,466）	8,759	5,867	2,284
教育機関	634,109	521,932	（104,287）	88,621	23,556	1,757
合計	1,848,553	1,536,665	（211,950）	191,233	120,655	195,736

出所：総務処（2017）より筆者作成

注1：総人員は民間委託除外。
注2：民間委託の規模は2018年の現況。

表 6-3　公共部門での正規職化（契約職の無期契約職転換）除外事由（2006 年）

①専門的知識・技術の活用が必要な場合

②社会的に合理性が認定されている該当職種（教授、医師等）が固有な制度によって、期間制労働形態で契約する場合

③休職・出向などで欠員が発生し、該当の労働者が復帰する時までその業務を代わりに行う必要がある場合

④助教・研修生など、研修課程にいる人材を使用する場合

⑤高齢者雇用促進法 2 条、第 1 項の規定により高齢者を使用する場合

⑥政府の福祉・失業対策などによる仕事の提供によって人材を使用する場合

⑦周期的に業務量の増減があるときに、業務量が増加する期間の最少人員を期間制労働者で使用する場合

⑧構造調整の計画が確定されている場合に、既存の期間制労働者を一時的に使用する場合

⑨その他、これに準ずる事由で社会的に合理性が認められる場合

出所：韓国雇用労働部（2017）

どは、無期契約職への転換が行われなかった。

　盧武鉉政権（2002 ～ 07 年）以降の政権は大体、盧武鉉政権で樹立された正規職化政策を継承してきた（チョドンムン他、2017）。例えば、李明博政権で第 2 次の正規職転換を推進し、2 万 2,069 人が転換され、朴槿恵政権でも正規職転換は着実に推進されてきた。ただし、2006 年から推進された公共部門の正規職化政策は、非正規職の正規職化という成果にもかかわらず 2 つの批判的問題提起が存在した。1 つは、常時・持続的な業務を遂行する公共部門の契約職は、正規職化を推進することを原則としたが、前に見た通り、契約職中の 20％前後だけが正規職に転換されたという点だ。このような結果は、転換過程で審査を通じて多数を排除したせいで生じた。そして、もう 1 つの問題提起は、既存の正規労働者との間に賃金などを含む労働条件の差別があったのだが、正規職に転換された場合、別途の賃金体系の適用を受けるために、既存の正規労働者との賃金格差が大きかったという点だ。**表6-4**は、2015 年当時、公共部門での雇用形態別の月平均賃金を比較したものだ。表が示すように、非正規職から正規職に転換された無期契約社員の月平均賃金は、期間制より

は多いが、正規職の賃金の56％に過ぎないことがわかる。

表6-4　地方公共機関（地方広域自治体、教育庁、地方公企業）の雇用形態別月平均賃金比較（2015年）

区分	金額	相対比率
正規労働者	4,379,215 ウォン	100.0％
無期契約職	2,450,424 ウォン	56.0％
期間制	1,956,634 ウォン	44.7％

出所：チョドンムン他（2017）
注：17の地方広域自治体、17の市・道教育庁、40の公企業等74個の公共機関。

(2) 文在寅政権の公共部門での正規職化政策の特異性

　2017年5月に朴槿恵大統領が弾劾された後に当選した文在寅政権は、その年の7月20日、公共部門での非正規職の正規職化のガイドラインを発表し、政府の核心的な政策として公共部門での正規職化を推進した。まず政府のガイドラインには、公共部門の正規職転換についての5大原則が含まれていたが、5大原則は2006年にも含まれていた常時・持続的な業務の正規職転換の他に、十分な労使協議によって自律的な推進、先雇用安定 後処遇改善の模索、国民負担の最小化、および正規労働者との連帯、国民的共感帯形成を通じ

表6-5　公共部門における非正規職の正規職転換の原則（2017年）

①常時・持続的な業務は正規職に転換
②十分な労使協議を土台にした自律的な推進
③雇用安定 → 差別改善 → 雇用の質の改善など段階的な推進
④国民の負担の最小化
⑤正規労働者と連帯して推進
⑥国民的な共感帯形成を通じた持続可能性

出所：韓国雇用労働部（2017）

た持続可能性などが追加されている（**表6-5**参照）。

　文在寅政権の公共部門での正規職化は、以前の政府の政策と異なる部分が多かった。その内容を見ると、第一に、推進方法において、政府の一方的な推進ではなく、十分な労使協議を強調した。ここで「労」とは、転換対象になる労働者を意味する。以前の公共部門の正規職化政策は、政府が政策を発表し、原則にしたがって政府が推進し、転換対象の労働者や労働組合などの参加は原則的に排除されていた。例えば、過去には、政府が正規職の転換政策を推進する場合、個別の公共機関は正規職転換審議委員会を構成し、そのなかで、正規職転換対象者を選定する方式であった。しかし、2017年に施行された公共部門正規職化政策は、労働組合の参加を強調した。とくに、請負と派遣労働者の正規職転換は労使だけでなく、専門家が参加する「正規職転換労・使・専門家協議体」を構成し、ガイドラインを参照しながら、転換対象および転換方法、処遇などを議論するようにした。これを図で表したのが**図6-4**だ。

図 6-4　2017 年の前と後の正規職転換推進方法

出所：筆者作成

　2017年の労・使・専門家協議体が導入されて、専門家が重要な役割を担うことになった。派遣・請負の場合、労働者代表を選定し、労・使・専門家協議体に参加し、正規労働者の労働組合も参加した。したがって、労・使・専門家協議体は、正規労働者の労働組合、非正規労働者、公共機関などの利害当事者の衝突が頻繁に起きうるので、専門家が一緒に参加し調整と仲裁の役割、および政府のガイドラインについて解釈する役割を担当した。

　第二に、正規職転換の規模を拡大するために多様な政策を導入した。2017年に推進された正規職換政策は、可能な限り多くの非正規労働者を正規職に

転換することが目的であったため、以前よりも転換対象者を増やし正規職転
換の条件を緩和した。まず、期間制だけでなく、常時・持続業務をする派遣・
請負労働者も含めるようにした。公共部門の派遣・請負労働者はその規模が
12万655人に上るほどであった。また、常時・持続業務の基準も緩和された。
過去の期間制の転換対象は、1年のうち10か月以上継続して働かなければな
らず、過去2年以上持続的に働き、今後2年以上、働き続けることが予想され
る場合だった。しかしながら、2017年の政府のガイドラインによると、転換
基準が1年のうち9か月間働き、今後2年以上持続されると予想される場合、
正規職転換を推進することに変えた。最後に、国民の生命・安全と関連する業
務であれば、期間制であれ、派遣・請負であれ、正規職への転換が行われ、正
規職が直接遂行することが含まれた。期間制と派遣・請負ではない民間委託
についても、各機関で適性を評価し自律的に正規職転換を推進するようにし
た。結果的に2017年以降、正規職転換者が大きく増えていった。つまり、**図
6-5**に見るように、2016年まで正規職転換の累積規模は20万7,317人であっ
たが、2019年7月には38万7,581人へと大きく増えたことが確認できる。

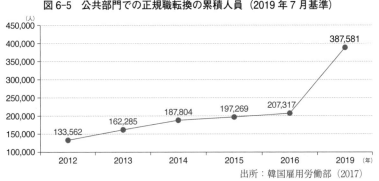

図6-5　公共部門での正規職転換の累積人員（2019年7月基準）

出所：韓国雇用労働部（2017）

表6-6は、2017年を境にして、政府の政策の違いを表したものである。既
存の正規職の転換対象機関は、中央政府と地方自治体、公共機関と地方公企
業、そして国公立の教育機関に制限されていたが、文在寅政権での対象機関

は、地方自治体の出捐及び出資機関を含め、公共機関と地方公企業の子会社、そして民間委託機関にまで範囲を拡大した。

　このようにこれまでの政権と現政権の正規職転換基準の違いが格段に大きい理由を検討してみると、第一に、これまでも公共部門の非正規職を正規職化し続けてきたが、転換規模などの効果が大きくなかったという反省に基礎をおいていたため。第二には、間接雇用分野に集中している派遣と請負形態の非正規職が事実上、常時継続的な業務に多く含まれているのにもかかわらず、形式的に請負会社を変更して既存の勤務者を雇用し続けるといった、便法的な要素が広範囲に活用されている実態をこれ以上放置することができないという判断によるものである。

表 6-6　2017 年以前と以後の正規職転換基準の比較

区分		基準	改善案
転換対象機関		中央政府 地方自治体 公共機関 地方公企業 国公立の教育機関	中央政府 地方自治体 公共機関 地方公企業 国公立の教育機関 地方自治体の出捐・出資機関 公共機関・地方公企業・子会社 一部の民間委託機関
転換対象労働者		期間制労働者	期間制労働者 派遣・請負労働者
転換基準	常時・持続判断基準	1 年で 10-11 か月以上継続勤務 ①過去 2 年以上継続勤務 ②今後 2 年以上勤務すると予想される者（①＋②）	1 年で 9 か月以上継続勤務 ①削除 ②今後 2 年以上勤務すると予想される者
	転換例外事由	人的属性による事由 高齢者と労働契約を締結する場合など、6 件の事由 業務／職務の特性による事由 休職・派遣業務の代替者など 11 件の事由	人的属性による事由 60 歳以上の高齢者など、2 件の事由 業務／職務の特性による事由 休職代替などの補充的な勤労など 5 件の事由
転換手続き		正規職転換の基準に基づき、機関自体の判断によっての転換	（期間制）転換審議委員会 （派遣・請負）労使および専門家の協議を経て転換 →コンサルティングチームの支援
無期契約労働者の処遇改善		ボーナス 80-100 万ウォン 福祉ポイント 30 万ウォン	無期契約労働者の定員管理（条例・訓令・規定） 名節ボーナス、福祉ポイントの支給 差別のない食費支給 期間制を経ずに正規職として雇用 常時持続業務の新設、欠員時には正規職を雇用

出所：韓国雇用労働部（2017）

3　韓国の公共部門における正規職化の成果と示唆点

　韓国の公共部門での正規職化政策の妥当性の側面と、政策推進過程のすべてを明らかにする必要がある。まず、政策妥当性の側面において公共部門での正規職転換がどれだけ妥当な政策だったのかを評価してみると、公共部門の正規職化は、韓国社会が直面した労働市場の二重的な差別構造を部分的に解消するのに一定部分、寄与したといえよう。来るべき生産人口の減少に対応するためには、良質な雇用を創出できる構造が重要であるが、公共部門での正規職化政策は、常時・持続的な業務は正規職業務とすることが望ましいということを示したからだ。また、模範的な使用者としての政府の役割は、良質な雇用を保障し、これを民間部門に拡張することであるのに、政府自らが公共部門において非正規職を乱用してしまうのなら、民間部門に正規職としての雇用を増やして、非正規職の活用を抑制するよう勧告することが難しくなるためだ。

　次に、政策の原則と内容を評価すると、第一に、常時・持続的業務を正規職に転換するという原則は比較的忠実に守られた。期間制だけでなく派遣・請負などに至るまで常時・持続性を基準に正規職転換を推進し、その結果、当初からの目標である正規職への転換規模（205万人）を無理なく達成したからである。

　第二に、派遣・請負の転換過程で、労使合意を土台にして自律的に推進したことにも意味があった。派遣・請負の正規職化を論議する労・使・専門家協議体は、決められた結論より最大限ガイドラインを尊重して自律的に議論し、正規職への決定関連の方式と処遇などを決定する論議の場であった。ただし、議論の過程で使用者側の交渉力が強く、使用者側主導で議論されたところも多数存在し、これに対する統制が現実的に難しいところもあったが、全般的に労使間が共に行った政策であったという点で意味があった。しかし、民間委託の正規職化の場合、1、2段階で別途、労使自律交渉ではなく機関の政策的決定を基盤にして、労働者の意見を聞くことすら最初からしなかったという労働界の批判が存在した。

　第三は、国民負担の最小化である。正規職との連帯原則関連の公共部門における正規職転換によって費用は追加的な確認が必要であるが、国民の負担が大幅に増えた状況は報告されなかった。これは、正規職転換者の賃金体系を標準賃金体系に誘導したためである。それにもかかわらず、正規職への転換以降、労働者の人件費が総じて引き上げられたが、これは福祉ポイント、名節の休暇費、食費といった福利厚生の3つのセットを転換過程で一括して適用したからである。また、転換過程で請負会社に与えた一般管理費と利潤を処遇改善に活用することを政府が要請したので、ある程度は反映された結果でもあろう。したがって、正規職転換によって費用増加があったが、国民の負担を最小化しようとする原則は維持されていたと評価することができる。

　第四に、非正規職の正規職化を推進する過程で正規労働者との連帯を肯定的に評価するのは難しい。一部の機関で、正規労働者は非正規職の直接雇用に賛成したが、多数の機関で正規労働者は非正規職の正規職化に消極的な態度を見せ、一部の正規労働者の労働組合は、非正雇労働者の直接雇用に反対したりもした。その理由は大きく2つある。1つは、非正規労働者は既存の正規労働者と入職経路（採用手続き等）が異なるため、同一処遇を受けることは不当だということである。もう1つは、非正規労働者が直接雇用される場合、福利厚生などが低下する可能性が高いという憂慮があったからだ。とくに、正規労働者より非正規職の転換規模が大きい場合、正規労働者は非正規職の直接雇用に反対する立場を明らかに取り、この場合、使用者側は直接雇用の代わりに子会社を通じた正規職化を代案として提示した。

　今回の公共部門での正規職化はさまざまな成果があったが、今後の政策推進時に考慮しなければならない多様な示唆点も残した。第一に、政府は国民の生命・安全にかかわる業務を直接雇用とするという原則を提示したが、どのような業務が国民の生命・安全に関わる業務なのかをめぐって多様な解釈と対立が発生し、少なからず混乱を招いた。ガイドラインでは「生命・安全に関わる業務の判断基準に対する社会的な合意が成り立っていない状況で、生命・安全関連業務の具体的な範囲は、機関別の労使、および専門家による協議、他の機関での事例、業務の特性などを参照し、機関で決定する」と提示し

た。しかし、空港、病院、鉄道、発電など公共サービスの性格が強い公共機関の請負業務に対して、どこまでが国民の生命・安全と関連しているのかをめぐって、労使間の立場の違いが大きく、結果もまちまちであった。例えば、ソウル大学病院では長い議論の末、直接雇用をすることに合意し、仁川国際空港の場合、消防及び保安警備業務（約3,000人）を直接雇用することにし、施設および運営、環境美化は子会社に転換することにした。鉄道の場合も、国民の生命・安全に関する業務は直接雇用することにしたが、具体的な履行は延期されたため、2019年のストライキなどの対立が発生したりもした。発電会社5社の場合、燃料運転と通常整備などについて労・使・専門家協議体の合意が行われずにいる。このように国民の生命と安全に関する業務について労使間の認識の違いが発生し、これに対する社会的基準も整備されておらず、機関別に混乱が起こった。国民の生命・安全関連業務の直接雇用はこれからも重要な議論のテーマで、今回の正規職化をきっかけに国民の生命・安全関連業務に対しての基準が整備されなければならないと考えられる。

　第二に、公共機関は直接雇用の代わりに子会社方式の転換を選好したが、子会社自体が問題というよりは、子会社への転換決定過程及び具体的な運営方法に対するきめ細かな計画不足が問題であった。政府はガイドラインを通じて、機関の状況によって子会社を設立することができるようにし、雇用安定のために随意契約を締結できる法的根拠を準備した。また、親機関の特性、組織規模、業務特性などを総合的に考慮し、子会社の専門的業務遂行を奨励し、経営及び人事管理を体系化する必要があると提案したこともある。しかし、政府が提示した、「望ましい子会社のモデル」を準用した機関は多くなく、子会社転換の初期から、さまざまな問題点が提起された。例えば、設立根拠が曖昧な場合が多く、子会社が独立性を保つための基盤がほとんど整備されていなかった。このような現実的な困難により、子会社に転換した労働者の不満は大きくなり、こうした不満は労働組合を通して可視化されたりもした。結果的な評価ではあるが、政府と個別機関は、子会社の決定と運営にあたり、少し慎重な接近が必要であったと考えられる。子会社への転換を決定する場合、条件や、細部の基準を提示することが望ましく、子会社の運営と関連して

も政府が提示した「望ましい子会社の設立・運営モデル」に対する履行と点検が徹底的に行われるべきであった。子会社と関連しては、残念ながらこれからも子会社運営と子会社労働者の待遇改善をめぐる多様な議論が予想されるだけに、今からでも子会社の持続可能性と処遇改善についての追加的な計画が必要である。

　韓国における公共部門での正規職化はさまざまな限界があったものの、成果がより多い政策であった。今後、韓国の労働組合と政府、そして労働政策の担当者が関心を持たなければならない点は、公共部門より格差がさらに開いている民間部門の労働市場だ。良質な雇用を創出することは、個人の幸福と直結する問題であり、現代国家の重要な責務だ。韓国が今よりもっと成長するためには格差を減らし、公正な労働市場を作り、これを通じて、働く国民の多数が経済的に豊かな社会を作ることが重要だからである。

（児玉成美：訳）

参考文献（韓国語）

チョドンムン他（2017）『公共部門の無期契約労働者の人権状況の実態調査』国家人権委員会。

韓国雇用労働部（2017）『公共部門での非正規職の正規職転換ガイドライン』。

総務処（2017）『地方公共団体定員管理調査結果』。

企業別労働組合を超えて
韓国の新しい労働運動モデルの可能性

第7章

【報告】女性労働者の組織化と全国女性労働組合

ナジヒョン

　こんにちは！　全国女性労働組合委員長のナジヒョンです。皆さんにお目にかかれて嬉しいです。

　私が今日発表するのは、私たちが20年前になぜ全国女性労働組合（以降、全国女性労組とする）を設立したのかということと、この20年間、どのような特徴を持った活動をしてきたのか、そして最後に現在の課題は何であるかという内容です。

　現在、韓国女性労働運動の一番重要なイシューは、性別賃金格差の解消です。女性労働者の賃金が男性の63％にしか及ばないので、「3時以降はタダ働きしている。だから3時に退勤にしよう」という運動を始めました。つまり、国連が国際女性デーとして制定した3月8日の2017年38大会から、「3時ストップ」という運動を始めたのです。そして2018年からは、韓国の#MeToo運動と一緒にデモ行進をしています。**写真7-1**は、2017年の行進の写真です。

　全国女性労組を設立した契機は、1997年の韓国の「IMF経済危機」でした。韓国では整理解雇制が導入され、1998年になるとたくさんの人

写真7-1　男女賃金格差解消 早時退勤デモ（2017年）

が解雇されましたが、とくに、女性労働者は真っ先に解雇されました。つまり、女性が解雇の第1順位どころかゼロ順位だったことがわかります。女性労働者が、IMF経済危機によって突然解雇され、女性非正規労働者が女性賃金労働者の70%になるぐらいにまで増加しました。女性が最初に解雇された理由は、女性は家長ではない、家計を補助する役割にあるからというものだったのです。そして、当時の労働組合による女性の組織率も5%にまで落ち込み、強固な既存の労働組合も、女性労働組合員を守ってはくれませんでした。韓国労総（韓国労働組合総連盟）で大きい力をもっていた農協（農業協同組合）でも「社内夫婦を真っ先に解雇」し、結果的に女性労働者の90%が解雇されました。民主労総（全国民主労働組合総連盟）のなかでも大きい事業所である現代自動車の労働組合は、食堂で調理業務に従事する女性労働者だけが

写真7-2　**女性狙い撃ち解雇反対、女性失業対策樹立を求めるデモ（1998年）**

全員解雇されるのを黙って見ていました。このようなことがあり、私たちは、「既存の労組ではダメだ、女性が主体となって直接、労働組合を組織しなければならない」と考えました。さらに、女性には非正規労働者が多く、小さい事業所で働く女性が多かったこともあり、「既存の労組方式ではダメ」だと考えました。

どうやって女性労働者を組織するか悩んでいたところ、外国に目を向けてみると、女性労働組合という組織がたくさん存在していました。そのなかでもとくに、デンマークの100年の歴史を持つ女性労組、インドにはSEWAという有名な女性労組があり、ここ日本にも女性労組がありました。そこで、これらを参考にして韓国でも女性労組を作りました。

　韓国には、1987年から女性労働者を組織してきた韓国女性労働者会（以降、女性労働者会とする）という団体があったのですが、その団体を主軸にして、私のような1987年の労働者大闘争を経験した者と一緒に全国女性労組を設立

しました。最初は400人程度の組
合員から始まり、現在は約8,500人
にまで拡大しました。**写真7-3**
は、ついに私たちが全国女性労
組を創立したときの写真です。

写真 7-3　全国女性労働組合創立（1999 年）

　私たちの創立宣言文には、な
ぜ全国女性労組を形成したのか
が書かれています。とくに、2つ
目の「私たちは働く女性の要求を
最優先課題とし、職場と業種を超える大きな団結を作っていこう」という言
葉のように、その役割を果たそうとしました。そして、労組がない女性労働者
を助け、共に行くためにも、この労組を立ち上げました。

　私たちがまず最初に行ったのは、「非正規職の権利を要求する運動本部」の
設立です。設立することができた非常に重要な理由の1つは、初期段階で女
性労働者会が支援してくれたことが決定的でした。1999年初に女性労働者会
は総会を開き、全国女性労組を全面的に支援しようという決議をしました。
どういう役割をしたのかというと、それまでの活動で蓄積された人やお金な
ど、全ての側面から支援しようと決定したのです。そこで、まず地域女性労働
者会の活動家が全国女性労組の専従者の任務を引き受け、それに加えて、事
務室の提供と財政の支援、専従者の賃金も負担し、既存の女性労働者会員を
女性労働組合員にし、労働相談を受ける専門的な人材支援もしました。それ
まで女性労働者会は非常に多様な活動をしてきたため、以前から協力関係に
あった団体や海外の関係団体などを全国女性労組に繋いでくれました。

　では、主にどのような女性労働者を組織したのでしょうか。まず、既存労組
が組織していなかった「不安定な女性労働者」を組織しました。その時まで
は、サービス業や零細企業、派遣事務職、清掃、ゴルフ場キャディーといった
労働者を組織していなかったため、それを全国女性労組が組織しました。全
国女性労組が最初に組織したのは、労働法の保護から適用除外されている労
働者達です。そういった人々の一例がゴルフキャディーで、**表7-1**は、ゴルフ

場キャディーの人々が自分たちが置かれた状態についてビラに書いたもので
す。来場客が打ったゴルフボールが当たっても放っておかれて治療も受けら
れないというような悲惨な状況下では、労働組合を作らなければならないと
心に決めました。

表7-1　88 カントリークラブ ゴルフキャディーの労働状況

○ 一日中重いバックを運んでも昼ご飯すら食べられない
○ 出産休暇を取ったら雇用の保障はされない
○ 来場客が打ったボールに打たれても治療費を 1 円ももらえない
○ 来場客がセクハラをしても無条件我慢しなければならない
○ 43 歳になったら仕事を辞めなければならない

出所：88 カントリークラブ支部チラシ

　この88カントリークラブ支部は、その時から現在まで活動を続けていま
すが、2008年には、李明博政権によって60人余りが大量解雇されました。しかし
絶えず闘い続け、朴槿恵政権の時にこの人たちは6年ぶりに復職することがで
きたのです。ついに、最近になって最後まで復職できずに残っていた全国女性
労組88CC支部の幹部も全員復職し、今でも労組活動を一生懸命しています。
　その次に私たちが着手したのは、清掃請負業務に従事している女性労働者
を組織したことです。組織してみてわかったのは、彼女たちの賃金基準が最
低賃金だったことです。そこで、最低賃金を引き上げなければならない、でも、当事者以外の他者が最低賃金引上げを要求するのではなく、当事者が、「私たちには最低賃金の引き上げが必要だ！」という声を上げるやり方で、韓国で初めて最低賃金の引き上げ運動を始めました。

写真 7-4　清掃請負女性労働者の組織化と韓国
　　　　　初の最低賃金引き上げ闘争

　写真7-4は、多くの大学で清掃

業務に従事する請負清掃支部の組合員たちです。仁荷大学、西江大学、仁川大学、延世大学などで私たちが闘争する様子です。このなかで、仁川大学に勤務する組合員は正規職として直接雇用に転換されました。

　ところで、私たちが組織している女性労働者でもっとも多いのは小中高等学校の女性非正規労働者です。彼女たちを2001年から組織し始め、「学校には宇宙人が住んでいる」をキャッチフレーズにしました。実際、教諭、事務職員以外にもとても多くの人々が学校で働いています。調理師、司書、事務補助、運動コーチなど、さまざまな職種の人が勤務しています。しかし、2001年当時は、日雇い雑務職と呼ばれ、身分があまりにも保障されない状況であったので、組織し続け、労働条件を改善させました。

　私たちは、これを3つの段階に分けています。最初、全国女性労組だけが学校非正規職を組織していた時期には、使用者が校長先生でした。校長先生と交渉するのはすごく難しそうですよね？　そこで、最初どのように交渉したのかというと、教育部と社会的交渉を通して基本的な労働条件の改善をしていく活動をしました。その次の段階では、民主労総もまた、学校非正規職労働

写真7-5　学校非正規職労働者闘争
闘争の際には、ピンクのチョッキを着用

写真7-6　断食後に教育部長官を訪問
　　　　（2017年）
賃金交渉過程での断食闘争の末、教育部長官を
訪問し合意を得る

写真7-7　賃金協約締結式（2017年）
全国公共運輸労組（左）、全国女性労組（左から2
番目）、全国学校非正規労組（右）の3つの労組が
ともに教育部と協約を締結

者を一緒に組織するようになり、2012年からは使用者が校長ではなく、教育監になりました。そして私たち全国女性労組と民主労総の2つの労働組合が一緒に「学校非正規職労働者連帯会議」を組織し、共同交渉をするようになりました。最後に、2017年からは17個の教育庁に対して全国的に交渉を始めました。2019年には、学校非正規職労働者は民主労総のゼネストのなかでも、もっとも規模の大きい全国ゼネストをし、これはニュースにもたくさん取り上げられ、人気ドラマにも登場しました。このストは7月3～5日まで学校を囲んで行われました。

写真7-8　全国ゼネスト（2019年）

写真7-9は、ゼネストを支持する高校生がSNSに掲載したものです。それとは反対に、政府や保守メディアでは給食「大乱」だと大騒ぎになりました。このような反応があったなかで、ゼネストを支持する声もかなり多かった闘争でした。

　これまで、私たちが主に組織してきた3つの業種を紹介させていただきましたが、最近は、新たに少し若い層が組織されています。ともあれ、88カントリークラブのゴルフ場キャディーの労組は継続して維持されているので、現

写真 7-9　給食の調理師のストに対する高校生の支持声明

全国 2177 の学校で給食が中断されたが、生徒たちは「(給食がなくて) 不便でも大丈夫です」という言葉で支援を送った

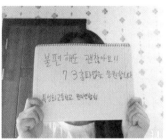

在はゴルフ場キャディーの労組は全国女性労組の中にだけあります。**写真7-10**は、ドリームパークという仁川にあるゴルフ場での来場客の暴言に対する抗議デモです。このようにゴルフ場支部が全国女性労組内にいくつか新しく形成されました。

　写真7-11は、労働部のコールセンターで電話相談の業務に時間制雇用で従事している人々で、皮肉なことに、失業相談や労働法の相談も受けています。ところが、いまだに正規職化されていないため、このように闘争をしているのです。

　最近では、20代、30代で、ウェブ上で漫画を描いたり、小説を書いたり、小説の挿絵を描いたりするイラストレーターといった新しい職業に従事している人々が全国女性労組に加入しています。彼女たちは、同じ作家であるのに、

写真 7-10　ドリームパークゴルフ場の抗議デモ　　写真 7-11　時間制雇用電話相談員の正規職化闘争

男女賃金格差があり、ひどい処遇を受け、フェミニズムについて話をしたという理由でブラックリストに載せられるといった状況です。彼女たちは、これらの問題を解決するために全国女性労組に加入し活動しています。ここでもまた、男性は正規職にもなれるけど、女性は全員非正規職です。同じ芸術家にもかかわらず、創作をする人にもかかわらずこのような差別があるのです。

図7-1　ウェブ作家の支部が作成したチラシ

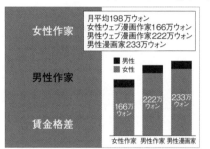

図7-1は、自分たちが置かれた状況を紹介するため、彼女たちウェブ作家が直接作ったものです。

　私たちがこのような新しい組織の課題として考えているのは、これまでの女性労働運動の中でずっと続いてきた一番大きな課題や矛盾でもある性別賃金格差です。この問題は解消されておらず、とくに、女性非正規労働者の賃金は男性正規労働者の37%にしかならない状態で、これを何よりも解決しなければならないと考えています。

　ところで、女性労働者たちがこんなに多く組織されたのに、依然として組織率は低いままです。そして、今や、新たに現れたプラットフォーム労働者や時間制労働者など、法的保護が不十分な労働者たちが増えており、これらの労働者の問題を解決しなければならないと考えています。

　最初にも述べたように、韓国では、フェミニズム運動がたくさん起こっているので、これらの運動と労働組合でどのように共に手を携えて実践活動していくのかということも私たちの課題であると思います。

　最後に、数多く存在する「労組がない女性労働者をどのように保護するのか」も私たちの課題であります。実際、私は、この問題を解決するために政府の経済社会労働委員会に女性労働者代表として出席しました。しかし、他の弾力的労働時間制などの問題ばかり話し合われて、結局は自分の役割を果たすことができず、未組織の女性労働者をどのように保護していくのかという問題が全国女性労組の課題として残っています。

　以上で私の報告を終わります。御清聴ありがとうございました。

※写真はすべて全国女性労働組合の撮影によるものです。

（児玉成美：訳）

第8章

韓国における女性非正規労働者の組織化
——韓国女性労働者会と全国女性労働組合、
全国家庭管理士協会の連携を事例に

横田伸子

1　問題の提起
——労働の非正規化の意味

　1990年代以降、グローバリゼーションの進展と軌を一にして全世界的に労働の規制緩和政策がとられ、労働の非正規化が進み格差が急激に拡大していった。韓国も例外ではなく、1997年のアジア通貨危機に端を発した、98年の「IMF経済危機」によって急速に進展した労働の非正規化は格差社会を深化させ、さまざまな社会問題の根源となっている。韓国における労働の非正規化が意味することは次の二つにまとめられよう。

　第一に、雇用や生活が不安定な、「プレカリアス（= precarious）な性格」を帯びた非正規労働者が量産されることである。プレカリアスな性格とは、社会保障制度や労働法、労働組合などの公式的な制度から排除されていることに加え、不安定で劣悪な労働条件の就労を指す。とくに韓国では、労働基準法の適用除外となり労働基本権を付与されないだけでなく、「労働者であること」、すなわち「労働者権」さえ認められない非正規労働者が多数存在する。

---

1)　労働基本権とは、狭義にはほぼ労働三権(団結権、団体交渉権、争議権)のことを指す。

2)　ここでの「労働者権」とは、「労働者であること」、すなわち「労働者性」の認定の上に、労働者としての基本的な諸権利を行使できる権利を意味する。

141

これらの非正規労働者は、一定の職場や企業への定着に恵まれず、いくつもの職場を転々とし、安定的に雇用されることが労働者を保護する制度に包摂される必要条件となる韓国では、不安定で劣悪な労働条件や生活を余儀なくされるのである。

　第二に、非正規労働者の増大は、労働者の個別化（＝atom 化）・孤立を促進する。なぜなら、職場が一つに定まらず、職場を頻繁に移動する非正規労働者は、常に個別的に存在するので労働者同士で共通の利害を持ち難いからである。このような非正規労働者が増加すれば、「長く職場生活を共にすることから生まれる、生活上の具体的な必要性と可能性を共有する可視的な仲間である労働社会（熊沢 2013：13）」の形成は困難になる。さらに、「労働社会で自然発生的に生まれる助け合いや庇い合いの慣行を意識的に組織化したものが労働組合である（熊沢 2013：26）」ならば、従来の労働組合のやり方では個々に孤立した非正規労働者の組織化もまた困難である。この結果、労働組合は弱体化し、社会的影響力を失うことになる。これは、正規労働者を主体とする企業別労働組合による労働運動が主流である韓国で、1998 年の IMF 経済危機以降、既成の労働組合運動が急速に衰退したことに如実に表われている。したがって、こうした非正規労働者による新たな「労働社会」の形成と、その労働社会に適合した形での新たな労働者組織化の可能性を探る必要があろう。

　本章では、まず、政府統計に拠りながら、韓国の労働市場の周辺部に統合された非正規労働者の特徴をジェンダーの視点から考察し、男性より女性非正規労働者の方がプレカリアスな性格を強く帯びていることを浮き彫りにする。

　次に、韓国の女性非正規労働者の組織化の代表的な例として、全国女性労働組合（以降、全国女性労組とする）の活動について論じる。前章で全国女性労組委員長のナジヒョン氏が全国女性労組の活動について詳細に報告しているので、ここでは全国女性労組がどのような特性を持った女性非正規労働者を組織化し、どのような成果を得、どのような限界に逢着したのかに焦点を

当てたい。全国女性労組は、既存の男性正規労働者中心の主流企業別労働組合運動とは異なり、働く女性なら誰でも一人でも加入できる全国単一労働組合という方法で女性非正規労働者の組織化に取り組んできた。しかし、やがて、労働者と使用者という明確な労使関係に基礎を置かず、よりプレカリアスな性格が強く労働者権も認められない「非公式部門」の女性非正規労働者の組織化という壁にぶつかる。

　こうした非公式部門の女性非正規労働者の典型がケアワーカーである。ところで、韓国語では、ケアはトルポム（＝돌봄）であるが、トルポムは介護や看護だけでなく「再生産労働」全般を総称して用いられ、家事労働もトルポムの重要な一角を占める。これらの非公式部門ケアワーカーの多くは、労働法上の労働者権がないだけでなく、労働過程や劣悪な労働条件において共通点も多く、相互に循環・交流している職種でもある。そこで、本章では、非公式部門ケアワーカーのうち、家事労働者、病院付添い（看病人）を例にとり、その労働条件や労働関係の特徴を明らかにする。そのうえで、韓国女性労働者会（以降、女性労働者会とする）を母体にして生まれた全国家庭管理士協会（以降、全家協とする）による独自の非公式部門労働者の組織化について考察する。結論を先取りすると、女性労働者会と全家協は連携して、労働組合という方法ではなく、非営利目的の公共性の高い社会的協同組合によって非公式部門ケアワーカーの組織化を図った。折しも2012年12月1日に協同組合基本法が施行されたことによってこの動きは後押しされるのである。

　このように、韓国の女性非正規労働者の組織化が、姉妹団体である女性労働者会、全国女性労組、全家協の連携と役割分担によって進展し、組織化の範囲も急速に拡がっていった過程について見ていこう。

---

3)　全国女性労組による韓国の女性非正規労働者の組織化の詳細については、Yokota（2014）を参照のこと。

4)　ここでの「非公式部門」とは、発展途上国の都市インフォーマルセクターや、韓国でも1970〜80年代の開発年代に広く形成された「タルトンネ」と呼ばれる都市雑業層、都市下層と共通性や連続性を持つ部門をイメージされたい。

2　韓国における非正規労働者の特徴

　ある労働社会を形成するには、それを構成する主体の共通の特性を把握し、それらを結節点として個々の労働者を結びつけていくしかない。そこで、政府統計を基に韓国の非正規労働者の特徴をジェンダーの視点から明らかにしたい。

　韓国では、統計庁が1963年以降「経済活動人口調査」を開始し、IMF経済危機によって非正規労働者問題が深刻化したことにともない、2001年以降、雇用形態で就業者を分類する「経済活動人口付加調査」を実施している。本節では、両調査をクロスさせて非正規労働者を定義し、その規模を推計する韓国非正規労働センターの方法[5]を用いて韓国における非正規労働者の特徴を概観する。以降、断りのない限り、本節の分析は2018年8月に行われた両調査のraw dataを分析した結果に拠る。

　2018年の雇用形態別就業構造を見ると、賃金労働者の59.2％が正規労働者で、40.8％が非正規労働者である。しかし、男女別にみると、男性賃金労働者の66.9％と約7割が正規労働者であるのとは対照的に、女性賃金労働者の50.6％と過半数が非正規労働者である。これは、90年代以降、急速に進んだ女性の賃労働者化が非正規化によるものであったことに由来する（横田 2012：129）。

　また、正規労働者の時間当たり賃金を100.0とすると、非正規労働者のそれは59.3と6割にも満たない。しかし、それにも増して重要なのは、同じ非正規労働者でもジェンダー間の格差が著しいことである。男性正規労働者の時間当り平均賃金を100.0とすると、男性非正規労働者の平均は58.7なのに対し、女性非正規労働者のそれは約10ポイントも低い49.2に過ぎない。しかも、男性非正規労働者のうち27.5％ともっとも大きな割合を占める男性期間制雇

---

5)　韓国統計庁が「雇用形態」を基準に正規／非正規労働者を定義しているのに対し、韓国非正規労働センターは両者間の処遇差別も考慮して定義を行い、それぞれの規模を推計している。

用の時間当たり賃金は71.8なのに対し、女性非正規労働者の31.2%ともっとも大きな割合を占める女性臨時パート[7]のそれは48.3と23.5ポイントも低い。このように同じ非正規労働者に括られても、ジェンダー間で大きな賃金格差があることがわかる。

　次に、国民年金、健康保険、失業保険などの社会保障制度に目を移してみよう。男女を問わず、正規労働者の80〜90%以上がこれらの制度に包摂されているのに対し、非正規労働者の加入率は、男女とも30〜40%前半に過ぎない。さらに、退職金、賞与といった企業の付加給付も、男女の区別なく、正規労働者は90%以上に給付されているのに対し、非正規労働者は30〜40%未満にとどまる。また、有給休暇は、正規労働者はやはり男女ともに90%弱に適用されているのに、非正規労働者の平均は25%で、時間外労働手当の適用率もまた、正規労働者は男女とも60%に対し非正規労働者の平均は20%前後である。しかも注目すべきは、同じ非正規労働者といっても、男性非正規労働者中もっとも構成比が高い男性期間制雇用は、上記三大保険、企業給付、各種手当の適用率が、時間外手当の42%を除けば、それぞれ50%台後半から70%台と、非正規労働者の平均よりむしろ正規労働者に近い。これに対し、女性非正規労働者の3割以上と突出して高い構成比を占める女性臨時パートは、社会保険、企業給付ともに10%台で、時間外手当や有給休暇に至っては10%にも満たない。このように、非正規労働者は社会保障制度や企業給付などから排除されているうえに、非正規労働者内でも明瞭にジェンダー格差が見て取れる。

　では、労働運動を通して労働条件改善などを実現する拠り所となる労働組合の加入率はどうだろうか？　男性正規労働者20.9%、女性正規労働者

6)　期間制雇用とは、賃金労働者の中で雇用契約期間の定めのある場合に該当する。男性非正規労働者に多く、比較的高学歴で専門性が高く、専門職、事務職が多い（横田 2018：105）。

7)　臨時パートとは、「経済活動人口調査」における従業上の地位が臨時職労働者、または日雇い労働者に当たる労働者のうち、パートタイム（時間制）で働いている労働者のことで、常用パートとは異なり、低学歴・低熟練で、単純労務職やサービス職に従事する者が7割近くいる（横田 2018：106）。

17.4％に対し、男性非正規労働者2.8％、女性非正規労働者1.5％と非正規労働者の加入率が桁違いに低く、なかでも女性非正規労働者のそれがより低いことがわかる。しかしながら、労組加入率においてもジェンダー構造が表れている。つまり、男性期間制雇用が7.3％と比較的高いのとは裏腹に、女性臨時パートはわずか0.3％に過ぎないのである。これでは、既存の労働組合による非正規労働者、とくに女性非正規労働者の組織化や保護は到底不可能である。

　最後に正規労働者と非正規労働者の職場への定着性と分散性を比較してみよう。2018年の平均勤続年数は、男性正規労働者の9.43年に対して、男性非正規労働者は2.25年、女性非正規労働者は2.56年で、非正規労働者が一つの職場に定着せず、職場を転々としていることがわかる。しかし、これまで見てきたように、男性期間制雇用は2.9年と3年弱なのに対し、女性臨時パートは1.37年で定着性がより一層低い。ここでも女性非正規労働者の雇用の不安定さが際立っている。

　一方、従業員規模5人未満の零細企業に就業する比率は、正規労働者28.2％に対し、非正規労働者は71.8％にも達する。逆に、300人以上事業所では、正規労働者が86.1％、非正規労働者が13.9％と正規職が圧倒的である。5人未満の零細企業に就業する労働者は、分散しており組織するのが難しいだけでなく、労働基準法の解雇規制や雇用契約明示義務が適用除外であるため雇用保障が脆弱である（横田 2018：101）。それゆえ、非正規労働者は企業に定着することができず、頻繁に労働移動するのである。

　このように、韓国の非正規労働者は正規労働者に比べて極めてプレカリアスな性格が強いうえ、個別に孤立、分散しているので従来の企業別の主流労働組合では彼らを組織化するのは困難である。さらに、こうした傾向は女性非正規労働者により強い。

　しかしながら、これまで見てきた賃金労働者とは別に、韓国の非正規雇用の大きな部分を占める膨大な「特殊雇用労働者」を看過してはならない。彼らは、雇用主や企業に人的あるいは経済的に従属した労働者として働いているにもかかわらず、個人請負労働者として個人事業主に分類され、「労働者性」に基づく労働者権から排除されている。それゆえ、労働基準法をはじめとす

る労働法の保護を受けられないだけでなく、職場で労働組合を組織して集団的労働条件について団体交渉し決定することもできない。特殊雇用の典型的職業として、家事労働者、病院付添い（看病人）、訪問介護員、ゴルフ場キャディ、学習誌教師、保険外交員、アニメーター、放送作家、テレマーケット、飲食料品・書籍・化粧品訪問販売員、文化芸術従事者、集金人、宅配業者、レミコン・ダンプ・トラック運転手等々があげられる。これら特殊雇用労働者は、2018年現在、政府統計で把握されただけでも50万5,000人にのぼり、そのうちの68.9％と約7割を女性が占めている。しかし、その多くは自営業主として登録さえされておらず、これ以外の多様な職業で広範に増大し続けており、正確な規模を公式統計からは知る由もない。したがって、政府統計による特殊雇用労働者の規模は過小評価され、実態とかけ離れた数字であると言っても過言ではない。筆者が、2008年5月に全国女性労組の幹部に対して行ったインタビューによれば、「女性の特殊雇用は、男性に比べてとりわけ非公式部門的な性格が強く、日々新たに種々雑多な職種で生まれ増大し続けている」という。ここからも、これらは、1970年代の韓国の開発年代に形成され、発展途上国の都市スラムと通底する伝統的でプレカリアスな都市インフォーマルセクターと重なる部分が大きいのではないだろうか。

3　全国女性労働組合による女性非正規労働者組織化とその限界

　1997年末にアジア通貨危機に見舞われた韓国は、IMFから救済金融を受けるために緊縮財政、経済構造改革、規制緩和政策をコンディショナリティとして受け入れた結果、98年には財閥系企業も含めた大企業の連鎖倒産や高失業といった未曽有の経済危機に陥った。とくに、労働の規制緩和政策として整理解雇制及び労働者派遣法を導入したことで、失業率の急上昇とともに労働の非正規化が急速に進んだ。なかでも、女性労働者が真っ先に整理解雇の対象となり、正規労働者が非正規労働者に置き換えられていったため、女性非正規労働者が一段と増大した。それにもかかわらず、既成の労働組合のナ

ショナルセンターにせよ、傘下の単位労組にせよ、政策や運動方針に女性労働者の声や要求を反映してこなかったので、彼女達の労働権を守るために女性労働組合を独自に組織する必要が生じた。こうして、働く女性の政治的、経済的、社会的地位向上のために、韓国が民主化した87年に設立された女性労働団体である韓国女性労働者会の活動家の半数を移す形で、99年8月に全国女性労働組合が結成されたのである（働く女性の教育ネットワーク 2006:5）。

　全国女性労組は、企業を超えて、業種や職種、地域、失業している／いないに関わりなく、働く女性なら誰でも、一人でも加入できる全国単一組織の女性労働組合である。これは、離職を繰り返し、働く地域を転々と変える女性非正規労働者が組合員資格を維持するためには、全国単一組織の一般労組がもっとも適合的な組織形態であったからである。加えて、全国女性労組は、労働や生活に根ざした女性労働者の声をボトムアップで吸い上げる民主的で女性親和的な組織運営を行い、女性非正規労働者であることを結集軸として労働社会の形成を目指した。その結果、組合員の99％が女性非正規労働者となり、結成当時、400人だった組合員は、2009年現在、6,000人余に拡大し、全国10支部、70の分会、支会を持つ組織に成長した（全国女性労組 2009：139-140）。女性非正規労働者の多くが、労働移動を頻繁に行い流動性が高く、零細事業所に就業するため個別化し分散していて、単位事業所や職場に拠点を置く従来の集団的団体交渉はできない。それゆえ、全国女性労組は、女性非正規労働問題を広く社会問題化することと、組織勢力拡大という二つの戦略を取った。

　まず、全国女性労組は、労働相談を重視して現場の女性労働者の声を聴取するとともに、研究者や専門家と連携して客観的な実態調査を毎年行っている。そこで浮かび上がった劣悪な労働実態を携え、討論会や集会を開催する

8）　ここで労働権とは、労働者の働く権利を指す。この際、労働基準法に定められた適正な労働条件や労働の質の保障も含まれる。

9）　2019年現在、組合員数は8,500人余りと、さらに増えている。ただし、全国女性労組組合員の内部構成についての詳細な資料は、全国女性労組（2009）のみで、本節は同資料の分析に依拠している。

など女性非正規労働問題を社会問題化することに傾注している。さらに、集会、デモ、座り込みなど様々な方法を駆使して世論に訴えつつ、政府に対して法制度の改善や新たな法制度制定を求める運動を展開する。その際、単独で闘うのでなく、他の女性団体、市民団体、学生運動団体、労働組合の両ナショナルセンターや正規労働者の労働組合も含む既成の労働団体など、さまざまな社会運動団体との連帯を積極的に模索するのも全国女性労組の運動の特色である（Yokota 2014：85-86）。

　これらの運動が奏功して、全国女性労組は、一部の特殊雇用労働者の労働者性の認定と労働法の適用を勝ち取り、最低賃金制度の見直し、学校非正規労働者の劣悪な労働環境と差別待遇の改善及び間接雇用労働者の労働基本権保障を社会的イシューとするのに成功した（Yokota 2014：86）。具体的には、特殊雇用労働者であるゴルフ場キャディ88CC分会を1999年に結成し、労働者性が認められていない特殊雇用にもかかわらず、43歳定年制を廃止させただけでなく、2001年には使用者と労働条件を定めた労働協約を締結する権利を獲得した（ナジヒョン 2018：114-115）。

　また、ホテルや大学の清掃請負労働者を組織し、清掃請負労働者に対する賃金実態調査を行い、彼女達の低賃金は最低賃金の低さに規定されていることを突き止め、女性団体や市民団体とともに「最低賃金連帯」を発足させ、最低賃金現実化運動を強力に推進した。この運動は広く世論の関心を呼び、2000〜05年に年平均10％以上の最低賃金引き上げを実現させた（ナジヒョン 2018：117-118）。清掃請負労働者の運動はこれにとどまらず、請負先にもまた請負企業とともに使用者責任を認めさせようとする請負制度改善も求め、この運動はソウル市や国立大学などの官公庁における清掃請負労働者の直接雇用の動きにも繋がっている（ナジヒョン 2018：119）。

　しかし、何と言っても、全国女性労組が組織化対象を独自に発見し開拓したのは小中学校の非正規労働者である。小学校で給食調理員として勤務する女性の労働相談に端を発して、小中学校には多様な職種の非正規労働者がいることがわかった。非常勤教員、経理補助員、栄養士、図書館司書、給食調理員、調理補助員、科学実験補助員、体育コーチ、事務補助員等々で、これらの

93％が女性で、給食の調理室を除けば一つの学校に1人ずつしかいないという孤立した状況におかれている。彼女たちは、日雇い雑用職と分類され、労働基準法上、年次休暇も退職金も適用されず、労働契約書もないため雇用不安と低賃金にさらされている。全国女性労組は、前述したような世論に訴えたり、世論を醸成する社会的交渉と併行して、各学校を個別に相手にするのではなく、いくつかの学校を合わせて集団的団体交渉を行い、一定の成果をあげていった。2004年5月に発表された教育人材資源部の非正規職処遇改善対策には、日雇い雑用職を廃止し年俸制契約に変更すること、正規職との差別是正のために5年間の段階的賃金引き上げ、全国的に統一された労働条件、学校休業中の賃金及び年次手当の支給、年次休暇・病気休暇導入が盛り込まれた（ナジヒョン 2018：120-123）。

　ところが、全国女性労組の組織化は一方で限界も露呈する。1999～2009年の全国女性労組の組織化の推移を表した**表8-1**によると、一見して、10年間で組合員は400人から6,000人へと順調に拡大しているようだ。しかし、組合員構成に目を向けると、女性非正規労働者の中でも比較的「定着」に恵まれて

表 8-1　全国女性労働組合の組合員数及び構成比の推移

(上段：人数、下段：％)

	1999	2000	2001	2002	2003	2004	2005	2006	2007	2008	2009
医療給与管理士	0 0.0	0 0.0	0 0.0	0 0.0	0 0.0	0 0.0	0 0.0	230 4.6	230 3.7	300 4.8	300 5.0
学校 非正規労働者	0 0.0	0 0.0	0 0.0	830 41.5	1,730 66.5	1,840 65.7	3,030 75.8	3,740 74.8	4,830 77.9	4,800 76.2	4,500 75.0
放送局 非正規労働者	0 0.0	0 0.0	150 13.6	150 7.5	100 3.9	90 3.2	0 0.0	0 0.0	0 0.0	0 0.0	0 0.0
清掃請負労働者	0 0.0	0 0.0	100 9.1	170 8.5	220 8.5	320 11.4	420 10.5	480 9.6	540 8.7	600 9.5	600 10.0
大企業 非正規労働者	0 0.0	0 0.0	200 18.2	200 10.0	0 0.0	0 0.0	0 0.0	0 0.0	0 0.0	0 0.0	0 0.0
製造業 中小事業所の 非正規労働者	0 0.0	100 16.7	150 13.6	150 7.5	0 0.0	0 0.0	0 0.0	0 0.0	0 0.0	0 0.0	0 0.0
ゴルフ場 キャディ	0 0.0	100 16.7	100 9.1	100 5.0	100 3.8	100 3.6	100 2.5	100 2.0	100 1.6	100 1.6	100 1.7
専従活動家及び 女性労働者会員	400 100.0	400 66.7	400 36.4	400 20.0	450 17.3	450 16.1	450 11.3	450 9.0	500 8.1	500 7.9	500 8.3
合計（人数） （％）	400 100.0	600 100.0	1,100 100.0	2,000 100.0	2,600 100.0	2,800 100.0	4,000 100.0	5,000 100.0	6,200 100.0	6,300 100.0	6,000 100.0

出所：全国女性労働組合（2009：141）

いるか、一つの職場に集団的に存在している非正規労働者に偏る傾向を見せ
ている。つまり、学校非正規労働者や医療給与管理士のように、孤立・分散し
ていても、そのほとんどが大卒という学歴があったり、あるいは調理師や栄
養士といった資格を有している。これが共通の労働社会形成の機軸となり、
職場への定着を容易にしているのである。2009年にはこうした定着型非正規
労働者に組合員の80％も集中している。この他には、清掃請負労働者やゴル
フ場キャディのように、大部分が低学歴・中高齢女性の間接雇用や特殊雇用
であっても、一つの職場で集団的に働き、集団的労使関係を形成しやすい凝
集型非正規労働者が11.7％を占めている。しかし現実には、先に見たように
韓国の女性非正規労働者の多くは非定着性＝不安定性・流動性、非凝集性＝
個別・分散性を強く帯びていることを想起されたい。例えば、零細な飲食業・
小売業・製造業に就業する非正規労働者や、家事労働者や病院付添い、訪問介
護員などに代表される特殊雇用のケアワーカーなどである。全国女性労組
は、結成当初は、より周辺部に位置する、これらの孤立・分散・非定着型の非
正規労働者の組織化も目指したが、現在は、組織化の限界に逢着しているよ
うに見える。それはなぜだろうか？　労働組合は労使関係、とくに集団的労使
関係の形成を前提とするのに対し、韓国の女性非正規労働者の多くは労使関
係の形成それ自体が難しいからである。この隘路を打開するため、全国女性
労組の母体となった女性労働者会によって、全国女性労組とは別に、全国家
庭管理士協会（全家協）という協同組合形式を通じて、これらのより周辺的な
労働者の組織化の試みがなされてきた。次節では、家事労働者、病院付添いと
いった「非公式部門」ケアワーカーを事例に、全家協による労働者組織化の試
みについて考察したい。

4　韓国の非公式部門ケアワーカーの労働実態と組織化の試み

(1) 韓国の非公式部門ケアワーカーの労働実態

　韓国社会は、少子高齢化が急速に進展しており、これがケアサービスへの大きな需要を生み、2000年代以降、それまで女性の無償労働として家庭領域で行われてきたケアを社会化する転換点ともなる政策的な動きが起こった。2007年の低所得層に対するケア領域における社会サービス事業と、2008年の日本の介護保険制度に当たる老人長期療養保険制度の導入である。これらの制度化によって、労働法や社会保障制度も適用されず、都市雑業的な非公式部門の女性によって担われていたケアの一部が公共部門に属するようになり公式部門に包摂されることとなった。しかし、その一部が社会化され公式化されたとはいっても、ケア労働のなかには、法や制度から排除された劣悪な労働条件のプレカリアスな就業が多く残存し、特殊雇用形態で労働者権を持たないケアワーカーも依然として膨大な数に上る。

　本節では、全家協と女性労働者会が主に組織化の対象としてきた家事労働者[10]、病院付添い[11]を例に、韓国の民間の非公式部門ケアワーカーの労働条件及び労働関係の特徴を浮き彫りにする。さらに、それに規定されながら、「社会的協同組合」という新しい枠組みで全家協が女性労働者会と共同して非公式部門のケアワーカーを組織化しようとする試みについて考察する。

　まず、資料は少し古いが、パクミョンスク（2013）によれば、2012年の民間

---

10) 女性労働者会は、従来、家政婦、派出婦と呼ばれてきた家事労働者に対して、「家庭管理士」という呼称を用い、近年、ソウル市もまた、そう呼ぶことを推奨している。家事労働は韓国社会で長い歴史を持つ女性の職業であるが、ずっと社会的に低い地位におかれ続けてきた。女性労働者会は、家事労働の専門性を高め、社会的に認知させることを目的として、「家庭管理士」という名称を創り出し、2004年に家庭管理士の「経済共同体」としての「全国家庭管理士協会」を設立した。

11) 病院付添いは、かつて日本の病院にもいたが1996年に廃止された。患者の保険外負担を減らし、看護の質を高めることを企図したからである。韓国では、病院付添いは「看病人」と呼ばれ、その需要は高まる一方である（朴仁淑 2011：182）。

の非公式部門のケアワーカーは、家事労働者（12万人、ケアワーカーの17.5％）と病院付添い（9万人、同13.1％）、ベビーシッター（8万人、同11.6％）、産後支援（1万人、同1.5％）である。これら非公式部門ケアワーカーの大部分は、40 ～ 50代の低学歴中高年女性が大部分を占めている。ただし、非公式部門ケアワーカーの30万人（同43.7％）というのは過小評価された数字であり、実際には、公式統計に把握されない労働者が広範に存在し、正確な規模の推定は不可能である（チョンチンジュ他 2012：105）。多くの場合、労働者性の認められない特殊雇用で、労働基準法をはじめとして最低賃金法、男女雇用平等法、退職金保障法、非正規職保護法、産業安全保険法、産業災害補償法、雇用保険法の労働法制や4大保険が適用除外となっている。その根拠は、1950年代からある、労働基準法の「家事使用人」にはこれらの法律は適用されないという条項による[12]。その理由は、働く家庭や付き添う患者を転々と変えるため、使用者が特定できないからというものである（ユンヘヨン 2018：78）。このように、労働法や社会保障制度、労働組合の保護の死角地帯にいるのが非公式部門ケアワーカーの基本的特性である。

　非公式部門ケアワーカーの典型である家事労働者と病院付添いの労働・雇用条件は、法定最低賃金にも満たない低賃金[13]に加え、顕著な不安定性が指摘できる。表8-2、表8-3が示すように、雇用形態と賃金形態はそれぞれパート、日給・時給制が多数を占めていて、雇用と賃金の不安定性がうかがわれる。しかし、不安定性はこれだけではない。表8-4で、働きながらもっとも必要だと考えられる支援について、「安定的就業の斡旋」であると答えた者が

---

12) 1953 年に制定された韓国労働基準法の適用範囲を定めた第 11 条（1）で、「この法律は、常時 5 人以上の勤労者を使用するすべての事業又は事業場に適用する。ただし、同居する親族のみを使用する事業又は事業場及び家事使用人に対しては、適用しない（下線－筆者）。」と規定されている。

13) ユンジャヨン（2011）によれば、2011 年には家事労働者の82.7％、病院付添いの40.3％が最低賃金以下の所得しか得ておらず、それぞれ17.0％、59.7％が貧困のボーダーライン層である次上位階層（＝最低生計費 100 分の 120 以下）にいるという（ユンジャヨン 2011：176）。なお、病院付添いの所得が家事労働者より高いのは、後述するように一日平均 21.3 時間もの超長時間労働に従事するからである。

表 8-2　雇用形態（2011 年）

（単位：人）

区分	パート	フルタイム	全体
家事労働者	436（91.6%）	40　（8.4%）	476（100.0%）
病院付添い	128（61.8%）	79（38.2%）	207（100.0%）
全体	602（79.8%）	152（20.2%）	754（100.0%）

出所：ユンジャヨン（2011：175）

表 8-3　賃金形態（2011 年）

（単位：人）

区分	月給制	日給制	時間給	全体
家事労働者	53（11.4%）	201（43.2%）	211（45.4%）	465（100.0%）
病院付添い	11　（5.3%）	177（85.5%）	19　（9.2%）	207（100.0%）
全体	107（14.4%）	381（51.2%）	256（34.4%）	744（100.0%）

出所：ユンジャヨン（2011：176）

表 8-4　働きながらもっとも必要だと考えられる支援（2011 年）

（単位：人）

区分	安定的就業の斡旋	疾病・失業に備えた社会保険	家事労働者に対する社会的偏見克服活動	専門職業訓練	その他	合計
家事労働者	273（59.1%）	150（32.5%）	33（7.1%）	5（1.1%）	1（0.2%）	462（100.0%）
病院付添い	105（66.5%）	39（24.7%）	7（4.4%）	7（4.4%）	0（0.0%）	158（100.0%）
全体	411（60.1%）	212（31.0%）	46（6.7%）	14（2.0%）	1（0.1%）	684（100.0%）

出所：ユンジャヨン（2011：185）

6〜7割近くにも上ることから、仕事が不定期で常に不安定な就労状況に置かれていることがわかる。特殊雇用で、一種の個人事業主である多くの家事労働者と病院付添いは、自力で個別的に顧客を探さなければならず、多くが高い手数料を払って有料の民間職業紹介所を通して顧客の斡旋を受けている実情がある。

　こうした複雑な契約関係について、有料職業紹介所、病院付添い、病院、患者（家族）の4者関係を示した**図8-1**で病院付添いを例にとって見てみよう。

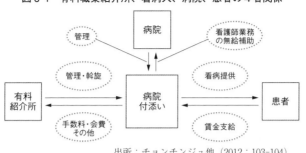

図 8-1　有料職業紹介所、看病人、病院、患者の４者関係

出所：チョンチンジュ他（2012：103-104）

病院における付添いの需要は急速に増加しており、2005 年で約 15 万人の未充足人員が発生しているという（チョンチンジュ他 2012：105）。こうした人員不足を解決するために、中高年の韓国人女性だけでなく、近年は多くの中国朝鮮族の女性労働者が病院看病労働に従事している。今や付添い労働は必須の保健医療サービスで、病院も病院付添いを医療サービス体制に組み込み、看護師がその業務と関連する指示や監督などの管理をしている。にもかかわらず、病院は病院付添いを直接雇用しないばかりか、雇用関係に一切関与しないケースがほとんどである。すなわち、病院付添いは職業紹介・斡旋所を通して患者と１対１の契約によって付添い・看病労働を提供し、病院は紹介所を介して病院付添いの労働力を使用しているだけである。しかしながら、労働力を供給する紹介所は病院付添いの労働条件を決定する権限を持たず、病院が労働条件や労働関係上のあらゆる内容に実質的な影響力、支配力を持つ一方で、雇用主ではないという理由で労働法上の使用者としての責任をすべて回避している。この結果、病院付添いは、時給 2,500 ウォン前後という法定最低賃金[14]に遥かに及ばない低賃金（パクミョンスク 2013）で、じつに１週のうち５日間、１日 21.3 時間も働くという（ユンジャヨン 2011：177）、他の職種では考えられないほど、過酷な超長時間に曝されているのである。そのうえ、休憩を取る場所も与えられず、つねに長時間労働による過労状態にある

――――――――――
14）2012 年の法定最低賃金は１時間当たり 4,580 ウォンである。

ため業務中の災害発生率は高いが労災保険は適用除外である。また、病院による教育・訓練はほとんど行われていないのに、明らかに看護師などの医療従事者がすべき医療行為を病院付添いが命じられて行うこともあるという。この際、過失による事故が起こった場合、病院は付添いにあらゆる責任を転嫁する（チョンチンジュ他 2012：124）。以上より、韓国の病院付添いの労働現場では、患者の生命にかかわるサービスの質と労働者の人権保護の両面で深刻な問題が生じていることがわかる。これは、病院も病院付添いを雇う患者家族も使用者とならず、使用者責任を負う者がいないところに起因する。

　このような病院付添いの労働契約関係と全く同じことが、実際には家事労働者と雇用者でありながら、使用者責任を一切負わない各家庭と家事労働者との間にもそのまま当てはまるのである。家事労働者もまた、労働災害と常に隣り合わせであるのに、前述したように労災保険も適用されない状況におかれている。

(2) 全国家庭管理士協会による非公式部門ケアワーカー組織化の試み

　これまで見てきたように、典型的な非公式部門ケアワーカーの家事労働者、病院付添いの労働実態に共通した顕著な特徴として、低賃金、不安定就業だけでなく、流動性、孤立性、分散性、ケアに対する社会的評価の低さが指摘できる。だが、もっとも注目すべきは、家事労働者をはじめとする民間部門の非公式部門ケアワーカーが労働者性や労働者権を認められないとともに、彼女たちを雇っている家庭や患者家族が使用者ではなく、ケアサービスの消費者である（ユンヘヨン 2018：85）という点である。このように使用者がおらず労使交渉する相手がいないということは、職場を基点に労使関係を形成することができないことを意味する。働く女性であれば、誰でも一人でも加入できる一般労組の全国女性労組ですら、こうした非公式部門労働者の組織化の壁にぶつかり乗り越えられないでいる。そこで、ここでは、やはり女性労働者会によって作られた、全国家庭管理士協会（全家協）による社会的協同組合を通じた、家事労働者の組織化について検討してみよう。

　1998 年の IMF 経済危機を契機に、90 年代を通じて労働市場に進出した女性賃金労働者が真っ先に解雇され、労働の非正規化が進むと同時に、女性の貧困も顕在化した。こうした状況で、女性労働者会から派生して全国単一組織の全国女性労組が結成され、女性労働者の労働権の保障が目標とされた。周辺部労働市場に編入された女性のための組織の一翼が全国女性労組とすれば、もう一方は、官民共同で行われた、就業貧困層に対する自活支援事業[15]の自活後見機関を端緒とする自活共同体組織であった。女性労働者会によるものに限らず、自活支援事業全般にわたってケアが事業の主要部分であったため（五石 2006：147）、自活支援事業への参加は男性より圧倒的に女性が多かった[16]。また、自活支援事業は、これまで不払い労働として家庭で女性によって担われてきた再生産労働であるケアが、賃金の支払われる生産的労働として認められるきっかけの一つとなった。女性労働者会は、99 年に制定された国民基礎生活保障法に基づいて地域自活センターの運営を政府から委託され、家事・病院付添い・介護などのケアを中心に、失業中の女性公的扶助受給者に職業訓練や就業斡旋を行い、就労を阻害要因を除くための福祉サービス支援もした。これが全家協の前身となったのである。

　ところで、自活支援事業の成立に影響を与えたのは、民主化運動の流れを汲む 90 年代の貧民運動である生産共同体運動で[17]（権順浩 2013：57）、その運営方式は、生産共同体の名にもよく表れているように、民主的で共同体的な

15）自活支援事業とは、国民基礎生活保障法に拠って、ワーキングプアである就業貧困層に対する公的扶助制度を通じた就労促進政策（＝ワークフェア）である。公的扶助受給者のうち働けると判断された受給者は、自活支援事業に参加しなければ公的扶助の生活給与を受けることはできない。

16）2003 年に行われた韓国自活後見機関協議会による全国調査では、自活事業就業者の 72.2％を女性が占めていた。なぜ女性が圧倒的に多いのかについて、五石（2006）は、自活支援事業の就業者の多くが不安定な就業しか得られない母子家庭の母親であり、加えて、男性は自活支援事業よりも市場労働での就業を選好する傾向があることをあげている（五石 2006：143、155-156）。

17）生産共同体運動は、1970 年代初めの民衆教会の牧師が貧民密集地域を中心として、その住民たちとともに労働を行いながら、貧困問題に取り組んできた運動を原点とする（権順浩 2013：55-56）。

協同組合形式であった。女性労働者会による地域自活センターも同様の流れ
を汲み、当初から協同組合的なものを指向した。これはまさに、「生活上の具
体的な必要性と可能性を共有する可視的な仲間（熊沢 2013：26）」を発見し、
繋ぐ、労働社会を形成しようとする活動といえよう。こうして、2004年に、地
域女性労働者会支部で個々に運営されていた自活支援事業としての家事支援
事業を全国組織に結集させ、全国家庭管理士協会を設立したのである。

　全家協は、孤立して、分散的に存在している家事労働者を全国組織に束ね、
家事労働を公に職業として認めさせ、家事労働者に対する社会的保護装置を
創り出す運動を展開した。それが、会員自らが主人となる、協同組合的な経済
共同体としての全家協である。全家協は、最初から女性労働者会と共同して
家事労働の公益的提供機関創設と家事労働者の公益的雇用創出を目指した
（ユンヘヨン 2018：85）。この際、問題となったのは、これまで述べてきたよ
うに使用者を誰とするかであった。結局、斡旋業体を使用者とすることにな
るが、営利を追求する民間の斡旋業体では業者による家事労働者の中間搾取
は避けられないため、全家協が斡旋業体として使用者による搾取のない協同
組合形式で結成されたのである（ユンヘヨン 2018：85）。折しも、2012年12月
に協同組合基本法が制定されて協同組合が自由に設立できるようになった。
とくに、公益を担う非営利目的の社会的協同組合[18]が設立できるようになった
ことは全家協の運動にとって追い風となった。2013年6月に、家事労働者を
中心とする全家協を再編した全家協分科と、療養保護士（＝訪問介護士）と病
院付添いで構成されるトルボム社会サービス分科から成る全国11地域15の
協同組合形式の機関を統合して1,100人のケアワーカーが集まり、社会的協
同組合の韓国トルボム協同組合協議会が設立された。

　ところで、全家協には二つの戦略目標がある。一つは家事労働者保護法制
定と、もう一つは家事労働者の専門性の確立である。

18）社会的協同組合について、協同組合基本法では、社会的協同組合を第2条第2号で、
　「協同組合のうち、地域住民らの権益・福祉の増進に関連する事業を遂行するか、脆
　弱階層に社会サービスを提供するなど、営利を目的としない協同組合（傍点筆者）」
　と定義している。

　家事労働者は、労働法によって労働者と認定されないがために、法や制度の保護が受けられず、それゆえ労働の価値が切り下げられ、劣悪な労働条件や労働環境下に置かれている。全家協は、女性労働者会をはじめとして、その他の女性団体と協力して2010年に「トルポム労働者の法的保護のための連帯」を結成し、ILO189号条約「家事労働の適切な仕事に関する条約（Convention concerning Decent Work for Domestic Workers, Convention 189）[19]」の批准運動を推進した（ユンヘヨン 2018：81）。2011年には、ILO189条約批准のための国内法整備を求めて、労働基準法第11条の家事労働者適用除外条項の削除、家事労働者の雇用保険と労災保険の使用者負担分を政府が肩代わりすることを盛り込んだ家事労働者特別法制定運動を強力に推し進めた（ユンヘヨン 2018：85）。こうして全家協は、女性労働者会、全国女性労組などの姉妹組織と共同で討論会や集会、デモを積極的に展開し、世論喚起と社会的イシュー化に力を注いだのである。

　他方、全家協は、家事労働者の専門教育とそれを深化させた職業教育を通して家事労働の専門性を確立し、専門性と熟練を付与された家事労働によって家事労働者に良質な職と就業を創り出そうとした。これには、営利的斡旋業体に家事労働者が搾取される家事労働市場の構造を変化させようとする狙いもあった。このような職業教育が成立するための必要条件として、2013年に全家協は史上初めて、家事労働の職務分析を行い、家事労働を7大領域70の細部業務に分け、家事労働の範囲と所要労働時間を算出し、家事労働規準表を作成した。この家事労働規準表完成をもって、職業教育と訓練が可能になったのである。これ以外にも、全家協は、家事労働に対する不当に低い評価や、顧客による無理な要求やハラスメントを防ぐために、顧客と家事労働者の権利と義務の相互保障守則や家事サービス利用約款、標準契約書と業務マニュアルを次々と開発し公開していった。さらに、家事労働者が専門家であ

---

19)　ILO189号条約は、2011年6月16日にILO第100回総会にて採択されたもので、労働法・社会保障制度の適用対象外になることが多い家事労働者を労働者と認定し、その労働条件の改善を目的とする国際基準である。

ることを根拠づける民間資格証を導入し、2016年に家庭管理士と家庭保育士の資格証登録を行い、姉妹機関の九老女性人力センターにおいて家庭管理士民間資格証教育が実施されるようになった（ユンヘヨン 2018：82-84）。

　以上のように、流動的で孤立、分散して存在し、労働者性も認められず、そのうえ労使交渉をすべき使用者もいない、労働市場の最周辺部に位置する非公式部門ケアワーカーをいかに組織化するかが、全家協と女性労働者会の長年の課題であった。ケアワーカー組織化の世界的な趨勢は労働組合であるが、これまで見てきたように韓国では社会的協同組合が一つの主要な流れとなってきている。とはいえ、非公式部門ケアワーカーの社会的協同組合である韓国トルボム協同組合協議会は設立されてから日が浅く、ケアワーカーの労働者性確保及び法・制度への包摂と併せて、社会的協同組合への動きを今後注意深く見守る必要がある。

5　結論

　本章では、全国女性労働組合と全国家庭管理士協会及び韓国女性労働者会による、韓国における女性非正規労働者のユニークな組織化の方法について考察した。組織化の軸となる労働社会を形成することは必須である。しかしそれは、定着に恵まれず、個別化し、孤立し分散して存在する特性を持ち、さらに、多くが労働者性及び労働者権まで認められていない韓国の女性非正規労働者にとっては至難の業である。ところが、姉妹組織である全国女性労組と全家協は、扇の要のような女性労働者会によって結びつけられ共同しながら、それぞれ独自の方法で女性非正規労働者をその特性に合わせて組織化してきた。全国女性労組は、資格や学歴を結集の共通項とできる学校非正規労働者や、中高齢で低学歴であっても集団的労使関係を形成できる清掃請負労働者やゴルフ場キャディを組織化の対象にしてきた。そして、彼女たちを、企業の枠組みを超えて、働く女性なら誰でも一人でも加盟できる全国単一組織の全国女性労組に組織化していくのである。

　他方、さらなる周辺的非正規労働市場には、労働者性も認められず、使用者が誰なのかも判然とせず一対一の労使関係も形成できない労働者が膨大に存在する。家事労働者や病院付添いなどの非公式部門ケアワーカーがその代表である。そもそも労使関係すら形成できないこれらの女性非正規労働者を、女性労働者会によって生み出された全家協は、労働者自らが主人となって経営管理を行う、非営利目的の社会的協同組合という方法で組織化しようとしたのである。

　このような全国女性労組と全家協、女性労働者会による女性非正規労働者の組織化は、1998 年以前の韓国にはなかった新しい組織化モデルといえよう。また、この三者が姉妹組織であることからもわかるように、これは相互補完的な連携関係として捉えられるべきである。この女性非正規労働者の組織化モデルが今後どのように発展していくかによって、新しい労働社会形成の展望が開かれるであろう。

※本章は、横田伸子（2019）「ジェンダーの視点から見た韓国における女性周辺労働者の労働の実態と組織化」『関西学院大学社会学部紀要』第 131 号を大幅に加筆修正したものである。

参考文献

［日本語］
熊沢誠（2013）『労働組合運動とはなにか——絆のある働き方をもとめて』岩波書店。
五石敬路（2007）「経済危機後の就業貧困層問題と公的扶助改革」奥田聡編『経済危機後の韓国：成熟期に向けての社会・経済的課題』アジア経済研究所。
権順浩（2013）「韓国における自活事業の成立と歩み」大友信勝編著『韓国における新たな自立支援戦略』高菅出版。
朴仁淑（2011）「韓国における在宅介護サービスの現状と療養保護士養成の課題」『立命館産業社会論集』第 47 巻第 2 号。
働く女性の教育ネットワーク（2006）『誰でも学べる女性労働組合ガイドブック　韓国編』。
横田伸子（2012）『韓国の都市下層と労働者——労働の非正規化を中心に』ミネルヴァ書房。
────（2018）「ジェンダーの視点から見た韓国における有期雇用の実態と変化——非正規職保護法施行（2007 年）後の超短時間パートの増大を中心に」『関西学院大学社会学部紀要』第 128 号。

［韓国語］

全国女性労働組合（2009）『非正規職女性労働者の組織化の診断と模索』。

チョンチンジュ他（2012）『ケアワーカーは誰がケアしてくれるのか？　健全なケアのために』ハンウル。

ナジヒョン（2018）「女性労働者の組織化と全国女性労働組合」韓国女性労働者会『両性平等×労働運動に挑戦する』。

パクミョンスク（2013）「協同と分かち合いを実践する韓国トルボム協同組合協議会」労使政委員会発表文。

ユンジャヨン他（2011）『ケアサービス分野の労働条件に関する研究［Ⅰ］—ケアサービス労働の労働条件の実態と政策課題—』韓国労働研究院。

ユンヘヨン（2018）「ケアワーカー、公論上に現われる」韓国女性労働者会『両性平等×労働運動に挑戦する』。

［英語］

Yokota, Nobuko（2014）"A New Attempt at Organizing Irregular Workers in Korea : Examining the Activities of the Korean Women's Trade Union," *Korean Journal of Sociology*, December 2014, Vol. 48, No. 6.

［統計資料］

韓国統計庁（2018）「経済活動人口調査」。

―――― （2018）「経済活動人口付加調査」。

第9章

若年労働者と非正規労働者からみた
脆弱階層の新しい労働運動の流れと可能性
——職場の壁を超える市民結社体への可能性

チョソンジュ

はじめに
——韓国における脆弱階層労働の現況と特徴

　韓国の労働市場は、すでによく知られているように「労働市場の両極化」という単語で表される。韓国の労働市場の両極化はほとんどが、正規職、非正規職という構造から成り立っており、現在の韓国は賃金労働者約2,000万人中33%[1]が非正規労働者に分類されている。2018年時点で約660万人に上る規模を占めており、これに特殊雇用労働者、そして最近の韓国社会で規模を急激に拡大しているプラットホーム労働に従事する人々まで含めると、その規模はさらに大きくなると予想されている。

　一方、2018年時点で、公式統計上の非正規労働者のなかで女性が占める割合は、約55.6%に上り、年齢階層別では60代以上の高齢層で非正規労働者が増加している。とくに、60歳以上の高齢層で増えた非正規労働者12万6,000人のほとんどは女性（10万4,000人）であり、注目すべきはパートタイム雇用（10万1,000人）が増加していることである（キムボクスン 2019）。

　正規労働者と非正規労働者の賃金格差も依然として大きく、2018年時点で、非正規労働者は正規労働者の約67%程度の賃金しか得ていないといわれ

---

1)　研究によっては、非正規労働者比率がはるかに高く現れることもある。これは、特殊雇用職や無期限契約職などの分類によって差が出ている。

ている。しかし、これは韓国労働市場の特性として、事業場の規模別に大きな
差が生じているからである。労働組合が多数組織されている300人以上の大
企業の事業場に比べて中小企業の労働組合組織率は低く、非正規労働者の賃
金は正規労働者の47％で半分にも満たないためである（キムボクスン 2019）。

　本章で扱う対象は労働市場でも脆弱階層だが、とくに若者と非正規労働を
中心に述べていく。韓国労働市場でさまざまな理由により注目されている若
年労働者の雇用率は、40％という基本的に低い水準を見せている。これは、
約70％に達する高い大学進学率にもかかわらず、質の良い雇用が少ないため
非正職労働者が多くなり、若年層の高学歴者の多数が不安定な労働に従事し
たり、安定した公共部門、または大企業に就職するまで就職を延期して、「就
業準備者」として残ったりすることが多いからである。このような特徴に
よって、韓国の「就業準備者」の大部分を若年層が占めていると推測され、約
70万人を超えている。公式的な統計上の若年失業者の規模が約35万人から
40万人未満の状況であるが、それよりはるかに大きい規模で「就業準備者」が
存在するという奇妙な現象が若年層を中心に起きている。こうした現象は、
韓国の若者たちが何年も就職を伸ばし、彼らに公務員や公共部門で働くため
の試験を準備させる（考試族という新造語がこのような事態を代弁する）。す
ると、その分最初に職に就く時期も遅れ、さらに結婚年齢や子どもの出産年
齢もまた遅れるなど、多様な社会問題として影響を及ぼしている。現在、この
ような韓国労働市場で相対的に安定した雇用といえる公務員や公共部門への
就職を準備し就業を伸ばしている別名「考試族」は、約25万人水準といわれて
いる。調査によれば、公務員試験を準備している若者は年間6％、公企業の試
験を準備している若者は年間3.9％ずつ増加しているという（時事ジャーナ
ル、2019）。

　若年労働市場において、若年層でニート状態にある若者の比率も急激に増
加している。韓国の若年ニートは毎年増加し、2017年にはOECD平均
（13.4％）より5ポイントも高い18.4％に上る。とくに大学進学率が高いことに
よって、韓国の高学歴若年ニートの比率は42.5％で、日本の21.7％、ドイツの
7.7％よりも圧倒的に高い数値を記録している。敢えてニートをしている若者

の他にも多数の若者たちが、就業準備をしながら短時間労働をしたり、短期的に労働をした後にまた就業準備に戻ったりというようなことを繰り返していることがうかがえる。

　もちろん韓国労働市場の不安定労働問題が若年層だけに限定されているわけではなく、前で考察したように、60歳以上の高齢者層での非正規労働者が急速に増加しており、とくに女性労働の問題も非常に深刻なレベルにある。若者や女性高齢者などが、韓国労働市場の典型的な脆弱階層労働者に分類される理由でもある。しかし、ここで韓国労働市場問題のなかでも若年層を中心に取り上げる理由は、本章で考察すべき脆弱階層の労働運動の新しい可能性が同じ脆弱階層労働のなかでも若年層を中心に現れており、このような可能性が他の脆弱階層労働運動の可能性を見出す機会になり得ると考えたためだ。これに若年層と非正規労働者、不安定労働問題を中心に、最近の事例と既存の労働運動との違いと特徴を見出すことによって、脆弱階層の労働運動の新しい流れと可能性について検討してみることにする。

1　脆弱階層の労働運動の新しい流れ

　2010年代以降の韓国労働運動のなかでもっとも重要な流れは、非正規労働者の組織化、非正規職の正規職化、労働理事制などといった、ソウル市をはじめとする地方自治体の労働政策を通じた変化、そして脆弱階層の新しい労働運動の流れの登場だといえる。ほとんどの労働組合が300人以上の大企業を中心に組織されており、とくに男性正規労働者中心の組織化の様相をみせていた韓国の労働運動は、2010年代以降、積極的に非正規労働者を組織し始めた。これは、相対的に進歩的傾向を持つ地方自治体と教育庁※訳注1などの行政

　※訳注1：韓国の地方自治の大きな特徴は、選挙で選ばれた「教育監」が特別市・広域市・道の教育・学芸に関する事務を首長から完全に独立して執行していることである。その下にある組織を教育庁といい、教育庁と特別市庁、広域市庁、道庁は同じ地方自治体の行政機関ではある。しかし、人事と予算編成及び執行や庁舎は完全に分離しており、全く別個の機関として機能している。

府が、2010年代前半に大挙登場するという政治的環境変化とうまく噛み合って、組織化の成果を出すようになったからである。つまり、このような流れは、「労働尊重社会」を掲げる文在寅政権の発足と相まって、非正規職の正規職化の対象となる公共部門などを中心に非正規職労働者の組織化を進展させ、労働運動もまた過去とは異なってかなり強力になったのだ。この他に民間部門でもまた、通信サービス領域などにおける間接雇用の非正規労働者組織化の試みも着実に成果を出しており、希望連帯労組、サムソン電子サービス労働組合などがその代表的事例である。しかし、依然としてこのような成果は、正規職化というはっきりとした目標が実現可能な公共部門や公教育分野、または請負企業で主に達せられているに過ぎない。

　一方、2011年、ソウル市という韓国の人口の5分の1が居住生活している巨大メトロポリス都市の行政府では、親労働的な政治勢力が政権を握り、地方自治体を中心にした多様な労働政策が試みられ大きな成果を出すようになった。ソウル市の非正規職の正規職化、労動理事制の導入、生活賃金制の導入、若者手当政策などはソウル市だけでも大きな成果であったが、それ以降さまざまな地方自治体の政策に拡がっていき、文在寅政権発足以降は中央政府の政策にまで拡張された。だが、このような成果も、基本的には地方自治体の地方公共機関を中心に行われた政策として、前述した労働運動の積極的な公共部門の非正規職の組織化という流れと連携して大きな効果をみせたが、やはり公共部門内部に限定されたものであるという側面も無視することはできない。

　次に指摘するべき流れは、脆弱階層のなかでも若年層の非正規労働者，不安定労働者を中心に現れた新しい労働運動の可能性だ。この領域は公共部門に限定されず、労働市場で非正規労働者にも明確に分類されない一種のグレーゾーンをなしている。これは、第一に韓国の労働市場の脆弱階層労働者が労働組合を通じた組織化と労働条件改善という効果を持つことである。第二に、企業単位や事業所単位を超えて社会と具体的な関係を結ぶ労働運動としての発展の可能性を見せたという点で、新たに光を当てる必要があるといえよう。以下、代表的な事例を挙げていこう。

(1) 青年ユニオン

　青年ユニオンは、2010 年 3 月に「世代別労働組合」という名を掲げて創立された労働組合である。15 ～ 39 歳までの青年層を組合員にしている。特徴は、失業者か就業者かや事業所などの区別なく、青年層という年齢世代だけで組合員の対象として活動する労働組合という点だ。2010 年前後に『88 万ウォン世代』などの世代論言説が登場した時期と、青年失業の問題が社会問題として登場した時期に、世代別労働組合というスローガンを掲げて登場した労働組合である。したがって、伝統的な形態として、一種の「一般労働組合」に分類されるべきだが、清掃請負会社などに集中して組織化された韓国の一般労働組合とは違い、事業所単位よりは個人加盟を中心に活動する。この点について、チョソンジュ初代政策企画チーム長やキムヨンギョン初代委員長などによれば、この青年ユニオンは日本のコミュニティユニオンからアイデアを得たと述べている。設立当初から労働組合の設立申告をめぐり、当時の雇用労働部と長い間訴訟を重ねて、この過程自体が一つのイシューをめぐる闘争となった。つまり、青年ユニオンは、青年失業者の労働組合として初期には知られたが、実際の当事者たちは青年失業者に限られず、若年労働者全体が抱える問題意識をより多く有していたと考えられる。

　一方、青年ユニオンはこれ以降の活動において、伝統的な労働組合が事業所別に組織化され、使用者との対立を通して成長し組織化される方法は取らなかった。例えば、30 分以内での配達強制反対運動、コーヒー専門店の週休手当獲得などのような、一つの事業所内部の問題には限定されない市民との共感度が高い労働権一般の問題をめぐって、市民に対するキャンペーンを行い、さらに法的制度改善闘争などを通じてコツコツと成果をあげながら活動した。このような活動方法は、個人加盟組合員から寄せられた相談を通じて、個々人の権利救済から制度改善闘争、市民を説得するキャンペーンなどへと結びつけられたものである。2019 年現在、青年ユニオンは、組合員 1,000 名、後援会員 1,000 名など、約 2,000 名規模の組織に成長した。続いて、具体的な事件を事例に、青年ユニオンの活動について述べていきたい。

　2016年に青年ユニオンは、組合員の1人の家族の死に疑念があるという情報提供を受けて、該当組合員から事情聴取を行った。この組合員の兄は、今は故人となったイハンビ氏で、当時韓国で放送され人気を博していたドラマの助プロデューサーであった。しかし、イハンビ　プロデューサーは遺書を残して自殺し、この遺書を通じて過度な長時間労働と非人間的な放送制作環境の実態があったという点が明らかになった。青年ユニオンは、この事件を遺族とともに社会に対して問題提起するために準備過程を設けた。この過程で、青年ユニオンは民弁（＝民主化のための弁護士の集い）など、市民団体と共同対策委員会を作り、『イハンビ　プロデューサー事件』を社会問題化し始める。番組制作会社のCJ　E＆M側は、当初は不誠実な態度を取っていた。しかし、この事件は韓国社会で大きな社会問題になり、結局会社側が遺族に対して直接誤りを認めた。そして、次の対応措置を取った。責任者の懲戒措置、会社を挙げての追悼式、イハンビプロデューサーの社内追悼編集室の設立、故人の遺志を顕彰することができる基金創設に関連した財政的後援を約束した。また、放送制作環境と文化を改善するために、制作スタッフの適正な勤務時間・休憩時間など包括的な原則の樹立、合理的標準労働契約の準備及び勧告を含めて9つの改善課題を実践することを約束し、落着した。

　実際、ドラマなどの放送制作環境の劣悪さと労働権の問題は、放送業界に大規模労働組合が存在していたにもかかわらず一顧だにされなかった領域で、放送業界の労働組合は、ドラマなどを演出して作る制作責任者たちが、まさに労働組合員でもあった。したがって、制作スタッフの劣悪な労働環境が、そのまま会社の売り上げと利益につながったため、それまで構造的な代案を作ったり問題を解決したりすることが難しかった。しかし、青年ユニオンのように、外部にある組織が遺族と共に問題を提起しながら、単純に個人レベルの遺憾表明ではない放送制作環境全般の問題として提起し始め、これを通じて放送業界の既存の労働組合とさまざまな市民団体が呼応し始めたという点は注目すべきである。以降、対策委員会はソウル市をはじめとするいろいろな機関に要求して、故人の名前を冠した「ハンビメディア人権センター」をソウル市と共同で開設し、このセンターはさらにドラマ及び放送労働環境改

善活動を通じて成果をあげた。

　次いで2018年に青年ユニオンは、国内有数の映画祭でずっと働いてきた若者とともに映画祭スタッフの労働権についての問題提起をした。それは、韓国の代表的な映画祭である釜山映画祭をはじめとして、各地の地方自治体が相次いで設立した数十余りの映画祭運営過程で、多数の若者たちの労働権があまりにも深刻に侵害されていて、大規模な賃金未払いも起こっていることを暴露したのである。

　青年ユニオンとイヨンドゥク議員室が共同分析した報告書によれば、映画祭開催前の1か月の間、1日に平均13.5時間の勤務をすることが明らかになった。これによって発生した時間外手当のすべて、または一部を受け取ることができなかった者は、34人中30人に達した。

　青年ユニオンは、「青年ユニオンで推算した釜山国際映画祭の賃金未払い額は約1億2,400万ウォンであり、映画祭準備期間全体に拡大して未払い賃金を推計すると、映画祭のスタッフ149名に対する賃金未払い額は3億ウォンに達するとしている。そして、今回の釜山国際映画祭の大規模賃金未払い事態については、「スタッフの献身に対しての感謝と、彼らの労働に正当な対価を支給しなかった過去の間違った慣行について反省しなければ解決はあり得ない」と発言した。

　韓国労総の労働運動家出身であるイヨンドゥク国会議員室と最初から共同で進めてきた調査事業によって、2018年の国会の国政監査でこの問題は明るみになり、雇用労働部の特別勤労監督が行われた。これ以降、釜山映画祭をはじめとした映画祭の事務局が、賃金未払いの解消と労働権の改善を約束し、政府機関の映画振興委員会が、2019年までに根本的な制度改善策を整備することを約束した。そして現在は、映画祭の運営過程で労働権が守られる構造を作るための各種の点検と制度改善が進められている。

　このように、青年ユニオンの活動は、2つの側面で脆弱階層労働運動の可能性を示唆する。一つ目は、伝統的な労働運動とは異なり、事業所単位での問題提起ではなく、産業または事業単位の領域での問題提起を通じて、たとえ一人の問題提起から始まったとしても、産業と事業単位で最小限の労働権の基

準を作る作業を進めるという側面だ。これは、団体協約の拡張適用率が低い韓国の状況では非常に意味があるポイントで、とくに労働組合の活動がその労働組合員にだけ限定されるのではなく、該当産業で多様に労働している他の構成員にまで効力を持たせることで、事業所単位を超えて労働組合と労働権の領域を拡張しているという側面で意味がある。実際、脆弱階層の労働者の多数は小規模事業所で働いていることが多い。このような場合、初期段階で大規模に労働組合が組織化されない限り、問題解決が難しいケースがずっと多く、当事者らも個人的には苦痛を経験するケースも多い。このような理由によってむしろ、労働権を不当に侵害されている多数の脆弱階層の労働者が問題提起に迅速に乗り出しにくいのも現実だ。

　二つ目は、青年ユニオンの活動事例のように、少数の問題提起をした当事者と国会議員室、市民団体などの社会的世論を背に、該当産業の労働権の基準を作り出す労働運動は、脆弱階層の労働者が問題解決の過程に参与してその成果を共有しながら、今後の労働組合活動などに自然に乗り出すようになる効果もある。実際、イハンビ プロデューサー事件以降に設立された放送労働人権センターには、多様な放送業界の労働者たちによる情報提供と問題提起が相次いでおり、これらは再び該当労働運動を発展させている。

(2) 大学院生労働組合

　大学院生労働組合の正式名称は〈民主労総全国公共運輸社会サービス労働組合全国大学院生労働組合支部〉（以下、大学院生労働組合）で、2017年の9月から大学院生との懇談会を通じて約3か月の準備過程を経て、2017年12月に設立された新生労働組合である。現在の組合員の規模は約200名であるが、韓国で「大学院生」は労働者として認識された存在ではなく、現在も多数の法的制度的体系では大学院生を労働者として認めていない。しかし、大学院生は、特殊大学院を含めれば約33万人（一般大学院生15万人）に達する大きな規模を占めている。韓国の大学内部特有の構造によって理工系の大学院生であれば、該当大学院研究室に事実上雇用された労働者のように定期的な賃金

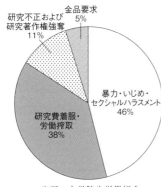

図9-1　職場パワーハラスメント 119　共同実態調査（2019 年 1〜9月）

［大学院生労働組合・大学院生 119 に寄せられた相談］
○教授のパワハラに耐えられず大学院をやめます。
○教授の娘の宿題をさせられて、賃金は支払ってもらえず
　——象牙の塔の悲しい自画像。
○弟子の研究費横領——防犯カメラにしっかり撮影された指
　導教授。
○私たちは知っている、研究室で灰皿を投げつける怪物を。
○学生でも労働者でもない中途半端な状況。義務だけあって
　権利がない。
暴力、いじめ、セクハラ：73 件
　暴言、暴行、性暴力、セクシャルハラスメント、指導教授
　変更拒否、研究指導拒否、業務から外す、研究室から締め
　出す、いじめ
研究費着服、労働搾取：60 件
　研究費横領（ペイバック）、最低賃金以下で働かせる、一
　方的な解雇、賃金の未支払い、長時間勤務、私的な仕事を
　させる、無給労働など
研究不正、研究著作権強奪：18 件／金品要求：8 件

出所：大学院生労働組合

をもらって仕事をしたり、プロジェクト別に雇用契約と類似した契約を結び仕事をしたりもする。人文社会領域の大学院生たちも、修士または博士課程の勉強だけするのではなく、その多くが事務助教、または TA（Teaching Assistant）と変わらない労働をしながら勉強をしていることが多い。このような構造はかなり前から問題になっており、明確な法制度的区分がない状況で、まるで特性化高校実習生問題※訳注2のように教育と労働が混在した形態で存在してきたといえる。韓国の伝統的な労働運動でも、各大学の教授や教職員は、教授労組、大学労組などに組織されている。不安定労働の領域は、事務室で仕事をしている〈事務助教〉まで組織された事例があるが、大学院生は労働者として認識されず、そのことが本格的に問題にはされなかった。時折、大学院生たちに対する教授のパワハラ、セクハラ、または研究費の横領などが事件化したが、実際のところ、大学院生の日常的な労働権に光が当てられた事例はほとんどないといえる。

※訳注 2：韓国には、大学進学を主とする人文系と就業を主目的とする特性化高校がある。特性化高校では高 3 になると工場や会社などに実習に行くが、その身分が労働者でも学生でもなく曖昧で労働災害が発生することもある。

しかし 2010 年代半ば以降、韓国の不安定労働の多様な領域で、若年層を中心に青年ユニオン、アルバイト労組、ファッション労組など、多様な試みが続

いており、この過程で従来、労働として認識されなかった領域に対して再度
光が当てられるようになった。そのなかで、大学院生たちも、自分たちの問題
を単純に大学社会の内部で教授との私的関係から起こる事柄としてではな
く、労働権の問題として認識し始め、労働組合まで結成するに至ったといえ
る。大学院生労働組合の始まりは、2017年前後に再度問題となった大学院内
での教授による大学院生助教に対するパワハラと、名目上はTAとして登録
させていたのに、実際は学科事務室の事務助教と同じ仕事をさせている大学
院生の労働権がきちんと保障されていない[2]というような実態が明るみに
なったことである。特異なことは、韓国では87年の民主化以降、大学院生の
問題は「大学院総学生会」が作られて、大学院生の権利に対する代表権を持っ
てきた点だ。これは先ほどの青年ユニオンとも似ているのだが、伝統的な韓
国の市民社会運動において、大学生や若者たちの問題は、学生会や青年会な
どを通じて声が上がり、大学院生も大学院総学生会が主導してきた[3]。これと
は異なり、大学院生労働組合は、労働権を中心に新しい問題提起を行うと同
時に、代表性を獲得する過程にあるといえる。現在、大学院生労働組合の委員
長を務めているクスラ委員長へのインタビューによれば、大学院生労働組合
の初期メンバーのなかには大学院学生会活動をした者も多数いたと把握され
ている。しかし厳密にいえば、大学院総学生会は、大学内学生自治組織として
法的権限を持っている労働組合とは異なり、大学内の中立的な立場を保持し
なければならないという状況にあり、より大学院生の労働権を中心に活動す
ることができる組織の必要性を感じたという。また、大学院総学生会は任期
も1年と短く、活動も基本的に校費支援を通じて行われた。そのため、どうし
ても大学当局の立場から自由ではない点も存在するので、総学生会より労働

---

2) このケースは、実際の時給に換算すると4,000ウォンの水準で、最低賃金の半分水準
　　だった。

3) これについては次の節で少し詳細に扱っていく。1987年以降に作られた学生会、青
　　年会、大学院生総学生会とは異なり、若年層の新しい組織形態としての労働組合が注
　　目されるようになったことは、単純に法的保護を受けることができる長所以外にも韓
　　国社会の異なる変化と結びついていると筆者は考えている。

組合を選択するようになったと述べた。ただし、大学院総学生会は87年以降、30余年間存在してきているのに対し、大学院生労働組合は作られてから2年ほどであるため、ともに協議・論議し活動しているという。

　現在、大学院生労働組合が一番力を注いでいる活動は、第一に、基本的な組織化活動をしながら、言論と特定のイシューをめぐる闘争（issue fighting）を通して組織の存在を知らしめ、地域を回り直接大学院生と懇談会を行い、それぞれの大学の大学院で組合員を募集することである。第二に、大学院生が直面する問題を整理し、政策開発をすることである。理工系、人文系、芸術系の大学院生が直面する問題がすべて異なり、これに対する制度も皆無であるように、状況ごとに大学院生が直面する問題を整理して、これに対する代案を準備する作業を行っている。第三に、実際に大学生が直面する困難の情報提供を受けて解決していく相談活動及び、権利救済事業を同時に進めることである。

　加えて、現在の制度の下で大学院生の労働権を保護するため、基本的に労働契約を締結する政策を推進しており、各種の社会安全網から除外されている実態を改善するために、雇用保険や健康保険などの社会安全網に包摂されることで大学院生が利点を見出すようにする運動も推進している。また、それぞれの大学内で、主に教授によって起こされるパワハラと性暴力など、人権侵害も重要な問題として扱っている。とくに、2018年前後に韓国の大学内で、#MeToo運動が大きくイシュー化するなか、懲戒委員会などに大学院生が参加しなければならないという代案を大学院生労働組合が提示するなど、該当大学できちんとした懲戒と解決ができるように監視し連帯する積極的な活動も活発に行われている。

　一方、大学院生労働組合は前述した青年ユニオンとは異なり、民主労総傘下の公共運輸労働組合に加入し、上級団体を置く方式で組織された。2010年代初めに現れた青年ユニオン、アルバイト労組、ファッション労組などの場合は、上級団体を置かずに独立労組として組織され活動することが多かったが、最近組織されている大学院生労組、放送作家労組などは、上級団体に加入して活動することが多い。これについて、クスラ委員長は2つの側面から理由を述べている。一つ目は、大学内ヒエラルキーが非常に抑圧的なため、初期

の組合員数が多くない状況では、上級団体を通じて組合員と組織を保護する必要があること。二つ目は、労働組合活動のノウハウと力量などを確実に確保することができる方法だと判断したからであること。もちろん、従来の民主労総傘下に教授労組、大学労組、非常勤講師労組、公共研究員労組などが存在している。しかし、大学院生の問題はそれぞれが衝突する部分があったり、理工系、人文系の大学院生をすべて含むことが難しい条件などがあるなど、上級団体を大学とは関係ないものに変えることは社会公共性の側面から重要だと判断し、公共運輸労働組合を選択したという。現在、上級団体を通じて、主に組合員の教育と組織化及び労働組合活動などで支援を受けることで、初期組織安定化の助けになると判断している。

　大学院生労働組合は各大学と交渉または協議もするが、それとは別にもう一つ、政府部署と協議して制度改善をしていくという大きな活動領域がある。2019年までの労働組合もまた、理工系大学院生の四大保険加入支援と労働権の保護の内容が盛り込まれている「理工系大学院生支援特別法」制定のために、政府の各部署および国会議員室とも協議している。さらに、セクハラやパワハラなどで問題になった教員懲戒手続き改善のためにも同様に協議が進行中である。現在では、政府各部署も大学院生労働組合を代表的な政策パートナーと認め、大学院生と関連した問題が発生すれば、各種懇談会または政策協議の対象として扱っている。典型的な例として、2019年に各大学別の性暴力対応マニュアルを作り配布したときには、大学院生労働組合の意見を聴取して進めるなど、同労組は労働権を含んだ大学院生の問題の代表性をすでに獲得していると考えられる。

(3) 放送作家ユニオン

　放送作家ユニオン（全国言論労働組合放送作家支部）は、2017年11月11日、放送作家の労働権保障と処遇改善のために発足した労働組合である。前述した青年ユニオン、大学院生労働組合などと同じで、放送作家であれば、ジャン

表 9-1　サービス残業の強要を受けた放送作家

性別	10 人中 9 人が女性
週当り平均 労働時間	53.8 時間
月平均給与	170 万ウォン
最末端作家の時給	3,880 ウォン
給与の未払い経験	49.9%
性暴力被害経験	41.1%
人格を否定された経験	82.8%
4 大保険の加入率	2.0%

出所：放送作家組合（2016）

ル、キャリア、地域に関係なく誰でも加入できる労働組合で、大学院生労働組合が公共運輸労組を上級団体としているように、放送作家ユニオンも民主労総の全国言論労組を上級団体としている。

　正式名称は民主労総全国言論労働組合放送作家支部であるが、発足当初から「放送作家ユニオン」という別名を公式的に使用していた。こうした労働組合の別名は、多数の市民にもう少し身近に労働組合を知ってもらうという目的もあり、組合員に自分の組織に対する所属意識をさらに感じてもらおうという意図もある。最近 IT 開発者を中心に組織されている労働組合もまた、大部分このような別名を持っている。[4)]

　放送作家ユニオンも既存の労働運動から組織対象として認められなかったり、韓国の労働法制で労働者として認められなかったりする「放送作家」を対象にしたという点で注目に値する。とくに、放送作家の職群は女性が多く、高学歴者が多い。しかし、正規労働者の直接雇用を最小化し、大部分の番組制作スタッフは、外注またはフリーランス形態で契約されてきた不安定な労働領

---

4)　例えば、Naver 労働組合が共同声明、Kakao 労働組合がクルーユニオン、Nexon 労働組合がスターティングポイント、Beautiful Store 労働組合がピョリヨデなどである。

域である。なかでも放送作家は、テレビやラジオ番組などの資料調査、出演者との出演交渉、進行原稿作成、さらには番組の企画といった、番組制作の核心的な役割を担っているにもかかわらず、絶対多数がフリーランス契約の形で業務契約を結んでいる（これさえも契約書が作成されない場合が多数だ）。それなのに、番組の途中で一方的に契約が解約されたり、賃金が支払われないことも多い。放送作家は、韓国の労働法の下では独立契約者（またはフリーランス）に分類される。しかし、絶対多数が在宅勤務ではなく、出退勤が確実になされ、業務の指示関係も明白なラジオ、テレビ放送局の現場で働いている。90年代までは、放送原稿や出演交渉などをすべてプロデューサーがしていた。しかし、原稿作成、計画、アイディア提出などを外注化する傾向が90年代末に生まれ、これらはそのために新たに作られた職群で、この種の他の職業がそうであるように、関連労働法制度が皆無であるといえる。一方、多数が女性であるこの業務で、放送社特有の上下関係の下で、セクハラや暴言などに悩まされる人権侵害の状況も日常茶飯事に起こることとして知られている。これに対し、2000年代初めに、一部の放送作家が地上波放送局地方支部で労働組合設立を試みたが、不安定な雇用のうえ事業場に一緒におらず、1人が少なくて2つ、多くて3つのように、さまざまな放送局の番組作成に携わる特性のため組織化が難しく、設立に至らなかった。

　しかし、2016年にオンラインを中心に、放送作家の労働権の問題が少しずつ社会問題になり始め、2017年の故イハンビ プロデューサー事件、MBC、KBSなどのストライキ及び放送正常化などの流れのなかで、放送作家の労働権も注目すべき社会問題として登場し始めた。こうして、民主労総全国言論労働組合とともに放送作家達は本格的な組織化に乗り出し、労働組合を設立するに至った。放送作家ユニオンの多様な活動は以下の通りである。

---

5)　実際には、このような契約すらせずにプログラム制作PDの私的人脈を通じて任意に制作してきた。

○放送作家の雇用安定と労働権保障、原稿料の現実化のための企画事業

○団体協約を通じた標準契約書及び労働契約書の締結拡大

○放送作家が置かれた状況を社会に知らせて改善するための実態調査

○立法活動及び各種のキャンペーンなど

○セクシャルハラスメント及び各種の人権侵害根絶のための活動

○放送業界の不公正な慣行をなくすための活動

○賃金未払い、契約違反などの各種違法事例に対する法律相談の支援

○労働法アカデミー、心理カウンセリングプログラムなどの組合員参加企画事業

(4) その他の事例

　前述した3つの労働組合の事例以外にも、2010年代半ば以降に登場した不安定労働者や脆弱階層の労働運動の新しい流れは注目に値する。2017年には、韓国最大規模のパン屋のフランチャイズであるパリスバケットのパン職人が、労働組合を結成した。このパン職人は、各フランチャイズ支店に雇用されているが、実際は本社の指揮監督の下、大部分の労働が行われていた。しかし、それまではパン職人自身も自らを労働者と認識せず、飲食業のシェフのように一種の専門契約者のように自らを考えてきた。しかし現実は、高くない賃金と非常に長い労働時間、さらに不安定な雇用形態によって、多数の若いパン職人が困難にさらされている。このような状況で自らを労働者と認識し、労働組合を通じ権利を勝ち取ろうという流れが現れ、数千人規模の労働組合が結成された。これは結局、直接雇用まで勝ち取る結果につながりもした。このこともまた、伝統的な労働運動や韓国の法制度では労働者として認められないできたが、当事者が労働組合という形式を通じて権利を勝ち取ろうとする過程で、労働者としてのアイデンティティまで獲得した結果だといえる。

　一方、最近の韓国で急激に増加しているプラットフォーム労働でも、脆弱

階層労働者による組織化の試みが起こっている。ライダーユニオンは、韓国の代表的なプラットフォーム産業で働く宅配労働者を組織する労働組合として、伝統的な労働組合が要求する正規職化や賃金引き上げよりは、猛暑手当要求など消費者の共感を得ることができる要求案を中心に、労働者の声を組織している。また、全国女性労組傘下のウェブコンテンツ開発支部には女性労働者が多数いるが、放送作家のように、外注契約やフリーランス契約などで働いてきたウェブデザイナーおよびウェブ漫画作家を組織する試みを進めていて、全国女性労組傘下の支部で組織されたりもした。若い女性労働者が多数を占めているこの産業も、韓国の法制度内では労働者に分類されず、労働運動における組織化対象ではなかったが、最近この領域で労働権が侵害されてきたため、当事者である女性や若年労働者の声が組織されつつある。

　これ以外にも、最近IT産業で組織されている労働組合にも目を向ける必要がある。NAVER、KAKAO、NEXON、スマイルゲイトなどの大企業規模のIT会社の労働者で、相対的に高い賃金と安定した雇用形態にある労働者である。従来、韓国ではこれらIT労働者は、労働者というよりIT開発者としてのアイデンティティを強く持ち、企業福祉も相対的に高い水準だった。しかし、IT産業でも、ゲームまたは新規コンテンツの立ち上げでの長時間労働、あるいは事前通達なく事業を変更・廃止するなどの問題があるため、ゲーム開発業界の長時間労働は「灯の消えることのない街パンギョ」という名前で悪名高く、労災事故もしばしば起こった。これにIT産業労働者が自らを労働者と認め、労働組合を通じて、不合理な会社経営方針や労働時間の短縮などを主張し、労働組合を作ろうとする試みは非常に意義深い。

2　脆弱階層労働と労働組合の新しい可能性

　これまで見てきた2010年代半ば以降の脆弱階層、とくに若年労働者や非正規(不安定)労働者から現れた労働運動の新しい流れの特徴について考察する必要がある。何よりも労働組合の役割に新しい意味を付与したということが

できる。若年層の非正規労働者、または不安定労働者を中心に現れたこのような新しい労働運動は、大部分の既存の労働運動における「労働組合」に対する認識、そして韓国の労働法体系の現実と大きな違いをみせている。

すなわち、これまでの韓国の労働運動と法体系は、「使用者」の存在を証明してこそ労働者であることを証明できる。言い換えれば、「誰が労働者なのか？」という質問に答えるためには、「誰が使用者なのか？」という質問にまず答えなければならず、そこで初めて使用者に要求することができ、その後に労働者の権利が具体的に確定されるという認識を基盤としている。しかし、2010年代半ば以降に現れた脆弱階層の労働運動の特徴は、事業所または業務や仕事などの領域で多様な問題に直面している当事者がまず「労働者」であることを自ら認識して、自身が直面しているさまざまな問題を解決するための手段として労働組合を積極的に活用しているという点である。それは、単純に賃金引き上げや雇用安定の狭い意味にとどまらず、人権、平等な組織文化、経営方針などにまでわたる。もちろん1節で見た通り、2010年代半ば以降、50代以上の高齢層を中心に組織された既存の組織労働運動の組織化でも、脆弱階層の労働者は大規模に組織されていた。しかし、伝統的な組織労働が組織した50代以上の脆弱階層の非正規職労働者は、事業所が明確で伝統的な労働基準法上労働者である者が決まった対象であった。これに対し、若年層の脆弱階層の非正規職労働者から現れた新しい流れは、労働基準法、労働組合法、雇用保険法上、労働者であることが確実ではなかったり、労働者として規定されていなかった労働者がより多く、むしろ、これらの人々が自らを労働者として規定し労働組合を作り活動することで「労働者」と呼ばれるようになった点において違いをみせる。

これは、これらの脆弱階層の若年労働者による労働組合に対する認識が異なるということを意味する。実際にこれらの労働組合は、50代以上が主力になった産業領域の脆弱階層労働運動が組織された時の活動とも異なる。一般的に韓国の労働運動は、組織化以降まず賃金引き上げを要求するが、最近では正規職化または雇用安定を要求することが一般的な状況だ。しかし、これらの若年層の新しい脆弱階層労働運動は、雇用安定などの労働条件の改善活

動も展開するが、何よりも該当産業または職業の領域に「公正な」ルールを作ることを同時に進めるという点で特徴がある。最近では、これら労働組合運動の労働者が、既存の産業や職業とは異なり、労働権の境界が明瞭でなく一つの職場で一つの仕事を長く行うよりは、該当産業領域でキャリアを積みながら、さまざまな会社と仕事を転々としながら働くことが多いためである。前述した映画祭のスタッフの労働者は、映画祭の準備期間から映画祭が終わる時まで3〜5か月間働き次の映画祭に移動することが多い。放送作家も同様で、担当番組を変えながら放送局を転々とすることが多い。こうした時、一つの職場で結んだ団体協約よりは、該当の産業で基準になる公正な労働契約書や業務委託書などに効果があって、賃金と労働条件もこのような次元で基準が決められているため、もっと効果的な側面もある。

　さらに、法体系で労働者と規定されていないにもかかわらず、逆に自らを労働者としてまず認め、労働組合という方式を積極的に活用する姿もこれまでと全く異なる。実際、大学院生労働組合の多数の大学院生にインタビューしてみても、自らを労働者として認識している者が全体の半分以上に及ぶほど高く、放送作家なども同じであった。使用者が誰なのか、事業所が正確にどこなのかなどは、自らを労働者として認識するにあたって重要な要素ではない。むしろ自分の仕事がどれほど自分の労働力を必要としているかどうかなどが、労働者としての認識を持つのに必要な要素であると述べている。これは、企業別労働組合の大部分が、活動も企業単位や事業所単位で成り立ち、団体協約中心の活動が産業や事業に拡張されず、市民的な同意基盤も低い韓国の労働運動において注目するべき点だといえる。これらの労働組合は、その規模が多くて千人、少なくて数百人単位であり大規模ではないが、社会的影響力や市民的同意基盤の水準ははるかに高い。これらの労働組合は単に自分の労働組合の利益のためだけに活動するのではない。またその出発点から労働組合員の資格を持つことができなかったり、面識もない該当産業や対象領域の多数の市民を対象としているので、労働組合の活動に対しても市民的支持を大きく受けながら活動することができるのである。したがって、労働組合の規模が大きくなくても、政府部署との各種の政策協議および該当産業で

の代表性を確保するのに大きな基盤になるものと考えられる。

　これは、労働組合が自分の活動基盤を広く持つことができるという意味だけにとどまらない。逆に労働組合として組織されておらず、しっかりとした労働権を保障されていない多数の脆弱階層の労働者が、どのように自らを組織して市民権を獲得することができるかについて示唆を与えてくれている。我々は、労働組合が労働三権を勝ち取っていくことが一般的に職場内で成り立つことだと考える傾向が多い。しかし多くの研究で見るように、資本主義の市場経済を選択してとくに脆弱な労働環境に置かれている市民は、自分の市民権を完全に保障されているわけではない。このような市民が、労働組合という市民結社体を通じて市民権をしっかり確保していくことこそ、民主主義が機能することと解釈することができる。このような観点から、単純に職場内で労働組合が組合員の権利を伸張して職場の民主主義を作り出すことを超えて、むしろ市民が、労働組合を通して社会全体で市民権を確保し、民主主義を作っていく道筋を作り得ると考えられる。これまで韓国では、労働組合は民主主義体制のなかでの市民結社体としての役割と可能性よりは、団体協約と労働三権を通じた職場内での労働者の権利組織としての役割のみ重視されてきた。しかし、こうした観点では労働市場の両極化と多様化が進んでしまう。民主主義が実質的に機能し発展することが要求される昨今の現実に鑑みると、むしろ労働組合を事業所内での利益集団組織としての役割に留まるような限界に閉じ込めてしまうことになるのである。このような側面で、最近の労働市場の両極化と労働の多様化の影響をもっとも劇的に被っている若者の脆弱階層の不安定労働者にとって、従来とは異なる形態と活動を見せる労働組合が出現して活動することは重要だといえる。

（児玉成美：訳）

参考文献（韓国語）

イジョンヒ、キムクンジュ、パクテジュ、ユボムサン（2017）『労働組合の社会的位相と未来の役割』、韓国労働研究院。
キムジョンジン（2016）『共に歩む──労働が尊重される社会』、ソウル研究院。
キムボクスン（2019）「最近の非正規雇用と労働条件の変化」『月刊労働レビュー』2019年1月、韓国労働研究院。
時事ジャーナルe（2019.3.14付）「『公試族』熱風（上）──「公務員・公企業社員6万人採用します」［中略］あなたも私も『公試族』に『Uターン』」。
大学院生労働組合（2019）『大学院生人権侵害実態調査結果』。
放送作家組合（2016）『2016年放送作家労働人権実態調査報告書』。
ユヒョングン（2015）「青年不安定労働者の利害代弁運動の出現と成長」、高麗大学校アジア問題研究所『アジア研究』第160号。

第Ⅳ部

労働法制からみた労働時間問題

第10章

なぜ日本の労働時間は短くならないのか?

和田　肇

はじめに

　本章は、日本の労働時間、とりわけ一般労働者（無期雇用でフルタイム労働、いわゆる正規労働者）の労働時間が長いこと、その原因、それがもたらす弊害を明らかにし、今後の展望を示すことを目的としている。[1]

1　労働時間の現状

　"OECD Data, Hours worked" によれば、2018年の労働者平均の年間総労働時間は、日本が1,680時間（39か国中短いほうから17番目）、韓国が1,993時間（長いほうから3番目）となっている。最短はドイツで1,363時間、最長がメキシコ2,148時間、アメリカ1,786時間、イタリア1,723時間、イギリス1,538時間、スウェーデン1,474時間である。

　図10-1から、この40年間に日本の労働時間は大幅に短縮してきたように思われるが、事はそう単純ではない。**図10-2**から、一般労働者（ここでは「常

---

1)　本章で論じるテーマについては、和田（2018a）p. 131以下、和田（2018b）p. 28以下、和田（2019）p. 6以下も参照。

185

図 10-1　1 人当たり平均年間総労働時間

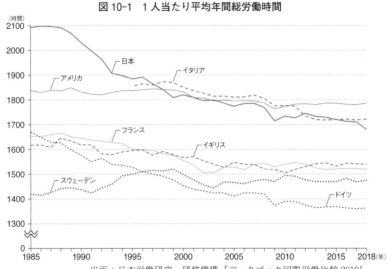

出所：日本労働研究・研修機構『データブック国際労働比較 2019』
https://www.jil.go.jp/kokunai/statistics/databook/2019/06/d2019_G6-1.pdf

図 10-2　就業形態別年間総実労働時間及びパートタイム労働者比率の推移

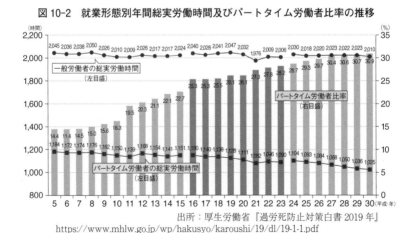

出所：厚生労働省『過労死防止対策白書 2019 年』
https://www.mhlw.go.jp/wp/hakusyo/karoushi/19/dl/19-1-1.pdf

用労働者」のうち1日の所定労働時間または1週の所定勤務日数が一般労働者より短い「パートタイム労働者」以外の者）についてみると、この30年間ほとんど労働時間が短縮していないことがわかる。それにもかかわらず全労働者平均で総労働時間が短縮してきたのは、主としてパートタイム労働者が増加してきたことによる。なお韓国の現在の数値は、1990年代初頭の日本とほぼ同じ水準であり、韓国の労働時間の長さは際立っている。

　長時間労働のなかで注目しなければならないのは、とくに週60時間以上という超長時間で勤務する労働者の割合が今日でも相当高い点である。週60時間以上働くということは、週法定労働時間の40時間を前提にして、月に80時間強を超える時間外労働に従事するということで、それは労働基準監督署において過労死や過労自殺と判断される可能性が高い数値である。[2]とくに働き盛りの30～50歳にその特徴が顕著にみられる（**図10-3**）。

図 10-3　月末 1 週間の就業時間が 60 時間以上の雇用者の割合（性・年齢層別）

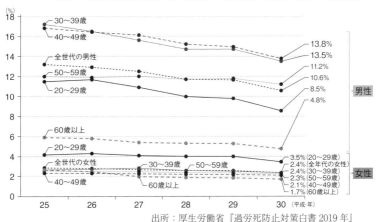

出所：厚生労働省『過労死防止対策白書 2019 年』
https://www.mhlw.go.jp/wp/hakusyo/karoushi/19/dl/19-1-1.pdf

---

2)　基発 1063 号（平成 13・12・12）によると、「発症前 1 か月間におおむね 100 時間又は発症前 2 か月間ないし 6 か月間にわたって、1 か月当たりおおむね 80 時間を超える時間外労働が認められる場合は、業務と発症との関連性が強いと評価できる」とされる。

　厚生労働省は毎年「過労死等の労災補償状況」を公表しているが、それによればこの何年間の過労死（脳・心臓疾患）の申請件数（死亡のみ）は240件以上（2017年度で254件）、労災支給決定件数はその約4割（同82件）で、過労自殺の申請件数は200件強（同200件）、決定件数は約4割（同76件）である。この間、ほぼ一定して高い数値で推移している。

　長時間労働の裏返しの問題として、休暇取得日数の少なさがある。年休付与日数は若干増加しているが、取得日数がほとんど変化しないために、取得率も50％を割り込む数値で推移している（**図10-4**）。最新のデータでは、取得率では、2016年から韓国に先を越されている（**図10-5**）。

　なお、以上の統計では、サービス残業といわれるタダ残業・不払い残業の時間数は現れてこないが（当然のことではなく、ドイツでは公式統計に出てくる）、統計上の数値か、その倍以上に達するとの研究もある。サービス残業の原因としては、会社が管理していなかったり、会社が残業抑制策を強調しているために、あるいは労働者が人事評価を気にして正確な時間数を申告していなかったり、さまざまなことが考えられる。

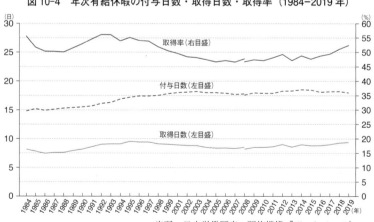

図10-4　年次有給休暇の付与日数・取得日数・取得率（1984-2019年）

出所：日本労働研究・研修機構『データベース』
https://www.jil.go.jp/kokunai/statistics/timeseries/html/g0504.html

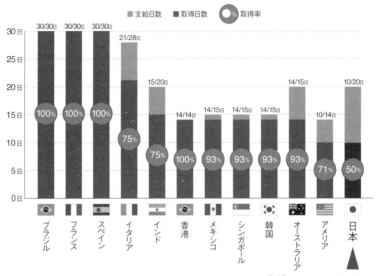

図 10-5　世界 19 か国有給休暇・国際比較（2018 年）

出所：エクスペディア
https://welove.expedia.co.jp/infographics/holiday-deprivation2018/

2　何が労働時間短縮の要因となったのか

　第二次世界大戦後、とりわけ 1960 年代以降の経済成長にもかかわらず、日本の長時間労働がアメリカから social dumping と批判され、内需拡大型経済への移行が政策課題となった。それを具体化したのが、1987 年の労働基準法改正であるが、これにより段階的にではあるが週労働時間が短縮され、年休日数が増加されるなどの改革が行われ、また長時間労働解消の機運が高まったこともあり、その後何年間かは労働時間短縮も比較的順調に進んだ。労働組合もそれなりの運動を展開していた。

　1980 年代は、一方では男女雇用機会均等法が制定され、女性の職場進出も一定程度進展していった時期である。バブル経済の後押しを受けたことも影響するが、高度経済成長期に取り残された雇用現場の課題、つまり長時間労働、会社（中心）主義といわれる企業共同体観念、職場の男性中心主義などに

目が向けられた時期でもある。

　しかし、1993年にバブル経済が崩壊すると、その後はこうした傾向がみられなくなり、労働時間短縮は停滞した。日本人の働き蜂の実態は、30年弱経過してもほとんど変化がない。日本では「失われた20年（あるいは30年）」ともいわれる期間である。

3　なぜ、労働時間短縮は進まないのか

　なぜ、労働時間の短縮が進まずに、むしろ、「働く過剰」[3]の結果である過労死や過労自殺現象が継続し一向に解消されないのか。それには、いくつかの理由が複合的に作用している。

(1) 立法の不備・欠陥

　第一に、法制度上の不備がある。私は法学者なので、どうしても法制度上の問題に真っ先に目が行ってしまう。企業別労働組合中心の日本では、産業別労働組合運動を展開してきたヨーロッパと異なり、労使自治型の労働時間短縮は困難で、立法政策に依拠せざるを得ない現実がある。

　法律による労働時間規制には、労働時間の長さ自体を規制する「直接規制型」と、時間外労働について高い割増率を課す「間接規制型」がある（両者併用型もある）。ドイツの労働時間規制（変形労働時間制を取った場合にも1日の最長労働時間を10時間とする）が前者であり、アメリカの労働時間規制（時間外労働に50％プラスの割増賃金を課す）が後者である。

　日本はこのどちらにも属さない。つまり、制定時の労基法では「1日8時間週48時間制」が採用されていたが、三六協定を締結することにより、わずか25％増の手当を支給するだけで、上限無し（青天井）の時間外労働、休日労働

---

3)　玄田（2005）。

が可能であった。最新の2018年労基法改正によっても、「1週40時間1日8時間制」ではあるが、三六協定で「1か月45時間、1年360時間」までの時間外労働が可能で、さらに特別条項を設ければ、「複数月平均80時間以内（時間外労働＋休日労働）、単月100時間未満（時間外労働＋休日労働）、年720時間以下（休日労働を含むと920時間）」の範囲での時間外労働が可能となる（労働法36条）。割増率は、依然として時間外労働について25％増（1か月60時間超でようやく50％増）、休日労働について35％増という低い水準である（同法37条）。以上のことから、日本の労働時間の法規制は、直接規制の点でも間接規制の点でも相当「弱い」といえる。

　さらに、もっとも長時間労働が深刻である自動車運転手、勤務医師、建設業では当面の間、これら規制が適用を免除されている。また、地方公務員の学校教師については、労基法が適用されるが、時間外・休日勤務については、実際の勤務時間に応じた割増手当の代わりに、一律4％の教職調整額が支給される（それしか支給されない）仕組みが取られている（公立の義務教育諸学校等の教育職員の給与等に関する特別措置法：給特法）。実際に従事した時間外・休日労働に即した割増手当を請求する多くの訴訟が提起されているが、この法の仕組みに阻まれている。

　2018年5月に来日したILO事務局長のガイ・ライダー氏は、「残念ながら、過労死（KAROSHI）という日本語は、悪い意味で世界中に知られている。過労死の問題は、残業を含めた長時間労働が、広く社会で行われていることが背景にある。今回、残業時間に上限規制が設けられたことは歓迎するが、最大で月100時間、年間720時間は、国際的にみればまだ長すぎる。」と述べている。これが国際的な評価ということになろう。

　労働時間の法規制について付言すれば、ヨーロッパで一般的になっている休息時間（労働終了から翌日の労働開始までの休息）規制は、導入の努力義務にとどめられている（労働時間等の設定の改善に関する特別措置法2条1項）。また、年休については、10日から始まり最高で20日で頭打ちとなり、連続休暇の定めもなく（労基法39条）、したがって3労働週（15日か18日）の休暇日数と、そのうち2労働週は連続休暇とすることを定めているILO基準（1970年

有給休暇条約）を満たさない現状である（日本は同条約未批准）。

(2) 労使自治の機能不全

　第二に、労使関係の構造の問題である。私はドイツの労働時間と法、そして労働組合運動について研究してきた[4]が、そこで明らかになったのは次のような点である。

　①労働協約で年休規制が始まり、その後それが州法として立法化され、1963年の連邦休暇法に結実した。同法の年休日数は一律15日で、そのあと1974年法改正でこれが18日に、さらに1994年改正で24日に引き上げられるが、労働協約上の年休日数はこれを遙かに上回る水準で引き上げられてきた。

　②労働時間法はナチズム期の1938年に制定されたが、そこでは1日8時間1週48時間制がされており、それが1994年の新労働時間法の制定まで続いた。この間に法改正はなかったが、現実には労働協約によって労働時間短縮が進められてきた。その限りでは、立法による労働時間短縮という手法は取られておらず、労働時間問題は賃金問題と同様に労使自治の最優先課題であった。

　③労働組合が労働時間短縮を正面から課題として掲げて運動を展開したのは、1950年代半ば以降である。ドイツでは生産性向上の成果は、賃金アップとともに労働時間短縮にもかなりの部分が配分されてきた。

　④1970年代の何度かのオイルショックを経験してドイツでは失業率が上昇し、それへの対策が政労使の共通の課題となった。労働組合が注力したのが、金属産業を中心とした週35時間制の獲得であるが、そこにはワークシェアリングによる雇用の創出という発想が強く働いていた。それは、労働組合運動や労使自治がマクロ経済政策を担う機能を有していることを意味する。それはまた、労使自治が産業別・地域別に（場合によっては全国レベルで）形成されていることとも大きく関係している。

　以上と対比したときに、日本の労働組合運動や労使自治の特徴が際

4）　和田（1998）。

立ってくる。つまり、企業エゴイズムに陥りやすい企業別組合という組織形
態[5]と、その裏返しでもあるが、マクロ政策に関与する機能が弱いという特徴
である。こうした限界を突破するものとして1950年代に春闘方式が編み出さ
れたが、その先頭に立っていた者が1970年代半ばには「春闘の終焉」を表明し
ている[6]。こうした企業別組合の限界は、今日まで克服されていない。

(3) 成果配分に対する労働者の賃金選好

　第三に、日本の労働者は、生産向上の成果配分について、労働時間短縮とい
う形よりも、賃金アップという形で還元されることを望んできた。
　ドイツでは、第二次大戦後の順調な経済成長の成果は、賃金アップととも
に労働時間短縮として相当部分が配分されてきた。1950年代にそのスローガ
ンとして掲げられたのが、「土曜日のパパは僕のもの」であった。それに対し
て日本では、「父さん元気で留守が良い」といわれるような家族観が強く、そ
こにはワーク・ライフ・バランスの発想はきわめて弱かった。現在でも、多く
の労働者は、一定の時間外労働手当を見込んで生活設計をしている。こうし
たことは、会社主義[7]や企業中心主義[8]といわれている雇用社会論と関係して

---

5)　ドイツの労働協約が社会的に重要な規範となっている例として、労働協約の登録制度
（登録と公開）がある。労働協約法6条で、「連邦労働社会省において、労働協約の締
結、変更、廃止、並びに一般的拘束力宣言の開始と終了を届出るための協約登録簿を
運営する」とされ、同法7条で、労働協約当事者は前述の事態が発生した後1か月以
内に連邦省庁および州政府に対して書面を送付することが義務づけられている。かく
して連邦レベルと州レベルで登録簿が管理・運営され、労働者等からもアクセスする
ことが可能となっている。この協約登録制度は、連邦省庁がその内容をコントロール
するためのものではなく、すべての関係当事者に情報公開をするための制度である。
したがって、労働組合関係者や使用者団体関係者のみならず、裁判所や官庁、研究者
も、すべての労働協約にアクセスできる。その意味で、登録制度は、法律の公開と同
様の機能を有している。このようにドイツでは労働協約は「社会の宝」であるが、日
本では労働協約や就業規則は、企業内の「秘め事」である。

6)　太田（1975）。

7)　馬場宏二（1991）p. 29以下。

8)　大沢（1993）。

いる。なお、現在、政府は働き方改革のなかで兼業・副業のすすめを説いているが、それを希望する労働者の多くには収入の増加があると考えられる[9]。

(4) メンバーシップ型雇用とその弊害

第四に、日本の伝統的な雇用は、職務内容が明確化されているジョブ型雇用ではなく、会社の従業員たる身分を取得するメンバーシップ型雇用である。これは濱口の命名であるが[10]、戦前戦後に活躍し、戦後労働立法政策にも大きな影響力を発揮した末弘がすでに指摘していたことでもある[11]。

メンバーシップ型雇用のメリットは終身雇用制に現れているが、その反面として会社の業務命令権が労働者の私生活選択の自己決定権に優先する弊害を伴っていた。ある論者は、こうした雇用慣行を、日本の外部労働市場の柔軟性が欠ける点を補う内部労働市場の柔軟性と表現するが[12]、それは業務上の必要性があれば労働者の私生活を犠牲にしても業務命令に拘束されることをも意味している。最高裁判例は、このことを是認する法理を展開してきた[13]。そして、企業はこうした側面（いつでも業務命令に応えるために備えていること）を人事考課（昇格などの人事処遇、ボーナスの査定等）に利用してきた。

---

9) リクルートの「兼業・副業に対する企業の意識調査」（2017 年 2 月）では、兼業・副業の容認・推進企業は 22.9％で、その理由では「とくに禁止する理由がない」68.7％、「社員の収入増につながる」26.7％が、圧倒的に多い。このことは、労働者のニーズに応じていることになり、裏返せば労働者にそのニーズがあることになる。

10) 濱口（2011）p. 16 以下など。

11) 末弘厳太郎は、戦前から「労働契約は一定企業に於ける労働者の地位の取得を目的として企業主と労働者との間に締結される契約」であり、「単純なる債務的契約にあらずして一種の身分契約である」と論じていた（末広（1936）p. 2777）。この理解は、戦後も継承されていく（末広（1947）p. 47 以下、末広（1948）p. 15）。

12) 荒木（2001）p. 212 以下。

13) 時間外労働命令について、日立製作所武蔵工場事件・最高裁判決平成 3 年 11 月 11 日最高裁民事判例集 45 巻 8 号 1270 頁、配転命令について、東亜ペイント事件・最高裁判決昭和 61 年 7 月 14 日労働判例 477 号 6 頁など。ライフ・ワーク・バランス尊重の視点からの最高裁判例批判として、和田（2008）p. 162 以下を参照。

(5) 企業風土とコンプライアンス

第五に、雇用社会において100%コンプライアンスが貫徹している国は、おそらく地球上に存在しないであろうが、日本ほど「ブラック企業」が問題とされている国も、また珍しいのではないだろうか。厚労省は、元はこれを入社してすぐに退職してしまう企業や業界の問題として取り組んだが、その後、サービス残業（タダ残業）やハラスメントあるいは過労死・過労自殺などが横行・多発している企業をも対象として対策を講じるようになった。今日では、ハラスメントや働く過剰問題のほうが、より深刻になっている。ちなみに2012年からはNPOが、毎年ブラック企業対象を選定している。

なお、厚労省は毎年「監督指導による賃金不払残業の是正結果」を公表しているが、2018年度の結果は次のようになっている。

＊是正企業数　　　　　　　　　　　　　　　1,768企業（前年度比：102企業の減）
　うち、1,000万円以上の割増賃金を支払ったのは、228企業（前年度比：34企業の減）
＊対象労働者数　　　　　　　　　　　　　　11万8,680人（前年度比：8万6,555人の減）
＊支払われた割増賃金合計額　　　　　　　　124億4,883万円（前年度比：321億9,312万円の減）
＊支払われた割増賃金の平均額　　　　　　　1企業当たり704万円、労働者1人当たり10万円

4　今後の展望

以上、長時間労働の実態と問題点を明らかにしてきたが、そこから労働時間短縮の課題も明らかになってきた。このうち労使自治の機能不全、企業のコンプライアンスについては、残念ながら今のところあまり希望がもてそうもない。立法構想については、私自身がドイツ型労働時間規制や年休規制をモデルにしながらこれまでも縷々論じてきており、ここではあらためて論じることはしない。

今の日本では、単なるスローガンではなく、本気になって「働き方改革」をしないといけない状況にあるのは、ほぼ共通認識になっている。

　1つに、少子と高齢化の同時進行により労働力不足が深刻になっているが、男性中心の今の働き方では、女性や高齢者は良好な環境で労働市場に参画できない。そのことは、非正規雇用問題とも絡み、深刻な年金問題の原因ともなっている。これを外国人労働者の受け入れでは補うことはできない。

　2つに、若い人たちを中心に、古い働き方への反発・否定的な傾向が現れてきている。彼らに希望のもてる雇用社会を作り上げないと、日本社会自体の未来が暗くなるが、そのための新しい革袋が必要になっている。

　3つに、現在のような猛烈社員型、男性稼ぎ主モデル（male bread-winner model）は、もはや維持できないことを、政治家も企業経営者も正確に認識すべきである。一方で、男性が長時間労働をする（死ぬほど働く）ことは働く過剰を招き、他方で女性は家計補助的に非正規雇用で働くという古い家族観は、様々なところで弊害を招いている。現行の労働法や社会保険制度は、依然としてこうした古い家族観を前提に組み立てられている（例えば勤労者を対象とした厚生年金は、男性が正社員として40年間働き、女性が主婦で、子供が2人というモデルで組み立てられている）。

　以上まとめると、雇用社会におけるワーク・ライフ・バランス（私はライフ・ワーク・バランスという表現のほうが良いと考えているが）、人権や個人の尊厳、コンプライアンスの尊重、つまり従業員重視型企業経営等への根本的なパラダイム転換が必要ということになろう。

　この点で注目されるのが、アメリカ大企業のCEOで構成される団体であるBusiness Roundtable が2019年8月に公表した「企業の目的に関する声明」である。それに基づく「企業の目的の再定義」(Redefined Purpose of a Corporation)で、同団体は1997年の声明では、「企業の主要な目標はそのオーナーである株主に経済的利益を還元すること」としていたが、その結果、「良き企業をいかに機能させるかという視点を無視していた」とし、新たな声明では、「企業を成功に導くためには様々なステークホルダーの利益を尊重すべきである」として、従来の声明を変更することを明言している。ここでのさまざまなステークホルダーとは、投資家、労働者、コミュニティ、供給業者、消費者をい

う。それぞれに対する企業の責任を掲げているが、労働者に対しては投資を
増やしていくこと、つまり「公正な報酬で報い、重要な利益を与えること、急
速に変化する世界に対応できるべく能力を向上するための職業訓練・教育を
行うこと、ダイバシティ、社会的包摂、個人の尊厳を尊重すること」を目標と
して掲げている。

　日本企業は、先の声明を受け 1980 年代以降、伝統的な従業員主権から株主
主権に大きく舵を切ってきた。いつも外圧頼みではあるが、アメリカでの企
業論パラダイム転換は新たな企業モデルを提供しており、それを日本の企業
や労働組合あるいは労働者も受け止めていく必要があるのではないだろうか。

14）消費者に対しては価値ある物を提供すること、供給業者には公正で倫理的な取引を
　　し、良き関係を築くこと、コミュニティに対しては住民を尊重し持続可能な企業活動
　　を通じて環境を保護すること、投資家に対しては透明で効果的な関係を維持すること
　　を約束している。
15）この指摘として、ドーア（2005）p. 30 以下など。
16）こうした流れと共通しているのが、世界が取り組むべき「多国籍企業と人権」につい
　　ての国連での新しい動きである。ラギー（2014）を参照。

参考文献

荒木尚志（2001）『雇用システムと労働条件変更法理』有斐閣。
大沢真理（1993）『企業中心社会を超えて——現代日本を「ジェンダー」で読む』時事通信社。
太田薫（1975）『春闘の終焉——低成長下の労働運動』中央経済社。
玄田有史（2005）『働く過剰——大人のための若者読本』NTT 出版。
厚生労働省（2001）「脳血管疾患及び虚血性心疾患等（負傷に起因するものを除く。）の認
　　定基準について」基発第 1063 号。
末弘厳太郎（1936）「労働契約」『法律学辞典 第 4 巻』岩波書店。
―――（1947）『労働法のはなし』（政治経済研究所編）一洋社。
―――（1948）「労働基準法解説（1）」『法律時報』20 巻 3 号。
馬場宏二（1991）「現代世界と日本会社主義」東京大学社会科学研究所編『現代日本社会
　　1　課題と視角』東京大学出版会。
濱口桂一郎（2011）『日本の雇用と労働法』日本経済新聞出版社。
ロナルド・ドーア（2005）『働くということ——グローバル化と労働の新しい意味』（石塚
　　雅彦訳）中公新書。
ジョン・ジェラルド・ラギー（2014）『正しいビジネス——世界が取り組む「多国籍企業
　　と人権」の課題』（東澤靖訳）岩波書店。
和田肇（1998）『ドイツの労働時間と法——労働法の規制と弾力化』日本評論社。
―――（2008）『人権保障と労働法』日本評論社。
―――（2018a）「労働基準法の労働時間規制の変遷過程」島田陽一・菊池馨実・竹内（奥
　　野）寿編『戦後労働立法史』旬報社。
―――（2018b）「年次有給休暇の法政策の検証」『労働法律旬報』1924 号。
―――（2019）「労働時間規制改革の法的分析」『日本労働研究雑誌』702 号。

第11章

韓国における労働時間短縮法改正の過程と評価

ハンインサン

はじめに

　労働時間は、労働者の健康や産業災害と密接に関連しているだけでなく、労働者の仕事・生活均衡（work-life balance）のためにも重要な意味をもつ。多くの国は、法定で1日・1週間の労働時間の長さを規制する一方、例外的に労働時間の延長を許可するか、一部業種に対する労働時間規制の例外を認めている。韓国も勤労基準法第50条以下で1日・1週間の法定勤労時間を規定し、労働時間の長さを制限する一方、例外的に延長勤労を許容しているが、上限（1週間12時間）を設定し、勤労時間・休憩時間の特例業種を制限している。

　韓国は、2003年勤労基準法改正（施行2004年）で1週間40時間制を導入したが、労働時間短縮の効果は大きくなかった。これは、1週間12時間延長勤労上限の未遵守、休日勤労に含まれないという行政解釈と監督、延長勤労・休日特勤慣行などに起因することが大きい。法定勤労時間1週間40時間制導入以後でも、韓国は実勤労時間を短くするために社会的対話を進めて、立法および政策方案を継続して論議した。代表的には経済社会発展労使政委員会（以

---

1)　各国毎に法定勤労時間、延長勤労の制限方式、加算賃金の割増率など、労働時間規制内容の差違があるが、使用者と勤労者が遵守しなければならない法定勤労時間と日単位、週単位、年単位等、延長勤労の上限を設定する等、労働時間に上限制をおいていると評価することができる。

下「労使政委員会」という）内の実労働時間短縮公益委員会、労働時間構造改善特別委員会における論議などであった。第19代・第20代国会でも労働時間短縮を主要内容とする多数の法律案が発議され、これらについての立法審査があった。第19代国会では実労働時間短縮の共感帯はあったが、施行時期・特別延長勤労・特例業種の範囲などについての与野党間の意見の違いで合意することができず、関連法律案が任期満了で廃棄された。

　ローソク革命で誕生した現政府は「労働尊重社会」を指向し、労働時間短縮を国政課題の1つとして設定する一方、関連する勤労基準法改正のために努力した。具体的には実労働時間の上限を1週間52時間と明確にし、勤労時間・休憩時間の特例業種の縮小などを提示した。現政府発足以前に構成されていた第20代国会では、すでに実労働時間短縮のための多数の法律案が発議されて係属中であった。[2]現政府は、休日勤労の延長勤労時間算入をめぐる大法院全員合議体の判断を待ちながらも、事業場の混乱を早急に解決するためには法律を明確に改正することが望ましい立場を示すと同時に立法を促進して、長い陣痛の末に2018年3月、勤労基準法が通過した。

　2018年3月に改正された勤労基準法（以下「改正法」という）の主要内容は、1週間52時間の労働時間上限の確認、休日勤労に対する重複割増排除、勤労時間・休憩時間の特例業種の大幅縮小、「官公署祝日に関する規定」（大統領令第28394号）上の公祝日の法定有給休日化、改正法の企業規模別段階的施行などに要約することができる。改正法は、労使政を含む社会的対話機構における議論、第19代・第20代国会における議論などを経た妥協と折衷の産物であったが、準備が不足した状況で性急に施行されたという批判、後続的立法措置が必要という主張も提起された。以下では、法定労働時間の短縮（1週間40時間制導入）以降の韓国における労働時間短縮論議、改正法の立法過程および主要争点、評価、その後の後続措置などを調べることにする。

――――――――――

2)　文在寅政府の国政課題71.「休息のある生活に向けた仕事・生活の均衡実現」。

2　労働時間短縮法改正以前の議論

(1) 法定勤労時間の短縮以後の労働時間の変化

　2003 年の 1 週間 40 時間制導入は、労働時間短縮と労働時間および休暇制度を国際労働基準に合致するように調整するための立法措置であった。1 週間の法定勤労時間が 40 時間に短縮されたが、20 人未満の事業場に適用されるのは 2011 年であった。立法権者は、法定勤労時間の短縮が事業場に及ぼす影響を考慮して、企業規模に応じて段階的に施行することにしたのである。各施行時期は以下の通りである。

表 11-1　法定勤労時間の変化 (一般事業場・勤労者中心)

法制改正日	法定勤労時間	適用対象	適用時点
1953.5.10	48 時間／週	—	—
1989.3.29	44 時間／週	—	1991.10.1
経過規定	44 時間／週	300人以上　金融保険業	1990.10.1
経過規定	44 時間／週	300人未満	1991.10.1
2003.8.29	40 時間／週	—	—
経過規定	40 時間／週	1,000人以上　金融保険業　公企業	2004.7.1
経過規定	40 時間／週	300-999人	2005.7.1
経過規定	40 時間／週	100-299人	2006.7.1
経過規定	40 時間／週	50-99人	2007.7.1
経過規定	40 時間／週	20-49人	2008.7.1
経過規定	40 時間／週	5-19人	2011.7.1

　法定労働時間の短縮により、韓国の労働時間は漸進的に減少する傾向をみせているが、依然として実労働時間は、OECD 主要国と比べれば格段に長い方である。労働時間の国際比較は、各国の週当たり所定労働日数、土曜日および延長勤労、欠勤範囲についての労働慣行、統計の適用範囲、資料収集方法の相違性などに留意する必要があるが、このような点を考慮しても韓国の労働時間は OECD 主要国に比べて絶対的に長い。韓国の法定労働時間が 5 人以上

の事業場に適用された2011年の全就業者の年平均労働時間をみると、韓国は2136時間で、OECD加盟国の平均である1750時間に比べて380時間以上長く、主要国のうち年平均労働時間がもっとも短いドイツより740時間以上、隣国の日本より400時間以上長い。

表 11-2　OECD 主要国の年間平均労働時間比較（total employment）

（単位：時間）

国	2008	2009	2010	2011	2012	2013	2014	2015	2016	2017	2018
オーストラリア	1,721	1,692	1,700	1,700	1,693	1,689	1,683	1,684	1,673	1,675	1,665
オーストリア	1,605	1,564	1,557	1,562	1,540	1,525	1,516	1,500	1,512	1,511	1,511
カナダ	1,741	1,712	1,715	1,713	1,722	1,716	1,710	1,712	1,706	1,695	1,708
フランス	1,543	1,531	1,540	1,546	1,541	1,526	1,518	1,519	1,526	1,522	1,520
ドイツ	1,418	1,373	1,390	1,393	1,375	1,363	1,367	1,370	1,363	1,360	1,363
イタリア	1,807	1,776	1,777	1,773	1,734	1,720	1,717	1,718	1,722	1,719	1,723
日本	1,771	1,714	1,733	1,728	1,745	1,734	1,729	1,719	1,714	1,709	1,680
韓国	2,228	2,174	2,163	2,136	2,119	2,106	2,076	2,083	2,068	2,018	1,993
オランダ	1,429	1,420	1,420	1,420	1,411	1,415	1,426	1,426	1,438	1,435	1,433
スペイン	1,713	1,720	1,710	1,716	1,701	1,694	1,695	1,700	1,702	1,690	1,701
イギリス	1,521	1,516	1,506	1,518	1,531	1,541	1,547	1,531	1,545	1,543	1,538
アメリカ	1,787	1,762	1,773	1,780	1,783	1,781	1,784	1,785	1,781	1,780	1,786
OECD 諸国	1,766	1,731	1,751	1,750	1,748	1,744	1,742	1,743	1,743	1,737	1,734

出所：https://stats.oecd.org/（抽出：2020.4.1）

　韓国の賃金労働者の年平均労働時間も比較対象国家のなかではもっとも長く、賃金労働者の年平均労働時間は全就業者に比べて主要国との格差はさらに広がる。ドイツに比べれば、11年基準で800時間以上長い。

　韓国の全就業者・賃金労働者の年平均労働時間を時系列で比較すると、漸進的に減少しているが、2016年までは2,000時間を超えていた。全就業者は2018年、賃金労働者は2017年になって、1,900時間台後半に進入した。賃金労働者を基準に、2018年の年平均労働時間をドイツと比較すると、660時間以上の差がみられ、2011年と比較すると格差が縮まっているが、これは肯定的に評価できる。韓国は、1週間40時間制が導入されてからも年平均労働時間は依然として長い。

表 11-3　OECD 主要国年間平均労働時間比較（dependent employment）

（単位：時間）

国	2008	2009	2010	2011	2012	2013	2014	2015	2016	2017	2018
オーストリア	1,506	1,469	1,469	1,469	1,454	1,444	1,439	1,420	1,432	1,432	1,435
カナダ	1,740	1,712	1,718	1,718	1,726	1,721	1,718	1,718	1,714	1,705	1,721
フランス	1,433	1,419	1,428	1,435	1,429	1,417	1,412	1,412	1,420	—	—
ドイツ	1,340	1,289	1,310	1,315	1,301	1,292	1,299	1,303	1,298	1,300	1,305
イタリア	1,653	1,616	1,616	1,615	1,580	1,567	1,566	1,570	1,581	1,581	1,586
日本	1,792	1,733	1,754	1,747	1,765	1,746	1,741	1,734	1,724	1,720	1,706
韓国	—	—	—	2,119	2,098	2,071	2,047	2,058	2,033	1,996	1,967
オランダ	1,369	1,360	1,357	1,358	1,348	1,353	1,362	1,356	1,367	1,365	1,365
スペイン	1,668	1,676	1,667	1,670	1,654	1,642	1,643	1,651	1,653	1,644	1,659
イギリス	1,484	1,480	1,469	1,484	1,501	1,509	1,515	1,502	1,515	1,515	1,513
アメリカ	1,793	1,769	1,781	1,789	1,790	1,789	1,790	1,790	1,786	1,785	1,792

出所：https://stats.oecd.org/（抽出：2020.4.1）

(2) 改正法以前の議論現況

① 実労働時間短縮のための社会的対話

　法定勤労時間短縮で 1 週間 40 時間制が定着したが、長時間労働の問題点指摘は続いた。2010 年代に入り、長時間労働改善の緊急性について社会的共感が形成され、労・使・政及び専門家グループを中心に社会的対話機構の枠組みで議論が進められた。代表的なものとして労使政委員会内の「労働時間・賃金制度改善委員会」、「実労働時間短縮委員会」、「労働市場構造改善委員会」の活動を例に挙げることができる。それぞれの委員会は、労・使・政の主体と専門家が参加し、合意文と勧告文を提示した。

　2010 年「勤労時間・賃金制度改善委員会」（2009 年 6 月 9 日発足）は、「長時間労働慣行の改善と労働文化の先進化のための労使政合意文」を採択した。合意文によると、労使政が 2020 年以内の年平均労働時間を 1,800 時間台に短縮するために段階的目標を設定して共同で努力し、実労働時間の短縮が雇用創出基盤に拡大できるよう積極的に協力することにした。

　勤労時間・休憩時間特例制度を改善するための勤労時間特例業種改善委員会（2011 年 8 月〜 2012 年 2 月）の議論も、労働時間短縮のための社会的対話の

一環であった。同委員会では、特例業種の基本原則設定及び範囲の再調整、特
例業種に対する延長労働限度の設定、制度定着のための役割などを議題に設
定し、業務の公益適合性、他の柔軟労働時間制の活用可能性、社内業務の適合
性などを要件に原則を立て、業種縮小及び再調整案を提示した。

　2012年3月5日、労使政委員会内「実勤労時間短縮委員会」が発足し、1年余
りの間、実労働時間短縮に向けた議論を通じて、公益委員の勧告案（「実勤労
時間短縮に向けた公益委員の勧告文」）を提示していた。勧告案で「法定勤労
時間を超過して、許容される労働時間の上限は延長勤労や休日勤労と関係な
く7日間12時間であること」を勤労基準法に明示する案が提示され、企業規
模に応じた段階的適用、例外的な特別の延長勤労の許容（要件、上限）が提示
された。また、弾力的勤労時間制の単位期間に拡大および勤労時間の貯蓄口
座制の導入などが提案され、制度改善とともに、慣行の改善、労働時間短縮に
よる所得減少を最小限に食い止めるための労使の努力などが提示された。そ
の他の制度及び慣行の改善事項に、5人未満の事業場に対する労働時間規制
適用、包括賃金制規制などが今後議論の議題として提示された。

　2015年9月15日、労使政委員会は「労働市場の構造改善に向けた労使政合
意文——社会的大妥協」（以下「915、労使政合意」という）を通じて労働市場構
造改善の原則と方向について合意し、細部課題に対する具体的な実践策を見
出していたが、合意文に労働時間短縮関連の細部課題と実践案が提示され
た。とくに、実労働時間短縮のための法制度整備を懸案事項に、休日勤労の延
長勤労を含め、改正事項の段階的適用（法改正後、1年が経過した時点から1
年ずつ4段階にわたって施行）、特別延長勤労（52時間＋α）の許容、賃金所得
減少に対する支援、勤労時間特例業種縮小、勤労時間適用除外の制度改善、弾
力的勤労時間制、裁量勤労時間制、休暇消化などが提示された。

② 立法論議（第20代国会以前）

　前政権でも「長時間労働改善」が国政課題の一つであり、労使政委員会の議
論結果と関連法律案を総合して法改正を推進した。労働時間短縮の主要争点
も、休日勤労を延長勤労限度に含めるが、軟着陸案の並行推進、勤労時間特例
業種の合理的な調整、弾力的勤労時間制の単位期間拡大、勤労時間貯蓄口座

制度の導入などであった。

　第19代国会の核心労働懸案も、実労働時間短縮のための勤労基準法改正で、関連争点の一部は議論の進展があり、意見の相違が縮まった部分もあった。例えば、休日勤労の延長勤労時間算入問題、勤労時間・休憩時間特例制度の縮小などが代表的である。反面、賃金減少または補填と関連した争点は、労使または政界で合意を見出せず鋭く対立した。実労働時間短縮改正事項の施行時期と方式、休日勤労・延長勤労加算手当の重複割増、弾力的勤労時間制改編などが代表的である。結局、労働時間短縮関連の勤労基準法改正案は「9・15労使政合意」を反映し、非正規職保護法案、雇用保険法案などとともに一括して政治争点化され、立法に至らず任期満了で廃棄された。

3　労働時間短縮法改正過程及び主要内容

(1) 第20代国会における議論の過程

　持続的に労働時間短縮関連の社会的対話が行われ、第19代国会で立法論議が進められたにもかかわらず、労働時短縮関連の勤労基準法改正は容易ではないようにみえた。第20代国会で労働時間短縮関連の勤労基準法が改正された背景には、休日勤労の1週間延長勤労時間を含めるかどうかをめぐり、互いに相反する多数の下級審判例の判断による混乱と、大法院全員合議体判決が差し迫っていたので、経済的・社会的に及ぼす影響が大きいとの懸念があった。当時、下級審判例のなかには、休日勤労が延長勤労時間に含まれるという判例が多かったが、大法院の全員合議体でこれを引用した場合、休日勤労と延長勤労加算賃金の重複割増による企業の経済的負担が憂慮される状況であった。このような状況で、政府と経営界は不確実性の解消のために早急な立法が必要だという立場であった。とくに政府は、大法院の判断以前に立法的決断で不安定性が解消されることを望んでいた。結局、政府の立法推進の意志と社会的要求が立法化に影響を及ぼしたと思われる。国会でも不確実性による事業場の混乱を解消するための決断が必要であった。

　国会は、大法院の判決及び立法の遅延による不確実性を解消し、事業場で
の軟着陸に対する困難などを反映する、10回余りの法案審査小委員会での議
論を通じて、与野党合意で改正案を議決した。法案審査小委員会での議論過
程でも、即時施行や段階的施行など施行時期についての議論、労働時間の上
限違反に対する処罰免除、特別延長労働を認めるか否かなどについての議論
が続いたが、大部分の争点で妥協と折衷案が提示され、折衷案を中心に議決
された。ただ、弾力的勤労時間制改編と関連しては、業務量変動が大きい業種
については弾力性付与が必要という点で、単位期間拡大に賛成する立場と、
長時間労働集中化による労働者の健康悪化と企業の人件費削減手段に悪用さ
れる余地があることから、拡大に反対する立場が厳しく対立するなど、意見
の隔たりが縮まらなかった。このような議論過程で合意に至った部分は折衷
案通りに、合意に至らなかった部分は実態調査や準備などを経て、今後、議論
していくという意見を提示する線で議決が行われた。

(2) 改正法の主要内容

　改正法は、事業場に及ぼす影響が大きいために施行時期をめぐって相当な
意見の違いがあったが、企業規模別段階的施行（核心事項4段階）で合意する
ことになった。また、意見の違いが狭められなかった弾力的勤労時間制の単
位期間などの争点については、付帯意見及び附則を通じて追って議論するこ
とで合意した。改正法の施行時期は下記の通りである。

① 1週52勤労時間制の上限明確化

　改正法の核心は、1週52時間の上限を明確にすることであった。従来の雇
用労働部の行政解釈[3]は、延長勤労や休日勤労を別個に解釈して、当事者間の
合意による休日勤労を延長勤労時間の長さ（1週間12時間）に含めなかった。
勤労基準法では延長勤労時間の限度を1週間12時間と規定しているだけで、
休日勤労時間が延長勤労時間に含まれるのか、休日勤労の許可条件と範囲は

---

3)　勤基 01254-11483, 1990-8-17 等。

表 11-4　労働時間短縮改正法主要内容の施行時期

項目	規模	2018.3.20 (公布)	2018.7	2019.7	2020.1	2021.1	2021.7	2022.1
週勤労時間短縮 (68 → 52 時間)	300 人以上		(2018.7.1)	(2019.7.1　特例除外業種)				
	50-299 人 (特例除外業種含む)				(2020.1.1)			
	5-49 人 (特例除外業種含む)						(2021.7.1)	
官公署公休日 民間適用	300 人以上				(2020.1.1)			
	30-299 人				(2020.7.1)			
	5-29 人							(2022.1.1)
特例業種縮小 (26 → 5 時間)	除外 (21 業種)		(2018.7.1)					
	維持 (5 業種) 連続休憩 (特例導入時)		(2018.9.1)					
18 歳未満 勤労時間短縮	1 人以上		(2018.7.1)					
休日勤労割増率	5 人以上	(2018.3.20)						

注：雇用労働部「改正勤労基準法説明資料　労働時間短縮」2018、p. 4 参照。

どこまでか明示的に規定していなかった。すなわち、具体的に第50条、第53条で「1週間」の法定勤労時間、延長勤労時間の上限をそれぞれ規定しているが、休日勤労がその「1週間」の延長勤労時間の上限に含まれているか不明確である。このような不確実性は、第56条で延長勤労（第53条によっては延長された勤労）や休日勤労を別個に規定しているためにさらに大きくなる。このような理由により、事業場で12時間の延長勤労とは別に休日特別勤務が行われてきたので、雇用労働部はこれを勤労基準法違反とみなさなかった。つまり、休日勤労に加算賃金を支給して有給で処理すれば休日に勤労が可能になっており、実際に休日勤労が頻繁に行われたのである。

　勤労基準法で延長勤労の制限と週休日を法定した趣旨は、勤労条件改善を通じた勤労者の健康や安定を図ることにある。したがって、1週間単位の延長勤労の制限、法定週休日強行性、加算手当規定を解釈するときに、これらの趣旨を考慮して解釈しなければならない。従来の雇用労働部の行政解釈とそ

れに対する学界の批判、互いに食い違った下級審の判例、大法院の判断の遅れ（大法院全員合議体係属）など休日勤労を延長勤労時間に含めるか否かをめぐる社会的混乱や法的紛争などを、改正法は立法的に解消した。具体的には「1週間」という休日を含めた7日を指すという定義規定を新設し、1週間（7日）の最大労働時間上限が12時間であることを明確にした。

　頻繁な延長勤労や休日特別勤務などの長時間労働慣行は、仕事や生活の不均衡を招き、労働生産性の下落とともに雇用創出の余力を鈍化させるなど、否定的な影響を及ぼす。このような問題意識と共感は、政界をはじめ社会全般にあったが、これまで議論が遅れていたのは、このような変化による労働者の賃金所得の減少や中小企業の経営上の負担に対する懸念によるものである。改正法は企業規模別に段階的に施行し、政府が実態調査と確認、行政指導とコンサルティングなどを通じて支援することにした。立法過程では、政府が行政解釈変更によって解決できる問題をこれまで維持してきたという批判があったが、労働時間短縮の主要原因を改善していることや、これを立法的に明確にしたことから肯定的に評価することができる。

② 期限つき特別延長勤労の許容

　労働時間短縮の核心内容である1週間52時間上限制の施行と関連して、もっとも憂慮されていた部分が、零細企業の労働時間短縮による経営上の困難であった。経営界を中心に1週間52時間上限制を施行する場合、零細事業場に及ぼす影響が大きいため、一定期間1週間52時間上限を超える特別延長勤労の許容が必要だという要求があった。政府と与党は、段階的な施行が行われた場合、零細事業場の場合にも準備期間が確保されるだけに、特別延長勤労の許容は望ましくないという立場であった。とくに1週間12時間の延長勤労も法定勤労時間以外に例外的に認めるものであるところ、例外を認めるのは望ましくないという立場であった。

　与野党間の議論の末、折衝案として、常時30人未満の事業場の場合、その特別延長勤労の事由と期間、対象勤労者の範囲についての「勤労者代表との書面合意」を前提に、1週間12時間延長勤労に加えて8時間を超えない範囲の特別延長勤労を認め、1週間52時間上限制が5人以上50人未満の事業場に施

行される 2021 年 7 月 1 日から、2022 年 12 月 31 日までの期限つきで許容した。

③ 休日勤労に対する加算賃金割増率の明確化

　改正法は、休日勤労が延長勤労時間に含まれるという点を明確にしたが、これとともに休日勤労に対する加算賃金の割増率が論争になった。労働界が、休日勤労は延長勤労でありながら休日勤労であり、休日勤労の加算賃金を別途規定しているという点で休日勤労に対する加算賃金の重複割増を主張したのに対し、経営界は休日勤労が延長勤労時間に含まれるという理由で、延長勤労に含まれる部分に対する加算賃金の重複割増に反対した。

　改正法は、休日勤労のうち 8 時間の範囲については 50％（休日勤労手当）の加算賃金を、8 時間の範囲を超える部分については 100％（時間外勤労手当＋休日勤労手当）の加算賃金を規定している。具体的に 8 時間以内の休日勤労については、通常賃金の 100 分の 50、8 時間を超過した休日勤労については、通常賃金の 100 分の 100 と明示した。これは休日勤労の加算賃金割増率と関連して、重複割増可否に対する解釈と対立が多数の事業場で法的紛争に拡大し、社会的費用がもたらされているという点で事業場での混乱を防止し、休日勤労抑制効果などを総合的に考慮したものである。内容上は、既存の雇用労働部の行政解釈と同様であるが、議論を解消するため、法律で明確に規定した。労働界は改正法の争点のなかで休日勤労に対する加算賃金の重複割増禁止部分に強く反対した。

④ 特例業種の大幅縮小及び、特例導入時に 11 時間連続休憩時間を保障

　労働時間短縮関連制度の改善議論において、勤労時間特例制度の問題は廃止から縮小までさまざまな案が議論され、関連法律案の多数が発議されたことがあった。提出された法律案を分析すると、一部の法律案は現行の勤労時間特例規定を削除する反面、一部の法律案は現行の勤労時間特例制度を維持するが、特例業種を縮小した。具体的に縮小する法律案は、勤労時間特例業種を第 9 次標準産業分類によって再分類し、10 業種は特例として認める一方、16 業種を特例から削除するものであったが、改正法では特例が維持される業種が 5 つに大幅に縮小されて、議論過程で運送業の一部と保健業など 5 業種のみを維持することにした。

　勤労時間特例制度を廃止しようとする立場は、既存制度が「特例」の趣旨に合致せず、さまざまな問題を引き起こすという点で削除を主張した。一方、特例業種を維持・縮小する案は、労働時間の特例業種を縮小し、労使の書面合意書に特例対象業務と週当たりの延長勤労時間の限度などを明示することになっている。縮小案は、労使政委員会の「勤労時間特例業種改善委員会」で議論された公益委員案の内容をほぼ反映したものであった。具体的には、陸上運送及びパイプライン運送業、水上運送業、航空運送業、その他運送関連サービス業、映像・オーディオ記録物製作及び配給業、放送業、電気通信業、保健業、下水・排水及び糞尿処理業、社会福祉サービス業はそのまま維持するものであった。

　改正法は、特例業種を過度に広く認めていること、延長勤労の限度を設定せず特例業種に該当する場合、事実上無制限な労働が許容される可能性があること、運輸業などは特例制度に含まれることによって公衆の安定を脅かす可能性もあること、業務形態と関係なく特定業種に対して一律に労働時間規制を排除していること、特例規定適用の前提条件である事業主と勤労者代表との書面合意の手続きがきちんと履行されていないことなどが反映されたものである。

　第20代国会の法案審査過程をみると、特例制度改正の必要性と特例制度の改正を通じて労働時間を短縮する立法の方向については、与野党間に意見の相違がなかったように思える。ただ、特例制度自体を削除するか、縮小維持するが対象業務を明確にして延長勤労の限度を設定するかについての議論が真剣に行われていた。立法段階では、業種を5つに縮小するのに議論が集中し、少なくとも11時間連続休憩時間制を導入するレベルで合意されたのである。連続休憩時間制の導入は、少なくとも過度な長時間労働を防止することで、勤労者の基本的な労働条件を保護するための措置であった。

⑤ 官公署の公休日に関する規定上、公休日の法定有給休日化

　当初、官公署公休日の法定有給休日化の争点は、労働時間短縮関連制度の改善論議で主要に扱われたものではなかった。ただ、現行の勤労基準法上、法定有給休日の週休日と労働者の日は、一般的にすべての労働者に適用される

が、官公署祝日の場合、大手企業などでは団体協約、就業規則などによって約定休日とする一方、中小零細企業では勤労日としている場合が多く、休日において不合理な差別が存在するという批判が提起された。とくに中小零細企業によっては、官公署公休日に年次有給休暇を使うようにする場合があり、休憩の二極化問題が提起された。

　労働時間短縮関連の勤労基準法改正論議が進められる過程で、官公署公休日の法定有給休日化が1つの争点となり、改正法で企業規模別・段階的施行として導入された。結局、旧正月・秋夕（旧暦8月15日）の祝日、祝日など官公署の公休日と振替休日を有給休日に義務づけ、休日が15日前後と追加され、勤労者の休息権が強化された。同条項は2020年1月1日から300人以上の事業場から適用された。

　すべての事業場で公休日が法定有給休日になった場合、年間休日が15日以上増加し、労働者の休息権の強化だけでなく、長時間労働の緩和、一部労働者の相対的剥奪感及び労働者間の労働条件の格差解消に寄与できるものと期待される。

⑥ 付帯意見及び附則

　立法者たちは、改正法の議論の過程で意見の相違が縮まらなかった争点については付帯意見を提示し、後続的な議論が行われるようにした。弾力的勤労時間制改善のための準備が代表的である。附則第3条で雇用労働部長官は、2022年12月31日まで弾力的勤労時間制の単位期間の拡大など制度改善のための方案を準備すると規定した。また、雇用労働部長官に事業または事業場の公休日の適用実態を調査し、その結果を2018年12月31日までに国会に報告するように附則第4条に規定する。一方、改正法では付帯意見として、雇用労働部長官は勤労時間及び休息時間の特例が引き続き適用される5業種については、早急に実態調査を実施し改善策を講じること、祝日を有給休日と保障することによる負担を緩和するための支援策を設けることなどが示された。

4　労働時間短縮法改正に対する評価と後続措置

(1) 評価

　改正法は、第19代・第20代国会労働時間短縮立法の議論と審査過程で行われた譲歩と妥協の産物である。現政権と与党は、第19代国会・第20代国会で議論された法律案の主要争点のなかで、勤労時間短縮関連法の施行時期（即時施行、企業規模による第4段階・第5段階・第6段階案など）、勤労時間・休憩時間の特例業種の調整、法定祝日の拡大などに関して折衷案作りに苦心し、立法審査過程で野党と施行時期、特例業種の範囲などを妥協させたものである。譲歩と妥協の産物という点で、当時の与野党、労使双方は改正法に対する特別な意味を付与したり、時には憂慮と期待を同時に表明したりした。

　改正法は、まず労働時間短縮を通じて勤労者の健康権保護、仕事・生活の均衡などに寄与できる法制度的整備という点で社会的意味を与えることができ、労働時間短縮を通じた雇用創出の余力を確保したという政策的意味を付与することもできる。しかし、労働時間短縮政策は従来の慣行・解釈・監督の変化を予定しているため、事業場に定着するにはどうしても一定の時間が必要になる。

　労働時間短縮が社会的に長い間議論され要求されてきた核心労働懸案という点で、改正法の意味は大きいといえる。改正法が現場に定着すれば、労働者の健康権の保護、余暇時間の増大につながり、雇用創出の効果が現れるかもしれないという期待感もある[4]。また、1週間の労働時間の上限の明確化と重複割増に対する混乱の解消、休息権に対する公平性の向上、例外を例外として確立（特例の縮小）、事業主の負担緩和に向けた努力などに対する肯定的な評価もある[5]。反面、休日勤労に対する重複割増の不認定、特例業種の維持、労働時間と休憩時間の範囲をめぐる対立、5人未満の事業場に対する勤労時間の法制の未適用などを提示しており、当初、実労働時間短縮の主要争点が解

---

4)　キムヨンムン（2018）、p. 23。

5)　ハガプレ（2018）、p. 160。

決されなかったという批判的な評価もある。専門家グループのなかでは、改正法を肯定的に評価しながらも、法体系的な面では、概念定義の明確化、週休日付与条件、最小休憩時間制未導入と関連して惜しまれる点があるという評価もある。[6]

　改正法が労働市場に及ぼす影響について懸念も存在する。労働時間短縮が使用者の立場では生産量の減少に、労働者の立場では賃金所得の減少につながりかねないからである。例えば、実労働時間の短縮が労働者には賃金所得の減少[7]と労働強度の強化につながる恐れがあり、使用者には生産支障など生産性の低下と費用上昇につながりかねないからである。[8]超過労働時間の短縮による賃金総額の低下は、労働者が受け入れざるを得ない面があり、長時間労働は従来の解釈や行政上の混乱、包括賃金制などと絡んでいることから、賃金総額の低下を全面的に労働者に負担させることは望ましくないという指摘とともに、企業は労働時間の短縮や賃上げ、生産性の向上などと連携して賃金総額の低下を最小限に抑え、政府は雇用保険基金を財源とする労働時間短縮による支援拡大が提案されることもあった。

　企業規模によっては、改正法の一部条項がまだ施行されていない場合があるので、まだ評価は早いが、改正法が施行されている事業場では変化がみられることもあり、逆に、依然として準備不足で困難を訴えている事業場もあ

---

6)　ハガプレ（2018）、p. 160。

7)　賃金所得減少の効果が現れるかもしれないが、時間外勤労手当などの所得の変化規模は個別事業場や個別勤労者の時間外勤労形態によって異なるため、具体的な収入変化は多様に現れる。労働時間の短縮による労働者の賃金減少分を把握することは容易ではないが、国会予算政策処において、2018 年 6 月基準の「雇用形態別労働実態調査」の原資料により、延長勤労時間の制限が適用対象労働者に与える賃金減少額を推定している。この時点で、1 週間 52 時間を超える労働者の割合は全労働者の約 11.8％であり、彼らの賃金減少額（月間賃金減少額）は平均約 37 万 7,000 ウォンと推定された。国会予算政策処（2018）。

8)　既存勤労者の実勤労時間が短縮される場合、生産支障を解消するために新しい生産設備の投入、新規労力力の採用などで対応しなければならず、この場合、使用者には費用上昇の結果が現われる可能性がある。

る。経営界は改正法の再改正などを求めており、関連法案が発議された[9]。

　改正法について、労働法的側面、労働政策的側面、労働市場への影響の側面
から、評価はさまざまであろう。労働法的側面からは、労働時間規制の原則と
例外を明確に再確認・確立したという点で肯定的に評価できるが、労働時間
規制における労使自治による集団決定という側面と、労働時間規制の普遍的
適用という側面からは惜しまれている。肯定的な側面として誤った行政解釈
と慣行を正し、法律でこれをより明確にするという点で意義がある。既存の
法では、延長勤労時間の限度を1週間12時間と規定しているに過ぎず、休日
勤労時間が延長勤労時間に含まれるのか、休日勤労の許容要件と範囲はどこ
までなのかを明示的に規定していなかった。このような不明確性は、第56条
で延長勤労（第53条により延長された労働）と休日勤労を別個に規定してい
るためさらに大きくなり、これにより事業場において12時間の延長勤労とは
別に休日特別勤務が蔓延していたことも事実である。すなわち、休日勤労に
加算賃金を支給し、有給処理すれば12時間を超えても休日勤労が可能であ
り、実際、休日特別勤務が頻繁に行われてきたのも事実である。次に、長時間
労働の主要原因の一つとして指摘されてきた勤労時間・休憩時間特例制度は、
勤労時間規制の例外というには、その範囲が過度に包括的で例外として認め
られている業種の分類体系も一貫性をもっていない。改正法は「特例」を「例
外」として許容範囲を制限していることから、勤労時間規制の原則を確立し
たものと評価することができる。

　労働政策の側面からは、労働時間短縮を通じて雇用創出政策の基礎が設け
られたという点では肯定的に評価できるが、労働時間規制は、労働慣行及び
労働文化の変化が伴わなければならないことから、法改正後の政策的支援と
後続措置が重要である。労働市場への影響の評価は、改正法の施行と相まっ
て最低賃金引き上げ、日本の輸出規制、コロナ19による経済低迷の長期化な
ど、国内外のさまざまな変数と同時に直面している状況であり、改正法施行
が企業規模に応じてまだ進行中である点から判断して、評価するのは早すぎ

---

9)　キムユソン（2017）、p. 45。

る感があって評価は難しい。

　改正法の施行準備と関連しては惜しまれる点が多い。労働時間短縮の懸案は、すでに相当期間中の国会で立法の論議があり、法制化が予見された。それでも労使政が実質的に労働市場および事業場に及ぼす影響と変化のために、どれほど具体的かつ徹底的に準備したか否かについては疑問がある。このような評価は、改正法が施行された以後も依然として準備期間が必要であり、また急激な最低賃金の引き上げによる中小企業の経営悪化によって施行時期を遅らせるべきだという要求と主張を通じても確認できる。実際、関連法案が再び国会に提出されるなど再改正に対する立法計画もあった。政府は「週52時間制立法関連政府の補完対策の推進方向」などを通じて50人以上の事業場の改正勤労基準法施行に十分な指導期間を置くという立場と、勤労基準法施行規則の改正を通じて特別延長勤労認可事由を最大限拡大するという立場も発表した。

　事業場の状況をみると、大企業を中心に事前準備作業が進められてきたが、零細中小企業は依然として準備が足りないという声がある。一方、300人以上の事業場は2018年7月1日から施行され、その結果、事業場に定着していると評価されている。政府は、2020年1月1日から50人以上300人未満の事業場に改正法が適用されるので、それに対する行政指導と監督を進めている。300人以上の事業場に適用する期間中、50人以上300人未満の事業場でも適用時期を考慮して自発的に準備を進めており、政府も脆弱企業に対する実態調査をもとに勤労監督官と雇用センターを通じて指導・支援を行っている。具体的には、50人以上200人未満の企業に対しては1年の指導期間を与え、準備に困難がある企業3,000社に対しては現場を訪問するなど密着支援を続ける一方、交代制改編・柔軟勤労制の導入など勤務体系の見直しを支援している。2021年7月に適用される5人以上50人未満の事業場の場合も、1週間52時間制の主要内容、必要性、政府支援などを積極的に広報するなど、労働時間短縮のための雰囲気を作り、事前の準備が行われるよう誘導している。

(2) 後続措置と最近の論議

　韓国で、労働時間短縮のための制度改善をめぐる議論はまだ進行中である。2018年の労働時間短縮と関連し、勤労基準法改正以降、政府は事業場の混乱と対立を最小化するための制度的・政策的後続措置を推進している。代表的なものとして、弾力的・選択的労働時間制に対する規制緩和、特別延長勤労の拡大、勤労時間および休憩時間特例業種の再調整（拡大する方向）、現行法で認められている特別延長勤労認可事由の拡大などである。

　まず、弾力的・選択的労働時間制度の見直しに関しては、現行適用単位期間を２週間、３か月から６か月、１年などの単位期間に拡大し導入要件を緩和する。韓国は、弾力的労働時間制度を導入した事業場でも延長勤労が可能であるため、現行法の下でも特定週の労働時間が60時間（２週間単位）、64時間（３か月単位）まで労働が可能である。弾力的労働時間制制度の再編議論は、実は雇用労働部の準備過程を見守りながら、22年以降議論することにした議題であった。しかし、改正法施行後、経営界が弾力的勤労時間制改正議論の早期再開を要求し、2018年末、政府と与野党５党による国政常設協議会会議体で関連補完立法を合意したことで、経済社会労働委員会内の労働時間制度改善委員会で議論が始まった。しかし、労働界（とくに民主労総）を中心に、弾力的労働時間制単位期間の拡大議論に強い批判が出た。民主労総などの強い反発にもかかわらず、同委員会では６か月単位の弾力的労働時間制と制度導入時の要件を緩和する案が提示され、関連法律案が第20代国会で発議された。政府は、社会的対話機構の社会的合意内容を盛り込んだ法律案の立法を推進しているが、これに対する立法審査は容易に行うことができずにいる。これは現在、野党と経営界を中心に弾力的労働時間制の緩和だけでなく選択的労働時間制の精算期間と要件の緩和を同時に要求しており、これに対する労働界の反発が大きいからである。

　韓国の弾力的労働時間制の単位期間が主要国の弾力的労働時間制の単位期間に比べて短いため、活用が制限的だという批判がある。しかし、主要国は実労働時間が韓国に比べて短く、延長勤労が常時慣行化されていない点を考慮

する必要がある。弾力的勤労時間制の制度改善議論は今後も続くと予想されるが、制度改善議論の過程では、同制度が週52時間上限の常時化、人件費削減の制度的道具として悪用されることを警戒しなければならない。

　次に、勤労時間・休憩時間特例業種の再調整議論が進められた。既存の特例業種に含まれ、労働時間規制から比較的自由だった一部業種では1週間52時間の上限適用が困難となっているのも事実である。しかし、制度変化後の適応には一定時間が必要であることから、労働時間短縮関連の改正法が事業場に定着するように政策的支援が優先されるべきであり、その後、実態調査などを経て再調整の議論が行われる必要があるため、再改正議論はより慎重を期す必要がある。

4　おわりに

　労働時間の短縮は、現政権の労働政策のなかでもっとも重要な事案である。2018年に労働時間短縮関連の勤労基準法が改正されたが、労働時間短縮法の改正は依然として進行中ということができる。現政府が発足当時に提示した5人未満の事業場に対する法定勤労時間の適用、包括賃金制の規制、弾力的・選択的勤労時間制、勤労時間貯蓄休暇制、最小休憩時間制などの争点は立法審査自体で主要に取り上げられず、改正法の施行で現れた問題点を補完するための立法の可能性が依然として残っているからである。

　労働時間の規制は、すべての労働者に普遍的に適用されなければならない。とくに、5人未満の零細事業場の場合、労働環境が劣悪で長時間低賃金労働にさらされる可能性が高いため、彼らに対する労働時間法の保護は緊急かつ重要な事案である。また長い間、判例法理で形成されてきた包括賃金制に対する規制の問題も主要に議論する必要がある。包括賃金制は、賃金に延長勤労加算手当などが含まれているとみなしたり、固定金額で支給することで、長時間労働慣行を固定化させる原因の1つと指摘された。包括賃金制は、労働時間の規制力を弱めるだけでなく、法律ではなく判例によってその有効

性が認められてきたという点で、立法的な改善が必要な問題である。弾力的・選択的勤労時間制関連の立法は、改正法が施行された直後、継続的な論議が相当部分進められてきており、労使政間の合意案があるという点で、今後立法が推進されるものとみられる。

　現政権は労働時間短縮の政策を引き続き推進するという意志を明らかにし、事業場に副作用を最小化して軟着陸させようとする後続的な立法・政策的措置を用意している。ただ、最近のコロナ19による経済低迷、日本との関係悪化などにより中小零細企業の経営環境が悪化しているという点で、労働時間短縮関連の立法および政策が事業場で安定化し、持続できるように、より細心の努力が必要なときである。中小零細企業の経営状況が改善せず、景気低迷が長引く場合、労働時間短縮政策の推進が困難になる可能性もあるが、労働時間短縮を通じた労働者の健康権保護、仕事・生活均衡、雇用創出の余力確保という政策の目標と方向は変わらないとみられる。

　第20代国会が2020年5月に終わり、近く第21代国会が開会する。第21代国会の開会とともに、労働時間短縮関連の立法議論は、弾力的・選択的労働時間制の議論から始まる可能性が高く、前述の労働時間短縮関連の主要立法議題が引き続き審査される可能性が高い。また、第20代で議論が活発に行われなかった勤労時間貯蓄休暇制、最低連続休暇時間制、裁量勤労時間制などについての立法論議と審査も行われる。労働時間を規制する目的は、労働者に対する十分な休息時間の確保にある。労働時間を規制して十分な時間が確保されるようにすることにより、労働者が自ら休息・家庭活動に必要な時間を管理・享受することができるものでなければならない。今後、労働時間短縮関連の立法の議論は、十分な休息の保障のために、休日・休暇制度とともに議論されるべきであろう。

（脇田　滋：訳）

参考文献（韓国語）

キムユソン（2017）「労働時間の実態と短縮方案」『KLSI Issue Paper』韓国労働社会研究所。
キムヨンムン（2018）「最近の改正勤労基準法についての小考」『月刊労働法律』2018 年 4
　　月号、中央経済。
国会予算政策処（2018）「延長勤労時間制限の賃金及び雇用に対する効果分析」『NABO
　　産業動向＆イシュー』第 5 号。
雇用労働部（2018）「改正勤労基準法説明資料——労働時間短縮」。
ハガプレ（2018）「2018 改正労働時間法制についての断想——気になる点と惜しまれる点」
　　『月刊労働法律』2018 年 4 月号、中央経済。
ハンインサン（2012）「休日勤労の延長勤労の算入に伴う争点と課題」『イシューと論点』
　　第 383 号、国会立法調査処。
————（2019）「最近の労働時間法制の改正論議の主な内容と争点」『労働法論叢』第
　　45 集、韓国比較労働法学会。

経済社会労働委員会ホームページ　http://www.eslc.go.kr
国会会議録ホームページ　http://likms.assembly.go.kr/record
OECD 統計ホームページ　https://stats.oecd.org

終 章

日韓「働き方改革」フォーラムの総括

脇田　滋

はじめに

　日韓「働き方改革」フォーラムが、2019年12月14日、両国で同時的に進められていた「働き方改革」の実態と課題を明らかにすることを目的に、日本と韓国の市民、労働者、実務家、研究者が一堂に会して開催された。

　独裁政権下で長く抑圧されていた韓国では、人間らしい労働と生活を実現したいという希望から、関連制度や運動が先行していた日本への関心が強かった。その後、日韓両国の状況が接近して相互に共通した関心から、より良い労働社会を目指す相互交流が生まれた。とくに最近の約10年間、韓国の運動や政治が目覚ましい展開を示すことになって、日本から韓国への関心が強まった。そして、労働・市民運動や、研究者、実務家、学会など、多様な相互交流が広がっている。

　日韓「働き方改革」フォーラム会場（京都・龍谷大学）には、日韓両国から150名を超える参加者があった。朝から夕方まで、①働き方改革の実態と問題点、②公共部門の労働問題、③企業別労働組合を越えて、④労働法制からみた労働時間問題、をテーマに4つのセッションを行った。いずれも両国がともに直面している労働関連の重要課題で、互いに協力して解決の糸口を探るために、それぞれの国の第一線で活躍している論者から報告を受け、充実した議論をすることができた。

1 日韓両国における労働政策の転換(1980年代以降)

　日韓両国は、1980年代になって政治、経済において新自由主義の傾向が強まるなかで、労働分野における政府の政策と、政府・経営者・労働組合の関係が大きく変化したが、両国の状況は大きく交差することになった。

(1) 日韓の状況交差

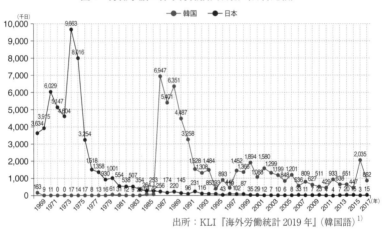

図1　労働争議に伴う労働損失日数（日韓比較）

出所：KLI『海外労働統計 2019 年』（韓国語）[1]

　図1は、日韓の労働争議に伴う労働損失日数の推移を示している。日本は、総評時代の1970年代半ばに最多となったが、それ以降、1980年代半ばからは大きく減少した。韓国は、1987年までの独裁政権時代はゼロに近い水準であったが、1987年の民主革命時に急激に拡大し、その後、とくに保守政権時代には民事・刑事の責任を追及する政府の反ストライキ政策を反映して減少していたが、2016年ローソク革命時に大きく増加した。これに対して、日本

---

1)　韓国労働研究院（2019）。データは ILO, Yearbook of Labor Statistics, 各年度より。

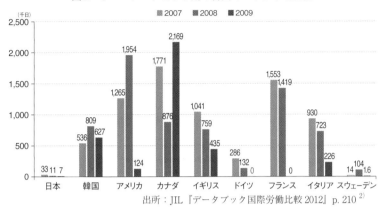

図2　リーマン・ショック期の各国のストライキ比較

出所：JIL『データブック国際労働比較 2012』p. 210 [2]

は、1980年代以降、争議が大きく減少し、とくに2000年代以降は、独裁政権時代の韓国と同様にゼロに近い数字を示している。このように、日韓両国の労働争議の比較から両国の労働運動が対照的な変化を示してきたことがわかる。

　図2は、日韓の違いが明確になった、2008年（リーマン・ショック時期）の争議損失日数である。当時、日本では40万人を超える「派遣切り」が発生した。派遣切りをした民間大企業には企業別正社員の労働組合があったが、雇用を失う臨時工や派遣労働者と連帯した闘争はほとんどみられず、事実上、「雇用調整弁」として見殺しにする結果になった。2008年、日本の争議損失日数は1.1万日にしか達しなかった。これに対して、韓国では2008年の争議損失日数は80.9万日であり、アメリカ、フランスに続いて、韓国がOECD第3位であった。日本との労働人口比（約3分の1）を考えると、韓国では労組抑圧策を進めていた保守政権時代であったにもかかわらず、日本の200倍以上の争議が行われた計算になる。

2）　労働政策研究・研修機構（2010）p. 214。

(2) 日本における転換

　日本は、1970年代半ばまでの高度経済成長時代に、独特な「日本的労働慣行」（長期雇用、企業別条件、男性片働き、企業別労組など）が形成され、総評を中心とした「日本的労働組合主義」による労組運動が最高潮を迎えた。しかし、1975年の1週間に及ぶ国労のストライキを頂点に、右肩下がりに労組が弱体化した。低成長時代に入って、1980年代以降、従来の労働政策が大きく転換し、中曽根政権による官公労弾圧を経て総評が終焉を迎え、代わって労使協調路線の民間大労組を中心に「連合」が誕生した。そして、労働分野においても新自由主義的な規制緩和政策が始まった。その後、現在に至るまで日本における労働運動と労働法は後退し続けてきた。

　1970年代まで、総評が労働運動の中心として、日本的労働組合主義をかかげて資本とも集団的対抗関係を展開していた。政治的には野党第一党である社会党の支持基盤として議会にも影響力を維持していた。総評は、企業別正社員の労働組合を基盤にしていたが、8単産共闘会議（1955年）を機に中小零細企業の未組織労働者を組織する運動方針が主流を占めることになった。岩井章氏が総評主流として労働者全体を代表する運動を指導し、春闘方式が活性化して以降、日本の労働運動はかなりの伸長を示した。しかし、1980年代へ移るなかで民間大企業労組を中心に労使協調路線が台頭し、労働運動が大きく変容した。そして、中曽根内閣の下で、国鉄問題への権力的介入（「国家的不当労働行為」とも呼ばれる）を通じて総評の主流であった官公労組の弱体化が進んだ。そして、民間大労組を中心とした労組再編を経て、1989年、新たに日本労働組合総連合（以下、連合）が誕生した。[3]

　日本政府は、従来の労働・福祉政策から、経済界の要望に応える政策へ大きく転換することになった。労働法では、1985年の労働者派遣法制定、1987年の弾力的労働時間規制導入など、憲法27条（労働権）、28条（団結権）に基づく法体系とは大きく異なる規制緩和策が矢継ぎ早に展開された。その特徴は、

---

3)　国家的不当労働行為という表現を用いた批判については、佐藤昭夫（1990）参照。

企業単位の「労使自治」を重視して、企業横断的規制としての国家法（労働基準法など）の介入を極力排除することであった。その典型となったのが、派遣労働など「間接雇用」の積極的容認と、労使協定（三六協定）による労働時間規制の骨抜き化であった。そして、1990年代後半以降、労働・福祉政策が大きく転換し、政府の労働政策が新自由主義的傾向を強めるなかで、非正規雇用労働者が増大する一方、1970年代までに形成された社会保障制度が「改革」という名目で形骸化・後退させられた。住民の生活を支える公共的業務を担当する自治体職員も大幅に削減され、非正規化が進められた。とくに労働組合は、全労働者、全国民的な社会・労働問題への関与を弱め、総評時代に有していた発言力の弱化が進んだ。職場において派遣労働が広がるなかで、企業別労働組合組織は、同一の使用者に所属する正社員だけの「連帯」にとどまった。同じ職場で不安定・低劣条件で就労する派遣労働者など非正規雇用労働者を組織することなく、職場における全体代表性を失い、その団結・団体交渉力を弱めることになった。[4]

(3) 韓国における転換

　韓国では、26年に及ぶ独裁政権時代（1961〜87年）に、「開発独裁」政治による経済成長最優先政策の下、「漢江の奇跡」と呼ばれる急成長を果たした。しかし、その時代の韓国労働法は日本法をモデルにその条文だけを引き写す形骸的な意味しかもたず、自由で自主的な労働組合活動はほぼ全面的に抑圧された。労働者の労働条件保障や民生政策（福祉政策）は軽視されたため、経済成長とは裏腹に労働者・市民の状況は過酷なものとなった。1987年、学生を先頭にした市民による独裁政権打倒の民主革命が勃発した。その波紋は、労働者層にも広がり、労働者集団が集中した大工場を中心に自然発生的に労働組合（民主労組）が結成された。1988年、民主労組は「悪法条項」の改正・撤廃を求め、労働法改正闘争を始めた。

---

4)　規制緩和に伴う日本雇用社会が陥った危機については、和田肇（2016）参照。

しかし、金泳三政権（1993年以降）と財界は、新自由主義的労働政策を進める日本の影響を受けて「派遣労働合法化」など、経済界が望む規制緩和された労働法導入の動きを強めた。これに対して、1995年、各地の民主労組が結集して全国組織である「民主労総」が創設され、既存の「韓国労総」と並立する2大労総時代が始まった。民主労総の最初の闘争課題は、労働法改悪反対であった。1996年、韓国は「経済協力開発機構」（OECD）への加入が認められたが、同機構から、集団的労働関係面における「複数組合即時許容」など、9つもの留保条件を満たすことを求められた。[5]

　ただ、韓国では日本とは違って、経営者・政府との集団的対抗関係を展開し得る労働組合が強い団結力を維持するなかで、進歩陣営が推す金大中政権、盧武鉉政権が10年間続くことになった。1997年に突然、アジア為替危機が発生し、韓国は未曾有の経済危機に直面して、発足したばかりの金大中政権は、難局を打開するためにIMFから支援を受ける代わりに、その強い要請を受けて労働法改悪を進めることになった。進歩陣営が支持し人権や平和政策面では従来とは大きく異なる政策を進めた金大中政権も、経済政策では経済成長中心の新自由主義路線から大きく外れることはできなかった。そして、1998年、「派遣勤労者保護法」制定と整理解雇法制導入（勤労基準法への関連規定追加）を進め、経営者の雇用調整を支援した。ただ、新政権の手法は前政権とは異なり、民主労総を含む2大労総の参加を得た「政労使」協議を重視するものであった。しかし、「悪法」を受け入れたことで、民主労総内部では強い反対の声が上がり、結局、民主労総は政労使協議から脱退した。

　この為替危機のなかで、数多くの人員整理が行われ、約100万人もの失職者が生じる一方、非正規職（有期雇用、間接雇用、個人請負など）が一気に増大することになった。非正規職は、その後の経済回復・成長を優先する新自由主義的政策のなかで拡大し、労働者全体の半数を占めることになった。不安定・低劣労働条件の非正規職は、まだ制度的にはきわめて不十分な韓国の社会保障制度からも排除され、「死角地帯」に置かれることになった。非正規職問題

---

5)　その後、OECDから2007年までモニタリングを受けた。脇田滋（2014）p. 92以下。

は、その後、韓国社会に暗い影を投げかけ、大きな社会的格差を生む原因として認識が広がり、深刻な労働・社会問題の筆頭項目として議論され続けることになった[6]。

　民主労総は、1995年設立時の綱領に「産業別労働組合の建設」を掲げていた。ただ、実際には、民主労総は大企業・大工場を単位に自然発生的に誕生した経緯から、自主的民主的組織ではあったが、企業別に正社員中心に組織されるという弱点があった。その点では、日本の民間大企業労組と共通性をもち、その欠陥が顕在化したのが、為替危機直後に発生した韓国通信（KT）事件であった。民主労総傘下であったKT労組は、男性正社員を中心にした企業別組織であったが、会社による「電話交換契約職（多くが女性）」の人員整理方針に同調し、連帯して首切り反対闘争を支援することなく、雇い止めされる多くの非正規職たちを見殺しにした[7]。

　このKT事件は、正規・非正規の労働者分断という深刻な状況を可視化し、意識性の高い労組活動家たちに大きな衝撃を与えて、労働者分断の克服をめぐって激しい論争を生み出した。そして、①産別組織への転換と、②非正規雇用問題への取り組みを求める声が労組運動内部で大きく高まった。①では最大労組であった金属労組などが先頭になって産別組織への転換が進み、②では2000年に「韓国非正規労働センター」が創設され、非正規職の労組結成支援などが進み、非正規運動が始まった[8]。

2　フォーラムで行われた議論の要点

　フォーラムでは、第1セッション、第2セッション、第4セッションで、両国において現在進行中の中心的な労働政策関連課題について議論した。これに

---

6)　文武基（2019）p. 1 以下参照。

7)　李元甫（2005）。

8)　民主労総政策研究院（2005）。

対して、第3セッションでは、新たな労働運動の動向、とくに韓国における新たな動きについての報告を受けた。この韓国の新たな動きは、日本の運動を活性化させるための大きなヒントを与えるものであった。以下、順序を変えて第3セッションを最後に、筆者としての個人的な感想を含めてフォーラムで行われた議論の要点を指摘したい。

(1) 日韓「働き方改革」の実態と問題点 [第1セッション]

第1セッションでは、日韓両国における「働き方改革」の内容とその意味について議論された。

日本では、2008年のリーマン・ショックで労働法規制緩和政策の否定的側面が可視化され、2009年の政権交代に至ったが、連立新政権、さらに民主党政権が短期に終了したために、規制緩和の弊害是正は不十分なままに終わった。安倍政権は経済界との密接な関係強化を進めるなかで、2015年の労働者派遣法改正に続き、2018年「働き方改革」関連法を成立させた。2018年国会に政府が上程した法案は、労働時間規制改革を中心内容の1つとして、罰則つきの残業時間上限設定などを挙げ、常態化した働きすぎ慣行をなくす法規制を期待させるものであった。しかし、実際の法案内容は、残業時間上限は月80時間など、既存の過労死労災認定基準でしかなかった。むしろ、政府は、労働側が強く反対する「高度プロフェッショナル制度」(以下、「高プロ」)の導入を強行した。「『高プロ』も導入したので財界は大いに安堵したが、働きすぎに悩む労働者たちにとってはあまりにも『乏しい達成』」(熊沢誠報告)に過ぎなかった。法案をめぐって、従来、時間短縮闘争に本格的に取り組むことがなかった労働側は、法改正に強い反対の姿勢を示せなかった。とくに、国会でも時間をかけた審議が十分に行われることがなく、立法過程における審議の非民主性が明らかになった(上西充子報告)[9]。

---

9) 過労死防止法制定で先頭に立った「過労死家族の会」など、市民団体が抜本的な時間短縮を求める対抗的な声を上げて、労働側でのもっとも代表的立場を示した。

　韓国では、2017年5月の大統領選挙で文在寅候補が、「労働尊重」、「所得主導成長」、「社会的対話重視」などを掲げ、多くの労働公約を示して大きな期待を集めていた。文政権の労働政策について任期1年目では、公共部門における非正規職の正規職化、不法派遣の是正指導、最低賃金の大幅引き上げ、労働時間短縮を内容とする勤労基準法改正など、大統領選挙公約に基づく一連の施策は、前政権までにはみられなかった積極的な内容であった。しかし、2018年中盤以降、文在寅政府の労働政策が大きく後退した。その背景と原因について、持続的な景気低迷と低調な雇用業績に対する批判的な国民世論が大きく高まった状況で、企業の負担になる「労働者寄り」の政策課題を後退させたことは不可避な選択だとみることができるとしつつ、政策主導集団が親労働政策執行において、事前準備の不徹底、戦略的対応の未熟、既存推進方式の踏襲、先行政策経験の学習欠如などの弱点があったことが指摘された（イビョンフン報告）。文政権の政策転回を客観的かつ率直に総括するイビョンフン報告は、日本において、1980年代の総評消滅・社会党弱体化の総括、2009〜12年の短期間で終了した連立・民主党政権の功過についての総括の必要性を強く感じさせた。[10]

　また、2011年以降、ソウル市が先導した総合的な労働政策が、非正規職の正規職化、生活賃金、感情労働規制、安全衛生、労働理事制などに広がり、その総合性、計画性などに特長があることが指摘された。とくに、文在寅政権がソウル市の労働政策の多くを受け入れたこと、全国各地の自治体にも受け入れられていることが指摘された（キムジョンジン報告）。ソウル市の政策は、世界各国の都市における関連政策を参考にしたものであり、ILOが進める「人間らしい労働（Decent Work）」実現の方向とも一致しており、労働政策における自治体の役割を考えさせる点で日本にも大きな示唆を与えた。

10）韓国の盧武鉉政権では、最後まで労使政協議への民主労総の参加を得ることができなかった。その結果、2006年制定の「非正規職保護法」など主要労働政策で政労間での対立が残った。文武基（2019）p. 11。

(2) 公共部門の労働問題 [第2セッション]

　第2セッションでは、両国それぞれで焦点となっている公共部門での非正規職（非正規雇用）をめぐる状況が報告された。韓国では、文在寅大統領の選挙公約実現として、公共部門における非正規職の正規職転換が3段階の計画で実施され、2段階が終了した時点で約17万人規模の転換が実現した。ただ、その実施段階で、子会社方式による対応など、本来の正規職転換政策から逸脱した方策の問題点が報告された（チョンフンジュン）。盧武鉉政権末期に成立した2006年法では入口規制ではなく、2年上限、差別禁止を骨子とする出口規制による正規職転換の枠組みが作られた。しかし、その後の李明博、朴槿恵政権で例外が拡大されるなど正規職転換は停滞していた。2011年以降のソウル市の労働政策で約1万人の非正規職が正規職転換した政策をモデルに、文在寅政権がそれを政府レベルに受け継いで17万人もの正規職転換を果たしたことは世界にも例がない画期的な成果であった。ただ、政府関連機関での抵抗や民間委託部門への第3段階や民間部門への拡大は所期の狙いとは大きく異なり実現していない。今後、民間を含めての正規職化拡大が課題となっている。

　韓国とは対照的に、日本では公共サービスにおける非正規化、さらに民営化が進められている。1994〜2018年まで25年間に54万5,632人の地方公務員（正規）が削減された。その一方、非正規公務員が急激に増え、2016年には64万3,000人、全体の19％となっている。しかし、この非正規公務員が、韓国とは違って労働組合法などの適用がなく、5年を超える場合には無期転換される労働契約法の適用も除外される無権利な存在である。さらに、2020年4月からは「会計年度任用職員」という形で、無権利のままの状態が固定化された（上林陽治報告）。この公共部門における非正規雇用については、日本と韓国との違いが際立っていることがフォーラムの議論を通じて明らかにされた。この点では、ソウル市やそれを受け継いだ文在寅政権が進める正規職転換の政策を参考に、日本でも雇用改善を図ることが課題として浮き彫りになった。

(3) 労働法制からみた労働時間問題［第4セッション］

　第4セッションでは、日韓両国の労働時間法規制改革をめぐる動きが報告された（和田肇氏、韓国はキムクンジュ氏。なお、本書ではハンインサン氏が執筆分担）。日韓は、OECD内で最下位を争う長時間労働国である。両国ともに企業間格差が大きく、労働時間短縮は困難な課題である。韓国では、2018年に週68時間もの長時間労働を許容する政府の勤労基準法解釈を立法的に改め、週52時間を上限とする法制に改めた。しかし、経営側の反発から多くの猶予措置や例外を許す弾力制・選択制の導入が問題となっている。実際には、5人未満の零細事業場は法適用外のままである。時短によって賃金を失う労働者の同意を得ること、さらに、時短効果を失わせる包括賃金制度の改善課題が指摘されている。

　日本では罰則つきの上限設定が導入されたが、過労死認定基準の長時間を許容する、きわめて異常な水準の上限設定であった。むしろ、高プロ導入や裁量労働制の拡大、運転業務、医師、教師など過労死が多い職種での例外・緩和措置が維持されており、長時間労働の現実を抜本的に改善する法規制となっていない。むしろ、異常な長時間労働を容認してきた労使協定（三六協定）を維持する法制度が依然として労働時間規制の中核に位置づけられている。

　日韓ともに、長時間労働克服の課題は至難といえる。欧州型の企業を超えた労使自治による労働時間規制と、健康と個人生活を重視する「休息権」など、欧州やILOの基本的な考え方を社会に広げることが日韓共通の課題であることが明らかになった。[11]

(4) 企業別労働組合を超えて［第3セッション］

　第3セッションでは、労働運動の新たな動向について日韓それぞれで先頭に立つ当事者から報告と問題提起を受けて議論した。

11）李相熙他『労働法律旬報』（2019）p. 6以下。

日本からは、高齢社会のなかで重要な課題にもかかわらず、日本政府の消極的な公的介護政策のために、介護労働者が劣悪な労働条件・労働環境（低賃金、パワハラ・セクハラなど）に苦しめられており、そのために介護関連産業で労働者が定着しない深刻な状況があることが指摘された。ケア労働運動としては、賃金・労働条件と直結している福祉政策を重要視する立場から、良心的事業者との協働、障害者・高齢者との連帯、住民自治運動との連携を重視していることが強調された（但馬けい子報告）。

　韓国からは、従来、主流であった製造業・男性・正社員を中心とする労働組合運動とは異なり、相対的に少数派であった労働者層を組織する労働運動の新たな状況について興味深い報告が行われた。

　まず、1999年、女性独自の労働組合として出発した「全国女性労働組合」の先駆的活動が紹介された。当時、女性労働者は70％が非正規職であったが、その組織率は5％にしか過ぎず、IMF危機では女性が優先解雇された。こうした状況下で女性労組は、韓国女性労働者会が支援して、女性なら誰でも加入できる敷居の低い組織として女性非正規職を対象に400人から出発した。実際には、特殊雇用（個人請負）のゴルフ場キャディー、月賃金42万ウォンの清掃用役労働者をはじめ、サービス職、派遣職事務員、零細企業など、既存労組が組織しない女性労働者が組織対象となった。しかし、女性労組は、470万の未組織女性労働者全体を代表する組合として独自活動を開始し、女性団体と政府、国会、海外団体を結ぶ「かけ橋」の役割も果たした。

　2000年代以降、多職種の「学校非正規職」（約10万人）の低賃金改善・差別撤廃に取り組み、関連他労組と「学校非正規職連帯会議」を結成した。各道（自治体）の教育庁や政府の教育部と集団交渉を行い、2019年7月3〜5日には全国ゼネストを実施したことが報告され、フォーラム参加者から注目を集めた。しかし、2018年、非正規職女性の賃金は男性正規職の37％に過ぎず、女性労働者組織率は5.6％にとどまり、20年間で大きく変わっていない。今後、プラットフォーム労働、時間制労働者など、法的保護を受けられない女性労働者が増えるなかで、女性労組の役割は依然として大きい（ナジヒョン報告）。

　続いて、社会的脆弱階層の新しい労働運動の流れと可能性として、韓国で

は、女性労組以外に、青年ユニオン、アルバイト・ユニオン、高齢者ユニオン、ライダー・ユニオンなど、従来の労働運動が対象としてこなかった社会的脆弱階層の労働者を代表する運動が広がっていることが紹介された。これらの労働者は、事業所を単位とした組織を基本とする既存労組が組織してこなかった対象の労働者であり、事業所単位ではなく、特定の階層・職種単位、または、地域単位に所属する労働者全体を代表する組織である（チョソンジュ報告）。

　これらの組合組織は、日本で先行していた青年ユニオンや、コミュニティ・ユニオンなどをモデルにして新たに韓国で広がってきたものといえる。出発点では、日本と同じく労働相談などによる個別相談を通じた個別問題の解決が中心であったが、その後、問題の真の解決のために、業界団体との「協約」を目指し、それを未組織労働者にまで拡張する方向性を示している。そのために、労働運動内部では、産別組織との連携を進め、市民運動や政治運動とも連帯強化を追求している。そして、自治体や政府を巻き込んで、「労使政協約」を通じての業界全体の変革や、条例制定や法律改正を含めた法規範的な解決をも展望している。そのために、韓国の新たな労働運動が、個別企業との交渉による個別解決を目指すだけでなく、関連業界や地域単位に所属する労働者たち全体の代表者として、小商工人や零細事業者を含めた他階層との「共感帯」形成や、「市民的同意基盤」水準の向上を図ろうとしていることが注目される（チョソンジュ報告）。

　女性労組や青年ユニオンは、日本を一つのモデルとして出発した。しかし、現在の韓国では、こうした労組は決して異端ということはできず、その社会・労働運動内での役割、社会的発信力や影響力はかなり大きい。労働運動の全体代表性を補完するというだけでなく、時代の変化に即応して運動自体の性格を変えることにも寄与してきていると思われる。民主労総は、以前は製造業の男性正社員を中心とする企業別組織が主軸であったが、その後、超企業組織への転換を進め、ローソク革命を経て、サービス業の女性非正規職を中心とする組合員が急増し、民主労総内部の組織構成も大きく変化している。日本の労働組合運動が30年間に影響力を失い沈滞状況にあるのに対して、韓

国の労働運動が活性化している背景の1つが、「小さくても偉大な」これらユニオンの活躍にあるといえるかもしれない。[12)]

3 今後の課題

　2019年12月の日韓フォーラムが終わって、新型コロナ感染症が世界中に拡散し、日韓両国も2020年に入って、その対応に追われることになった。感染症対策としては、「無策」に近い対応で混迷を重ねた日本政府とは異なって、透明な指針と市民参加が調和して初期防疫に成功した韓国政府の敏活な対応が際立った。しかし、その韓国でも、コロナ禍によって労働市場の構造と制度の脆弱性が赤裸々に露呈した。そして、雇用安全網と社会安全網の拡大、雇用維持など、とくに、不安定労働など脆弱階層の問題を優先した課題が、2大労総から政府・経営者に対して積極的に提起された。4月15日の国会議員選挙での政府与党大勝を背景に、4月22日、文在寅大統領は、コロナ禍克服のために「韓国型ニューディール」を目指すことを宣言した。雇用安全網をもとに、デジタル・ニューディールとグリーン・ニューディールを両輪にして76兆ウォン（約6兆7,000億円）を投入する5年間計画であるが、短期的には雇用創出、中長期的には成長部門への投資を主内容としている。

　この「韓国版ニューディール」実現のためにも政労関係の改善が不可避の課題となった。そして、昨年末、組合員を大幅に増やして「第一労総」となった民主労総から、社会的対話推進派のキムミョンファン委員長が主導して、4月27日、経社労委とは異なる「ワンポイント政労使協議」が提案された。そして、5月20日、政府（国務総理）、2大労総、経営者団体の代表者が参加して政労使協議が行われ、6月末、「合意文」がまとまった。そのなかでは、「雇用維持支援制度拡充」「全国民雇用保険導入など社会保険拡充」「防疫体制・医療インフラ拡充」など10頁に及ぶ項目が盛り込まれた。しかし、7月初めの民主労総中執

---

12) 大原社会問題研究所（2015）p. 1 以下参照。

会議で多数派は「解雇禁止などが明確でない」などを理由に労使政合意文に反対の意向を示したので、民主労総として合意文を「批准」できなかった。今後、社会的対話をめぐる動きは紆余曲折が予想される[13]。

　このような合意文に反対する民主労総現場活動家など多数派に対しては、保守マスコミだけでなく、その強硬な立場に強い批判も出ているが、その強硬さの背景には、政府や経営者への強い不信感がある。フォーラムでも指摘されたように、文在寅政府に対しては、当初の労働尊重路線から外れて最賃や時短などの労働公約を守っていないことへの不信感が強い。また、経営側には、反労働組合政策を維持し続けていることから、話し合いの基本的前提となる信頼関係が存在しないと主張する。

　韓国では、独裁政権下での労働組合法によって自主的な組合運動が抑圧されたが、その後も経営側と保守政権による強権的組合弾圧が継続した。整理解雇反対ストライキを経営権侵害の違法行為とする裁判所の判断に基づいて、保守政権下では警察による刑事弾圧や、経営者からのストライキへの高額損害賠償など過酷な民事責任追及によって争議行為が抑圧され、労働者団結が破壊されてきた。最大財閥サムソンは、「無労組方針」を公然と唱えるなど、反組合的経営が当然視される風潮が続いてきた。文在寅政権下で、ようやく労組破壊への刑事罰を認める判決が下されたが、ILO結社の自由条約の批准は実現せず、前政権で法外労組とされた教員労組はその地位を回復できていない。「労働組合する権利（＝団結権）」実現が、民主労総の近年の最重要課題とされているように、労働組合の現場活動家にとって、企業経営者への不信感、とくに、もっとも反組合的姿勢を示す経営者団体（経総）への不信感は依然として根強い[14]。

　日韓ともに、ILO条約に反する、公務員の争議行為禁止など団結権制限問題が継続している。これは、第二次大戦後の冷戦を背景にした「逆コース政

---

13) キムミョンファン委員長は、中執での反対にもかかわらず、7月23日、代議員大会（Web会議）を招集して、あくまでも合意文の承認を得ようとしたが、委員長提案は否決された。そして、翌24日、執行部が総辞職した。

14) 参与連帯労働社会委員会（2020）参照。

策」の名残りである。日本では、1970年代、その是正が最高裁によって実現する直前に「司法反動化」と、1980年代の中曽根内閣によって官公労組の権力的弾圧によって挫折した。その結果、1990年代以降、集団的な紛争は少なくなり、労働争議は第二次大戦以前を下回るという、惨めな水準にまで減少した。

韓国との違いは、経営側との対抗関係が減少したので、政府・経営側の反労働組合的姿勢が目立たなかったに過ぎない。近年、安倍政権下で、業種型労働組合活動を進める自主的労働組合(関西生コン労組)に対する刑事的弾圧が異常なほどの執拗さと厳しさで強行されている[15]。日本で真の「社会的対話」が実現するには、①労働組合の全体代表性とともに、②労使協調路線を取らない労働組合との話し合いを受け入れる経営者・政府の態度、という2つの条件がともに満たされる必要があることになり、道ははるかに遠い。

今後、韓国政府が「労働組合する権利」保障を含めた「労働尊重」の積極的姿勢を回復するのか、どの水準まで「社会的対話」を実現できるのか、今後の動向が大いに注目される[16]。

運動が沈滞してきた日本側では、民主化からローソク革命に至る韓国における市民・労働運動の経験に大いに学ぶことが求められている。そして、日韓両国ともに労働基本権回復が共通課題であることを再確認する必要がある。これは、冷戦体制の「負の遺産」であり、政治・社会体制とも密接に結びついているので、容易に達成できない課題であるが、達成に近づきつつある韓国の動向は日本にとっても目を離すことができない。そして、最後に、日韓両国で働く人がより人間らしく働き暮らせる社会を目指すためには、政策的・法的な交流とともに労働哲学や運動論を含む、広い視野からの市民・労働者を主体とする総合的交流が必要であることを強調しておきたい。

---

15) 熊沢誠(2019)pp. 211-216。

16) 韓国政府は、2013年10月、被解雇者が組合員としてとどまっていることを理由に全国教職員労働組合(全教組)に「法外労組」通報処分を強行した。大法院は、2020年9月3日、この処分が違法であるとする組合側の訴えを認める判決を下した。翌日、政府は全教組を労組法上の組合として扱う措置を執った。

参考文献

イウォンボ（2005）『韓国労働運動史——100年の記録』韓国労働社会研究所（韓国語）。

大原社会問題研究所（2015）「特集　日本と韓国の若年労働者問題，若年労働者の社会・労働運動」大原社会問題研究所雑誌677号。

韓国労働研究院（2019）『海外労働統計2019年』（韓国語）。

熊沢誠（2019）「講演　この労働組合つぶしは何を意味するか——関西生コン支部弾圧の現場から」『世界』921号。

佐藤昭夫（1990）『国鉄民営化批判の法理』早稲田大学出版部。

参与連帯労働社会委員会（2020）「サムスン労組破壊判決の意味と今後の課題討論会資料集」（韓国語）。

労働政策研究・研修機構（2010）『データブック国際労働比較2010』。

民主労総政策研究院（2005）『民主労総10年年表、1995-2005年』全国民主労働組合総連盟（韓国語）。

ムンムギ［文武基］（2019）「1990年代以降の韓国における労働関係法上の規制緩和策」脇田滋・和田肇・宋剛直・盧尚憲編『日韓比較労働法3　韓国労働法の展開』旬報社。

李相熙他（2019）「特集　労働時間規制と年休制度の法的課題——日韓比較労働法研究」『労働法律旬法』1950号。

脇田滋（2014）「韓国労働法の何に注目できるのか？——日韓交流発展の意義と課題（シンポジウム日韓比較労働法研究の意義と課題）」『日本労働法学会誌』124号。

和田肇（2016）『労働法の復権——雇用の危機に抗して』日本評論社。

編著者・著者・翻訳者　略歴

編著者（五十音順）

横田伸子（よこた・のぶこ）　序、第8章
関西学院大学社会学部教授・同大学院研究科教授。ソウル大学校社会科学大学経済学研究科博士課程修了（経済学博士）。主要著書に『韓国の都市下層と労働者──労働の非正規化を中心に』（ミネルヴァ書房、2012年、社会政策学会奨励賞受賞）、単著論文に"A New Attempt at Organizing Irregular Workers in Korea：Examining the Activities of the Korean Women's Trade Union,"Korean Journal of Sociology, December 2014, Vol. 48, No. 6.など。

脇田　滋（わきた・しげる）　終章
龍谷大学名誉教授。京都大学大学院法学研究科博士課程中退。主要著書に『労働法の規制緩和と公正雇用保障──労働者派遣法運用の総括と課題』（法律文化社、1995年）、『労働法を考える──この国で人間を取り戻すために』（新日本出版社、2007年）、『ディスガイズド・エンプロイメント=Disguised Employment ──名ばかり個人事業主』（共著、学習の友社、2020年）など。

和田　肇（わだ・はじめ）　第10章
名古屋大学名誉教授。東京大学法学部卒業、同大学院修士課程修了。主要著書に『労働契約の法理』（有斐閣、1990年）、『ドイツの労働時間と法──労働法の規制と弾力化』（日本評論社、1998年）、『人権保障と労働法』（日本評論社、2008年）、『労働法の復権──雇用の危機に抗して』（日本評論社、2016年）など。

著者（執筆順）

西谷　敏（にしたに・さとし）　巻頭言
大阪市立大学名誉教授。京都大学大学院法学研究科博士課程単位取得満期退学。主要著書に『人権としてのディーセント・ワーク──働きがいのある人間らしい仕事』（旬報社、2011年）、『労働組合法［第3版］』（有斐閣、2012年）、『労働法の基礎構造』（法律文化社、2016年）、『労働法［第3版］』（日本評論社、2020年）など。

熊沢　誠（くまざわ・まこと）**第1章**
甲南大学名誉教授。京都大学大学院経済学研究科博士課程修了（経済学博士）。主要著書に
『国家のなかの国家——労働党政権下の労働組合1964-70』（日本評論社、1976年）、『新編
日本の労働者像』（ちくま学芸文庫、1993年）、『過労死・過労自殺の現代史——働きすぎに
斃れる人たち』（岩波現代文庫、2018年）などその他多数。

上西充子（うえにし・みつこ）**第2章**
法政大学キャリアデザイン学部教授・同大学院キャリアデザイン学研究科教授。東京大学大
学院経済学研究科第二種博士課程単位取得満期退学。主要著書に『国会をみよう——国会
パブリックビューイングの試み』（集英社クリエイティブ、2020年）、単著論文に「職業安定
法改正による求人トラブル対策と今後の課題——法改正に至る経緯を踏まえて」（『季刊労働
者の権利』Vol. 324、2018年Win）など。

イビョンフン　**第3章**
中央大学校（韓国）社会学科教授、公共生産連帯財団理事長、プラットフォーム労働代案社
会的対話フォーラム委員長。前韓国雇用政策学会会長。コーネル（Cornell）大学労使関係
学研究科博士課程修了（労使関係学博士）。主要著書に『労働者連帯』（ハンウル、2018年）、
Trade Unions and Labour Movements in the Asia-Pacific Region（共編著、Routledge、
2019年）などその他多数。

キムジョンジン　**第4章**
韓国労働社会研究所先任研究員、韓国青年ユニオン付設社団法人ユニオンセンター理事長、
大統領直属経済社会労働委員会「デジタル化と労働の未来委員会」公益委員。聖公会大学
校一般大学院社会学科博士課程修了（労働社会学博士）。主要著書に『ともに歩む労働：労働
が尊重される社会』（ソウル研究院、2016年）、単著論文に「デジタルプラットフォーム労働
拡散と危険性に対する批判的検討」（批判社会学会『経済と社会』第125号、2020年）など。

上林陽治（かんばやし・ようじ）　第 5 章

公益財団法人地方自治総合研究所研究員。國學院大學大学院経済学研究科博士課程前期修了。主要著書に『非正規公務員の現在——深化する格差』（日本評論社、2015 年）『非正規公務員』（日本評論社、2012 年）、共著に『官製ワーキングプアの女性たち——あなたを支える人たちのリアル』（岩波ブックレット、2020 年）、『ソウルの市民民主主義——日本の政治を変えるために』（コモンズ、2018 年）など。

チョンフンジュン　第 6 章

ソウル科学技術大学校教授、中央労働委員会公益委員。高麗大学校経営学研究科博士課程修了（経営学博士）。主要著書として、共著に『アウトソーシングのメカニズムと企業内外に与える影響』（韓国労働研究院、2017 年）、『韓国型企業の社会的責任と持続可能な雇用関係』（韓国労働研究院 2018 年）『雇用関係多辺化と労働者の利害代弁』（韓国労働研究院、2019 年）など。

ナジヒョン　第 7 章

全国女性労働組合委員長。聖公会大学校 NGO 大学院実践女性学科修士課程修了（実践女性学修士）。単著論文に「女性労働者の組織化と全国女性労働組合」『両性平等×労働運動に挑戦する』（韓国女性労働者会創立 30 ＋ 1 年記念シンポジウム論文集、2018 年 9 月）など。

チョソンジュ　第 9 章

政治発電所常任理事。前青年ユニオン政策企画チーム長、前ソウル市労働協力官。延世大学校自然科学大学中退。主要著書に『アリンスキー 変化の政治学』（フマニタス、2015 年）、『大韓民国 20 代絶望のトライアングルを超えて』（時代の窓、2009 年）など。

ハンインサン　第 11 章

国会立法調査処 立法調査官（研究官）、韓国労働法学会学術理事。ドイツ ビーレフェルト（Bielefeld）大学法学研究科博士課程修了（法学博士）。主要著書として、共著に『勤労時間法制の主要争点の合理的改編方案』（2015 年）、『労働法の現在と未来』（2017 年）、単著論文に「年次有給休暇制度の主要争点と課題」（『社会法研究』、2019 年）、「プラットフォーム労働の争点と今後の立法政策的課題」（『労働フォーラム』、2020 年）など。

翻訳者（翻訳順）

呉民淑（お・みんすく）　第4章
日韓民主労働者連帯。

児玉成美（こだま・なるみ）　第6章、第7章、第9章
梨花女子大学校社会科学大学社会学研究科修士課程。

脇田　滋（わきた・しげる）　第3章、第11章
編著者欄参照。

「働き方改革」の達成と限界
日本と韓国の軌跡をみつめて

2021 年 1 月 15 日初版第一刷発行

編　著　横田伸子・脇田　滋・和田　肇

発行者　田村和彦
発行所　関西学院大学出版会
所在地　〒 662-0891
　　　　兵庫県西宮市上ケ原一番町 1-155
電　話　0798-53-7002

印　刷　協和印刷株式会社